Eva Hoeck • Ich sah den Jemen ohne Schleier

Eva Hoeck

Ich sah den Jemen ohne Schleier

Als Ärztin zwischen Orient und Okzident

FRIELING

Die Deutsche Bibliothek – CIP–Einheitsaufnahme
Hoeck, Eva:
Ich sah den Jemen ohne Schleier : als Ärztin zwischen Orient und Okzident /
Eva Hoeck.–
Orig.-Ausg., 2. Aufl. – Berlin : Frieling, 1999
ISBN 3-8280-0649-3

© Frieling & Partner GmbH Berlin
Hünefeldzeile 18, D–12247 Berlin-Steglitz
Telefon: 0 30 / 76 69 99-0

ISBN 3-8280-0649-3
1. Auflage 1998
2. Auflage 1999
Umschlaggestaltung: Patrizia Di Stefano
Bildnachweis: Archiv der Autorin
Sämtliche Rechte vorbehalten
Printed in Germany

Inhaltsverzeichnis

Vorwort 7
Einleitung 9

Erster Teil
„Davor" 11
Kindheit, Jugend 11
Assistenzzeit, Ausreise 21

Zweiter Teil
Arabien 30
Aden 30
Taiz 37
Europaurlaub 84
Mukalla 89
Schibam 94

Dritter Teil
„Danach" 183
Lalibela 183
Dazwischen 192
Montana 196
Schwarzwald 207
Nachwort 214
Verzeichnis der arabischen Wörter 220
Karten 222

Vorwort

Die Persönlichkeit der Autorin zu schildern, ist nicht leicht. Schon als Schulkind wurde Eva Hoeck in eine Außenseiterposition gedrängt, die ihre weitere Entwicklung prägte.

Wenn man ihre Jugenderinnerungen aufmerksam liest, kann man begreifen, daß ihre spätere Distanziertheit damals geradezu gefördert wurde.

Sehr früh lernte sie, sich zurückzunehmen, ihr Umfeld zu analysieren, und unmerklich verschrieb sie sich als Heranwachsende der Notwendigkeit, anderen zu helfen.

Eva Hoeck war ein hanseatischer Typ, blond, hochgewachsen, mit blauen, durchdringenden Augen. Von heiterer, freundlicher Zugeneigtheit – jedoch gebremst durch von innen kommende Distanzhaltung. Untrüglicher Realitätssinn für Notwendigkeiten (fern von unerfüllbaren Träumen) unterschied sie schon als jungen Menschen von anderen.

Sie besaß starke soziale Verantwortung, gepaart mit hohem Gerechtigkeitssinn. War unabhängig von Moden und Zeitströmungen in Meinungen und Entscheidungen, bis hin zu manchmal herber Kritik. Durch den familiären Hintergrund war ihr Interesse für fremde Kulturen früh angelegt. Sie wollte alles hautnah und tätig erfahren.

Dafür war sie auch bereit, sich unter den schwierigsten Bedingungen zu integrieren. Ohne ihr eigenes humanistisch ausgerichtetes Profil zu verlieren, konnte sie überall leben.

Es umgab sie eine eigenartige Isolation, die von Außenstehenden nur selten zu durchdringen war. Durch ihr unangepaßtes Denken geriet sie manchmal in Kompetenzschwierigkeiten, insbesondere mit sogenannten Autoritäten. Sie ließ sich jedoch nicht bestimmen. Auch nicht in dem damals verschlossenen Jemen, einem absoluten Männerdominium, in das sie 1947 ging. Sie setzte sich als Frau in der Wüste zielstrebig durch und behielt lebenslang den langen Atem, den sie von den Arabern erlernt hatte. Mit der Begabung des Improvisierens gelangen ihr schwierige Operationen, die von der Bevölkerung genauestens registriert wurden.

Die gleiche Energie und Freude bei der Arbeit lernte ich als ihre Patientin in der Schweiz kennen.

Ich wurde für 31 Jahre ihre Mitarbeiterin, Freundin und Vertraute. Eva Hoeck konnte in ihrer starken Persönlichkeit manchmal erdrückend wirken, doch ihre natürliche Autorität und Warmherzigkeit ließen alle Fluchtversuche vergessen. Einer Löwin kann man nicht so leicht entkommen, und trotz ihrer Kanten und Ecken liebten und verehrten wir sie alle. Diese außergewöhnliche Frau und Pionierin ging unbeirrt ihren Weg, dem Gesetz folgend, nach dem sie angetreten.

Zu ihrem Buch möchte ich sagen, daß Eva Hoeck, distanziert wie sie war, auch ihr Leben so beschreibt und es weitgehend dem Leser überläßt, ihren Abenteuern zu folgen oder sich Gedanken zu machen, wo der Sinn eines Lebens liegen kann.

R. Dünkel

PS: Eva Hoeck starb 78jährig im November 1995. Wahrscheinlich an den Spätfolgen der starken Medikamente der 50er Jahre, die sie gegen ihre Tropenkrankheiten bekam.

Bis zu ihrem Lebensende war sie den MS-Patienten beratend verbunden.

Einleitung

Meine Biographie zu schreiben hatte ich eigentlich nicht im Sinn gehabt. Die zehn Jahre meiner ärztlichen Tätigkeit in der arabischen Wüste, es gab damals noch keine Entwicklungshilfe, habe ich 1958 in einem Jugendbuch mit dem Titel „Als Ärztin unter Beduinen" geschildert. Es fand Anklang und wurde auch in französischer und englischer Sprache herausgegeben.

Wie ich später – als Geschenk an mich – lachend feststellte, wurde es als Raubkopie ins Arabische übersetzt und verlegt. Die Bücher sind sachliche Erlebnisschilderungen, denn meine persönlichen Reaktionen hatte ich damals weitgehend zurückgestellt, in der Annahme, daß sie kaum jemanden interessieren würden. Inzwischen sind einige Jahrzehnte vergangen und die Bücher seit vielen Jahren vergriffen (außer dem arabisch geschriebenen). Es kommen aber immer wieder Nachfragen, die nicht nur meine Zeit in Arabien betreffen, sondern auch das, was „Davor" war und „Danach" kam.

Nach langem Zögern habe ich mich dann doch entschlossen, mein Leben aufschreibend an mir vorbeiziehen zu lassen. Mit Hilfe von Tagebüchern, vielen Bildern und Dokumenten, die als Gedächtnisstütze auf, neben und unter dem Schreibtisch liegen, hoffe ich nicht nur die orientinteressierten Leser zu erreichen. Vielleicht kann ich damit auch jungen Menschen Mut machen, ungewöhnliche Wege im Leben zu gehen und sich durch menschlich und beruflich kreative Arrangements zu verwirklichen.

Ein schöner Gedanke für meine Reise in die Vergangenheit.

Erster Teil
„Davor"

Kindheit, Jugend

Meine „erste Welt", meine ersten fünf Lebensjahre, erinnere ich als sonnig in einem freundlichen Haus mit Garten in Hamburg-Harvestehude. Mein Bruder Peter war viereinhalb, meine Schwester Karin zweieinhalb Jahre alt, als ich im Juli 1917, im Ersten Weltkrieg, geboren wurde. Es war für meine Mutter eine belastende Zeit. Erst Ende 1918 kam mein Vater – von Beruf Jurist – aus dem Krieg zurück. Meine Kindheit war trotz der Nachkriegszeit unbeschwert und von liebevoller Zuneigung und Ernstgenommenwerden geprägt. 1922 zogen wir um in ein größeres Haus, ein paar Grundstücke weiter, nahe der Außenalster. Da es noch von einem Gerüst umstellt war, ließen meine Eltern das Haus von einem Nachtwächter bewachen. Ich empfand, daß es jetzt irgend etwas gab, vor dem man sich fürchten müßte, das war mir neu. Wenn ich im Garten spielte, hieß es: Geh nicht auf die Straße, das ist gefährlich! Zeitweilig knallte es in der Nähe; damals wußte ich noch nicht, daß das Schüsse von arbeitslosen Demonstranten waren, die in der Weimarer Republik um ihre Rechte kämpften.

Mein Vater arbeitete sehr oft auch daheim. Bestimmt war es nicht leicht, in den politisch wechselvollen zwanziger Jahren mit Inflation und Weltwirtschaftskrise Rechtsanwalt zu sein. Als wir später ein Auto hatten, fuhr er sogar sonntags zu Klienten und Kollegen und nahm meine Mutter und mich mit.

Im April 1924 eingeschult, war ich selig, Lesen und Schreiben zu lernen. Aber niemals fühlte ich mich während der Schulzeit integriert oder anderen gleich behandelt. Der Grund dafür lag in meiner Körperlänge. Bei mir wurde stets mehr Vernunft vorausgesetzt, als im Grunde von meinem Alter erwartet werden konnte. Hatte eine Klassenkameradin etwas angestellt, hieß es automatisch: „Du als Größte hättest doch ..."

Die Pulte und Bänke waren viel zu niedrig für mich; so saß ich fast die ganze Schulzeit hindurch an einem Extratisch neben oder vor meinen Mitschülerinnen und war somit isoliert. Da der Hausarzt mich außerdem als zart einschätzte, verschrieb er mir Freistunden. Befreit von Singen, Turnen, Handarbeiten und Zeichnen, durfte ich später kommen oder früher gehen. Auch das trennte mich von der Gemeinschaft der Klasse. Immerhin aber hatte ich hier Freundinnen, mit denen ich mich außerhalb der Schule treffen konnte.

Unserer häuslicher Alltag verlief geregelt und überschaubar. Täglich kam der Milchmann, dessen Pferd vor dem Wagen bereits wußte, wo es anhalten sollte, der Brotmann radelte mit einer Kiepe auf dem Rücken heran, und Herr Sinn verkaufte Butter, Eier und Schmalz aus seinem Karren. Frau Zayn brachte ihr Gemüse in einem Wägelchen, das ihr Schäferhund zog, und die Lehrbuben der Lebensmittelgeschäfte in den Nebenstraßen trugen bestellte Ware bis in unsere Küche.

Mein erstes Taschengeld belief sich auf zehn Pfennige pro Woche.

Einnahmen und Ausgaben mußte ich in ein kleines Heft notieren – die Anfänge meiner Buchführung.

Als ich ein eigenes Fahrrad bekam, fuhr ich damit bald alleine los. Meine älteren Geschwister, die schon vor mir eines besaßen, konnten ohnehin wenig mit mir anfangen; denn ich war anders als sie und stellte auch unbequeme Fragen, die sie nicht beantworteten. Meine Fahrten dehnte ich über Stunden aus: Altstadt, Hafengebiet, zum Elbtunnel zwischen St. Pauli und Steinwerder; nahe der Elbtunnelmündung befand sich früher die Werft und Reederei meines Urgroßvaters Bernhard Wencke. Seine Tochter, meine Großmutter, wohnte bei uns; sie erzählte mir oft von den damaligen Zeiten, als die Werftarbeiter sie über die Elbe zur Schule ruderten, im Winter über das Eis stakten mit Kufen unter dem Boot, da nur die Fahrrinne durch die Strömung offen war.

Im 19. Jahrhundert wurden die großen Frachtsegler noch auf der eigenen Werft gebaut. Meine Großmutter berichtete farbig von den festlichen Ereignissen, wenn ein Schiff nach zwei bis drei Jahren endlich wieder in den Heimathafen einlief. Als dann die Dampfmaschine die Ozeane eroberte, löste mein Großonkel Werft und Reederei auf.

Ein anderer Anziehungspunkt in der Altstadt war für mich die Nikolaikirche, in deren Kellergewölben mein Großvater, der Weinkaufmann Blase, seine Weine lagerte. Den Erzählungen nach war er von sehr positiv eingestellter Natur; seine Devise „Make the best of it" in ungewöhnlichen oder schwierigen Situationen erwies sich später auch für mich als wegweisend.

Meine Mutter (geb. 1883) war eine für ihre Generation sehr fortschrittlich eingestellte Frau, die regen Anteil an der Frauenbewegung nahm und auch eine ganze Bibliothek über dieses Thema besaß. So erfuhr ich früh vom Kampf um Sozialreformen, Frauenrecht, Frauenbildung und Frauenstudium. Es war selbstverständlich, daß wir das in unserer Nähe gelegene Lyzeum besuchten.

Mein Vater (geb. 1881), humanitär, sportlich, schenkte uns Kindern das Boot „Pickwick". Seitdem zog es meine Schwester zum Segeln auf die Außenalster, die nur drei Minuten von unserem Haus entfernt war. Selbst auf diesem kurzen Weg durften sich damals die Mädchen nicht in langen Hosen zeigen. Auf Verlangen der Spaziergänger ordnete die Polizei an, daß sie einen Mantel überzuziehen hätten. Es dauerte Jahre, bis wir das Tragen langer Hosen ohne Mantel durchsetzen konnten. Meine Schwester und deren Freundinnen gründeten den ersten Mädchensegelclub in Hamburg. Sie nannten sich die „Alsterratten", hatten viel Spaß am Segeln und auch sportliche Erfolge zu verzeichnen.

In den Sommerferien segelten unsere Eltern mit uns drei Kindern auf der Ostsee mit einer Ketsch, zwölf Meter über Deck. Während dieser Seereisen kletterte ich gerne nach vorne zu unserem Bootsmann. Ich hielt mit ihm Ausschau nach anderen Schiffen, nach den Küsten und den Wolken, und er spann dabei sein Seemannsgarn. Das war aufregend und intensivierte in mir das Fernweh.

Im August 1931 steuerten wir Orehoved in Dänemark an, wo wir unseren Vater erwarteten.

Von einem Prozeß erschöpft, kam er zu uns an Bord. Er erholte sich nur langsam und wurde immer stiller – waren das erste Anzeichen? Mein Vater nahm sich 1932 das Leben. Den Abend zuvor sah ich ihn etwas suchen; es muß wohl seine Pistole gewesen sein. Warum dieser Suizid? Mein Vater war überall der Mittelpunkt durch seine witzigen Reden und Aussprüche. Als er langsam verstummte, drückte er mich manchmal wortlos an sich und legte seine Wange an meinen Kopf. Warum war er so verzweifelt gewesen? Warum? Er hinterließ nichts, was den Grund zu diesem Entschluß erklärte oder auch nur andeutete.

Niemand von uns kannte das Ausmaß seiner inneren Zerstörung. Der Schock über seinen Freitod änderte unser Leben blitzartig. Es hinterließ bei uns allen tiefe Traurigkeit, dunkle Schatten und große Sehnsucht nach ihm. Meine Mutter veränderte sich stark. Musik tat ihr weh; sie erinnerte sie zu sehr an die Hausmusik der

Sonntagabende, an denen mein Vater zusammen mit anderen Instrumentalisten die Flöte gespielt hatte.

Mein Bruder ging für das letzte Jahr vor seinem Abitur in ein Internat am Ratzeburger See. Meine Schwester verbarg ihren Schmerz, indem sie sich intensiver aufs Segeln verlegte. Wenn ich als 15jährige auch mit auf Elbetour wollte, antwortete sie mir, daß doch einer bei der Mutter bleiben müsse. Ich blieb also daheim und tat das gern, weil es notwendig war.

Karin verlobte sich mit einem 13 Jahren älteren Mann, ich glaube, daß er für sie auch ein Vaterersatz war. Sie meldete sich von der Schule ab und heiratete im April 1934.

Im Januar dieses Jahres war Hitler zum Reichskanzler gewählt worden. Im Jahr darauf übernahm er nach Hindenburgs Tod auch dessen Amt als Reichspräsident und hieß jetzt „der Führer". Einer Verordnung Hitlers zufolge wurden pro Abiturklasse nur zwei Mädchen zum Studieren zugelassen. Für die Auswahl gab es keine offiziellen Kriterien, sie erfolgte willkürlich.

Gleichzeitig mußten alle Studentinnen des ersten und dritten Semesters die Universitäten verlassen. Das Zurückdrängen der Frauen sollte der Arbeitslosigkeit unter den Akademikern abhelfen. Gleichberechtigung adieu!

Wozu noch Abitur machen? Ich beendete meine Schulzeit 1934 und reise mit meiner Mutter nach Dänemark, England und Holland. In Amsterdam suchten wir Freunde meines Vaters auf, die als Juden dorthin emigriert waren, um später in die Vereinigten Staaten auszuwandern. Oft habe ich an das Schicksal dieser Menschen gedacht – es aber in keiner Weise mit dem Tod meines Vaters in Verbindung gebracht.

Im oberbayrischen Miesbach besuchte ich für ein Jahr die landwirtschaftliche Frauenschule. Sie war geprägt von der Zeit der ersten Frauenbewegung; die Selbständigkeit der Frauen stand daher im Mittelpunkt des Denkens, das reizte mich. Die Bergwelt faszinierte mich, und mir gefiel das Großstadtleben im nahe gelegenen München, wo ich meinem Interesse für die Kunst nachging. Als ich einmal wieder von Miesbach nach München wollte, bot mir ein älterer Verwandter einer Schulkameradin an, mich in seinem Auto mitzunehmen. Arglos ließ ich mich zu meinem Hotel fahren, wo ich mich dann mit allen Kräften meiner Haut erwehren mußte, um einer Vergewaltigung zu entgehen. Der Schock saß tief; diese Erfahrung ließ mich empfindlicher und vorsichtiger werden. Ansonsten war das Jahr in Miesbach fröhlich, bunt und leicht, und was ich in dieser traditionsreichen Frauenschule lernte, sollte mir in meinem späteren Leben sehr nützlich sein. Auch meine Grundkenntnisse der Krankenpflege eignete ich mir hier an. Zurück in Hamburg, volontierte ich in einer Frauenklinik auf der Geburtshilfestation und begann, über meine Vorstellung vom Leben nachzudenken.

Im Januar 1938 besuchte ich Freunde unserer Familie in England, was nicht einfach war; Hitler suchte nämlich jeden Deutschen am Reisen ins Ausland durch äußerst rigorose Devisenbeschränkung zu hindern. In England wurde ich mir über den Weg klar, den ich gehen wollte. Außerdem las ich dort ein Buch, das alle Sehnsucht, die ich in mir trug, beschrieb: ein einsamer Ritt in der Endlosigkeit der Wüste.

Inzwischen waren in Deutschland Frauen wieder zum Studium zugelassen. Warum, begriff ich erst viel später – der Krieg wurde von Hitler geplant und vorbereitet; die Frauen sollten dann die Männer in der Heimat ersetzen. Ich entschloß mich, das Abitur in einem Privatkurs nachzuholen, um anschließend Medizin zu studieren. Ärztin – das erschien mir ein Beruf, der mich erfüllen würde, irgendwo weitab und später dann in einer Landpraxis.

Ende August 1939 geriet die politische Atmosphäre in Höchstspannung. Am 27. August wurde mein Bruder, stud. jur., zum Militär eingezogen. Vier Tage später marschierten die deutschen Truppen in Polen ein: der Anfang der Katastrophe des Zweiten Weltkrieges. Meiner Gefühle erinnere ich mich nur diffus: Angst, Ohnmacht, Ausgeliefertsein und Unverständnis über die jubelnden Stimmen der Menschen im Radio, die sich anscheinend über einen Krieg freuen konnten.

Der erste Winter war bitterkalt und die Kohlenzuteilung für alle Haushalte sehr knapp. Ich war die einzige, die im Unterricht nicht zitternd und frierend dasaß. Bestimmt sah ich schaurig unförmig aus, denn ich zog alles übereinander an, was mich warmhalten konnte: Unterzeug mit bunten Wollresten angestrickt, darüber Bluse und Pullover, Kostümjacke und Rock und darunter noch Kniehosen und Reitstiefel, schließlich über allem den dicken Mantel meines Großonkels, den er vor 1914 im offenen Pferdewagen zu tragen pflegte. Ich nahm, was ich finden konnte, denn seit Kriegsausbruch war alles rationiert und nur auf Punktkarten erhältlich. In dieser schauerlichen Vermummung bestand ich Anfang 1940 das Abitur. Bisher hatte ich mit nationalsozialistischen Organisationen nichts zu tun gehabt. Ich war weder im BDM (Bund deutscher Mädchen) noch in der NS-Frauenschaft. Wenn ich studieren wollte, waren aber jetzt zwei Hürden zu nehmen. Die erste war der Sanitätsdienst. Da meine Volontärzeit in der Frauenklinik angerechnet wurde, brauchte ich nur drei Wochen in einem Hilfskrankenhaus zu arbeiten. Mir wurde ein Sechs-Betten-Zimmer mit älteren Frauen anvertraut, die sich alle im Winter bei Glatteis Beinbrüche zugezogen und Komplikationen bekommen hatten. Sie waren in einer Schule untergebracht, weil die Krankenhäuser durch Kriegsverletzte überfüllt waren. Ihre Pflege war zeitaufwendig. Die Betten standen im Klassenzimmer eng beieinander; keine Klingel, kein Waschbecken, sondern lange Wege mit den schwappenden Schüsseln zum einzigen Wasserhahn in den zwei WCs am Ende des Flures. Alles war Improvisation und – wenn ich zurückdenke – eine gute Vorbereitung für meine spätere Arbeit in Arabien.

Die zweite Hürde war der zur Pflicht gewordene Arbeitsdienst. Der Grund für die Wiederzulassung von Frauen zum Studium war ja kriegsbedingt. Es gab Trimester statt Semester bis zum Physikum, um die Studenten schneller durch das Studium zu bringen. Aus dem Radio ertönten nur Siegesmeldungen. In den Zeitungen waren Todesanzeigen „Gefallen für Großdeutschland" oder „In Stolzer Trauer ..." zu lesen. Fast unmerklich wurden die Menschen sprachloser, vorsichtiger und fremder.

Im April 1940 konnte ich mit dem Medizinstudium beginnen. Die Träume und Vorstellungen, die vor dem Krieg in meinem Kopf waren, erschienen jetzt unrealistisch, doch sollten sie sich im Laufe meines Lebens, wenn auch ganz anders, als ich es mir vorgestellt hatte, erfüllen.

Im Winter 1940/41 waren in Hamburg „Gruppenabende für Studentinnen" Pflicht. Ich übernahm die Leitung gerne selbst, da die Gestaltung dann mir überlassen war. Als Thema wählte ich „Frauen"; Frauen, die unbeirrt ihren Weg gingen und sich durch keine Hindernisse aufhalten ließen, ihre Ziele zu erreichen. Die Resonanz war zu damaliger Zeit aber sehr mager, was mich zutiefst enttäuschte und mir unverständlich war.

Durch die Einteilung des Studienjahres in Trimester war es möglich, daß ich schon im Juli 1941 das Physikum machte. Die Doppelbelastung durch NS-Verordnungen und Krieg einerseits und mein Studium andererseits kostete mich viel Kraft und Nerven. Nachts war oft der Schlaf gestört durch die Sirenen, die englische Fliegerangriffe ankündigten und uns im Luftschutzkeller zittern ließen. Einer NS-Verordnung zufolge mußten wir Hamburger Studentinnen zum Rüstungseinsatz für zehn Wochen in die Munitionsfabrik Krümmel in Geesthacht bei Hamburg. Die Werkhallen waren in den steilen Hang des Elbufers hineingegraben. Von Hamburg war es eine Stunde Fahrt mit dem Zug in alten Waggons mit engen Holzbänken und, wegen der Fliegerangriffe, ohne Beleuchtung. Eine sehr gemischte Arbeiterschaft, vor allem aber Frauen, Frauen, Frauen. Bei den Nachtfahrten konnte es passieren, daß uns Männer auf den Leib rückten: „Fräulein, is' doch egal, wo man sich kennenlernt." Wir versuchten deshalb, mit mehreren Frauen ein Abteil zu besetzen. Acht Stunden waren am besten zu überwinden, indem wir Studentinnen uns an die Arbeit hielten. Aber dann protestierten die Frauen – mit Recht. Sie sagten: „Ihr arbeitet nur kurze Zeit hier. Wir aber über Jahre. Es ist einfach unmöglich, dieses Tempo auf die Dauer durchzuhalten." Das war überzeugend, und wir verschwanden abwechselnd im Verpackungsmaterial und lernten für die Uni. Während der Arbeit erfuhren wir von Sorgen, Ängsten und Nöten der Frauen. Meistens hatten sie noch einen Familienhaushalt zu versorgen. Andere berichteten, wie sie bei einem Fliegerangriff viel oder alles verloren hatten. Politische Äußerungen hörte ich jedoch nie.

Ab Winter 1941/42 wurden wieder Semester eingeführt. Trotz des Krieges konnte ich den Studienplatz wechseln und ging nach Tübingen. Einige Vorlesungen fingen verspätet an, denn die Dozenten wurden erst vom Fronteinsatz zurückerwartet. Ich nutzte die Zeit, um auch Vorlesungen anderer Fakultäten zu hören. Meine Vorliebe galt der Geschichte und Kunstgeschichte.

Für das nächste Semester wählte ich Freudenstadt. Hier wurde ich zum erstenmal direkt an Operationen beteiligt; ich entdeckte mein besonderes Interesse für Chirurgie: Der Arzt muß aktiv vorgehen und sieht sofort, was er für den Patienten erreichen kann. Die Patienten damals waren hauptsächlich verwundete Soldaten, die in Lazarettzügen von der Ostfront gebracht wurden und deren Zustand sich während der mehrwöchigen Fahrt erheblich verschlechtert hatte. Man wurde hautnah mit dem Grauen des Krieges konfrontiert.

Für mein weiteres Studium kehrte ich nach Hamburg zurück. Hier besuchte ich nur noch an der medizinischen Fakultät Vorlesungen; andere Studiengänge waren für mich nicht mehr möglich.

Die Theater- und Konzertsäle waren geschlossen oder zerstört, die Künstler im Kriegseinsatz. Jegliches gesellige Leben fiel durch die Bombenangriffe aus.

Trotzdem zog ich eines Sonnabends – es war der 24. Juli 1943 – mit drei Clubkameradinnen zum Segeln auf der Elbe los. Abends machten wir in der Estemündung am Steg eines Gasthauses fest. Wir schliefen an Bord. Kurz nach Mitternacht heulten über Hamburg die Sirenen. Aus den Dörfern der Elbmarschen bliesen die Feuerhörner. Flakschießen in der Ferne, der lauter werdende tiefe Orgelton der über der Elbe herannahenden Fluggeschwader, begleitet jetzt vom Stakkato der Flak aus nächster Nähe. Die Geschoßsplitter waren sehr gefährlich: Wir rannten in den Keller des Gasthauses.

Nach dem Angriff standen wir auf dem Deich, sahen Hamburg unter einem breiten Feuerschein und dichten schwarzen Wolkenmassen liegen. Alle Augenblicke hörten wir das Explodieren von Zeitzündern. Bei Tagesanbruch versuchte ich, zu Hause anzurufen – keine Verbindung. Trotz Flut und wenig Wind auf der Elbe versuchten wir, elbaufwärts zurückzusegeln, vor uns eine alles einhüllende schwarzbraune Rauchmasse, über uns die Sonne nur als strahlenloser, roter Ball. Ruß und Asche trieben auf uns zu. Wir gaben auf und gingen bei Blankenese an Land. Vor uns lag die Hölle. Wir hatten schreckliche Angst um unsere Familien, kletterten durch und über Trümmer. Die letzten Reste der Häuser, die hohlen Fassaden brannten noch. Es war unerträglich heiß. Ausgebrannte, noch glühende Straßenbahnen versperrten den Weg, Menschen huschten wie Gespenster vorbei. Wirres Durcheinander überall. Wo immer sich Platz bot, lagen dicht an dicht die schon geborgenen Leichen.

Nach schier endloser Zeit kam ich zur Außenalster, und Minuten später sah ich unser Haus unversehrt. Die Spannung löste sich in Tränen auf. Schwägerin Rita war mit ihrem Baby allein im Haus, denn meine Mutter lag mit Scharlach bei Karin in Teplitz. Einen beginnenden Dachstuhlbrand hatte meine Schwägerin gleich löschen können. Unsere Haushaltshilfe war bereits aus Hamburg geflohen. Was nun kam, nahmen Rita und ich schon gelassener: kein Strom, kein Wasser, kein Gas. Für die Bewohner unserer Straße wurde Wasser aus einem Brunnen einer alten Villa in der Nachbarschaft portionsweise ausgegeben.

Mein Bruder hatte Urlaub von der Front an der französischen Atlantikküste bekommen. In der Lüneburger Heide sah er vom Zug aus schon den Feuerschein über Hamburg.

Irgendwie ist er dann durchgekommen, denn in die Stadt hinein fuhr nichts mehr. Er war erleichtert, als er Frau, Tochter und mich heil wiederfand. Rita wurde mit ihrem Baby von Freunden noch vor dem zweiten Großangriff aus der brennenden Stadt hinausgebracht.

Mit meinem Bruder zusammen erlebte ich in der Nacht vom 27. auf den 28. Juli den zweiten Großangriff. Das trockene, heiße Juliwetter begünstigte die schnelle Ausbreitung der Brände, die Straßen wurden weich und brannten lichterloh; die Menschen sanken im Asphalt ein und wurden zu leibhaftigen Fackeln. Einen grauenhafteren Tod konnte es wohl kaum geben.

Der dritte Großangriff erfolgte in der Nacht vom 29./30. Juli, wiederum mit verheerenden Folgen. Peter und ich standen, nachdem wir den Luftschutzkeller verlassen hatten, zur Funkenwache auf unserem Dach. Wir sahen die Stadt brennen, die Flammen schossen hoch in den nächtlichen Himmel, und Funkenregen wirbelte durch die Luft. In diesen von mir miterlebten drei Bombennächten im Juli 1943 gab es 35.000 Tote, 125.000 Verwundete, eine Million Obdachlose, von denen die meisten geflüchtet sind.

Nach dieser Nacht mußte Peter wieder nach Frankreich an die Front zurück. Ich hingegen war zur Famulatur in Anklam in Pommern angemeldet. Wir stellten unser Haus ausgebombten Freunden zur Verfügung.

Ich fand in einem Viehwagen Platz. Frauen verteilten auf den Bahnhöfen Milch, Saft oder Kaffee an die erschöpften, aus der Feuerhölle Geflüchteten. In Anklam wurde ich im Krankenhaus freundlich aufgenommen. Daß ich bisher alles so gelassen, wie neben mir stehend ertragen hatte, war verwunderlich. Doch nun zeigte sich die Reaktion in Form von Fieber und Schwäche, und so dauerte es ein paar Tage, bis ich meinen Dienst antreten konnte.

Im Krankenhaus lernte ich Karras kennen, einen Medizinstudenten aus dem Sudetenland; wir arbeiteten zusammen, mochten uns sehr gern und harmonierten ausgezeichnet. Die gemeinsame Zeit in Anklam war für uns schön, die Radtouren, die heimlichen Bootsfahrten.

Wir waren beide traurig bei dem Gedanken, daß wir uns am Ende der Famulatur für einige Zeit trennen sollten. Noch während unserer Famulatur wurde am 9. Oktober 1943 das friedliche Städtchen Anklam in ein Schlachtfeld verwandelt. Um 11.30 Uhr Fliegeralarm. Niemand nahm ihn in dieser Gegend ernst, auch wir im Krankenhaus nicht. Mein Chef und ich gingen gerade über das freie Feld zu den Diphtheriebaracken, als wir das Brummen großer Fluggeschwader über uns hörten. Bomben aus heiterem, sonnigen Himmel in fünf Wellen, zuletzt Kampfflugzeuge, aus Bordwaffen schießend.

Die Stadt Anklam wurde bei diesem Angriff weitgehend zerstört. Es gab viele Tote und Verwundete, denn es war Markttag gewesen, und es hat von Menschen gewimmelt. Im Krankenhaus operierten wir bis in die Nacht ununterbrochen: Instrumente konnten nur noch mit Sagrotan sterilisiert werden. Ich sah und lernte, wie wichtig es ist, improvisieren zu können, um auch in den schwierigsten Situationen zu helfen und Leben zu retten. Was hätte ich später in Arabien ohne Improvisation erreichen können? Ich wäre schon in der ersten Zeit gescheitert, wie manche Europäer, die solche bitteren Erfahrungen nicht hatten machen müssen.

Ende Oktober 1943 war ich mit der Famulatur, der letzten vor dem Staatsexamen, fertig. Karras wußte noch nicht, an welcher Uni er sich zu melden hatte; das wurde vom Staat vorgeschrieben. Durch das weitere Kriegsgeschehen brach unser Briefwechsel abrupt ab. Ich wartete verzweifelt auf ein Lebenszeichen von ihm. Mein letzter Brief kam mit dem Stempel „Vermißt" zurück. „Vermißt" konnte man mit Tod gleichsetzen. Karras war ein außergewöhnlich fein empfindender Mensch gewesen. Er war der erste Mann. mit dem ich keinerlei Schwierigkeiten hatte. Er fehlte mir sehr.

In Hamburg folgte weiter ein Luftangriff dem anderen. Unser Haus füllte sich immer mehr mit ausgebombten Mitbewohnern. Wir lebten alle eng zusammengerückt. Mitte November 1943 ging der Vorlesungsbetrieb für Mediziner wieder los.

Meine ersten Examen machte ich im Sommer 1944, der geprägt war von einem Attentat auf Hitler am 20. Juli.

Es mißlang. Die Widerstandskämpfer wurden nach kurzem Schauprozeß gehängt. Hitlers Krieg ging weiter, obwohl die Alliierten schon im Juni in der Normandie gelandet waren.

Assistenzzeit, Ausreise

Trotz allem: Im November 1944 hatte ich das Staatsexamen abgeschlossen, einen Tag darauf die Approbation erhalten und eine Woche später wurde ich im Allgemeinen Krankenhaus Hamburg-Langenhorn als Stationsärztin auf der Lungenabteilung zum Notdienst verpflichtet. Verantwortliches, selbständiges Handeln wurde jetzt zur Notwendigkeit.

Auf meiner Tuberkulosestation waren 80 Patienten untergebracht. Hier hatte ich unter anderem die damalige Pneubehandlung durchzuführen. Ich dachte an den Chef in Freudenstadt, der zu mir gesagt hatte: „Eines Tages müssen Sie die Courage aufbringen, es selber zu machen." Ich mußte – und es ging. Zum Glück unterstützte mich die erfahrene Oberschwester. Später, auf der Diphtheriestation, bekam ich es mit einem vierjährigen Jungen zu tun, der am Ersticken war. Tracheotomie – ein Luftröhrenschnitt – wurde lebensnotwendig. Auch hier hatte ich glücklicherweise eine erfahrene Schwester zur Seite: „Immer langsam, so schnell stirbt es sich nicht." Ich solle auf die gestauten Adern achten. In Anklam hatten Karras und ich schon mehrmals bei Tracheotomien zugesehen. Aber jetzt mußte ich selber handeln – und es ging: Meine erste lebensrettende Operation – ich war glücklich!

Im April/Mai 1945 rückten die Engländer am südlichen Elbufer näher und setzten Hamburg unter Artilleriebeschuß. Als die Kapitulation nur noch eine Frage von Tagen war, stellten sie das Feuer ganz ein. Während des Einmarsches der Briten am 7./8. Mai 1945 herrschte Ausgangssperre für die ganze Stadt, so daß die Besetzung ohne Zwischenfälle verlief.

Der Krieg war zu Ende, Deutschland weitgehend zerstört. Überall Flüchtlinge und Ausgebombte. Der Hunger grassierte. Die noch intakten Häuser und Wohnungen waren total überfüllt. Schulen dienten als Hilfskrankenhäuser, so daß ich froh sein konnte, im Langenhorner Krankenhaus zu arbeiten.

Mit Kriegsende war automatisch meine Notdienstverpflichtung zu Ende. Aber genau wie andere Kolleginnen, die die ärztliche Krankenhausversorgung während des Krieges aufrechterhalten hatten, mußte auch ich – unbezahlt – weiterarbeiten, bis Ärzte aus dem Militärdienst zurückkamen. Dann allerdings wurden wir Frauen hemmungslos entlassen. Für uns blieb lediglich die Möglichkeit, als unbezahlte Volontärassistentinnen zu bleiben. Der Weiterbildung wegen traf ich diese Entscheidung und wurde auf der Diphtherieabteilung einem Kriegsrückkehrer zugeteilt. Ich hatte Glück, denn mein Kollege war ein intelligenter junger Mann. Seine Freundin war Sängerin, und so gingen wir oft zusammen in Konzerte und Theateraufführungen, die improvisiert in Schulen und Kinos stattfanden. Die Künstler waren glücklich, wieder ihren Musen dienen zu können, und die Bevölkerung lechzte nach der unter Hitler verbotenen Kunst und Kultur des In- und Auslandes. Wir alle waren froh, den Krieg überstanden zu haben. Wir trauerten um die Toten, die Vermißten, wollten aber trotz der Misere, trotz der inneren und äußeren Trümmer leben. Das war nicht einfach, denn immer mehr erfuhren wir Deutschen über die Greueltaten, die während der NS-Jahre von Menschen an Menschen begangen worden waren. Ich schämte mich. In einer gutbürgerlichen, scheinbar unpolitischen Umgebung lebend, war ich so naiv gewesen, die Lager für Arbeits- beziehungsweise geheime Waffenherstellungsorte zu halten. ich glaubte auch, daß die Massengräber in der Lüneburger Heide und anderen Orten die Leichen aus den bombardierten Städten bargen. Von den Alliierten wurden uns die Konzentrationslager gezeigt. Immer mehr gingen mir die Augen auf: In welch einer Welt hatten wir gelebt! Ich fing an, den Tod meines Vaters zu begreifen.

Im Sommer 1945 war das Telefonieren wieder möglich, es klingelte bei meiner Mutter, und eine fremde Männerstimme meldete: „Ihr Enkel steht am Dammtorbahnhof. Ich habe ihn mitgebracht, muß aber selbst schnell weiter." Meine Mutter nahm ihr Fahrrad und holte den zehnjährigen Jens nach Hause.

Inzwischen kam auch mein Schwager bei uns in Hamburg an und etwas später meine Schwester mit den jüngeren drei Kindern. Das Haus, ehemals für sechs bis acht Personen gedacht, beherbergte jetzt 27 Menschen.

Endlich erhielten wir auch von meinem Bruder Nachricht. Er war in Südfrankreich in Gefangenschaft.

Um meine Ausbildung weiter zu verfolgen, meldete ich mich für die Chirurgie im Hafenkrankenhaus an und konnte dort anfangen, zunächst unbezahlt. Dann volle Arbeit und Überstunden, bei halbem Gehalt. Da Frontärzte heimgekehrt waren, reichte der Etat nicht für alle.

Später kam ich in die Frauenabteilung und wurde zur Assistenz bei Operationen eingeteilt. Bei den damals noch üblichen Evipan-Äther-Narkosen bei großen Operationen lief man übrigens Gefahr, mit narkotisiert zu werden. Mehrmals wöchentlich gab es zusätzlichen Dienst in der Ambulanz, in der ich weitgehend selbständig arbeiten konnte.

Wenn etwas Zeit blieb, ging ich freiwillig in den Operationssaal, um Erfahrung zu sammeln. Sah ich mehrmals die gleiche Operation, jeweils von einem anderen Operateur, konnte ich an den Unterschieden des Vorgehens erkennen, wo die größten Schwierigkeiten lagen.

Im Frühjahr 1946 war Ulrich, ein neuer Kollege im Hafenkrankenhaus, in meinem Leben erschienen. Er war erst kürzlich aus einem amerikanischen Gefangenenlager in Deutschland entlassen worden. Er gefiel mir spontan. Die Sympathie beruhte auf Gegenseitigkeit, und bald entstand eine enge Beziehung zwischen Ulrich und mir. Wir liebten uns, waren aber bei aller Harmonie sehr verschieden.

In diesen verliebten Sommer 1946 fiel plötzlich und unerwartet eine aufregende Mitteilung, die für mein Leben entscheidend wurde. Unsere Hausärztin hatte gehört, daß der Kronprinz vom Jemen eine deutsche Ärztin suchte für die Frauen seines Palastes und für die Stadt Taiz, wo er residierte. Die Frage war, ob ich eine dafür geeignete Ärztin kennen würde. Ich überlegte und schlug mich dann selber vor.

Die Anfrage beziehungsweise das Angebot kam über den Hamburger Kaufmann Heinz Hansen, der mit dem Jemen vor dem Krieg in Handelsverbindungen gestanden hatte.

Eine deutsche Ärztin war nach dem Kriege für den Jemen politisch ungefährlich. Sie würde nicht im Interesse einer Regierung geschickt werden, wie die italienische Ärzte-Equipe vor dem Krieg, die britische während des Krieges und die französische nach dem Kriege. Denn diese drei Regierungen waren 1946 immer noch durch Kolonien um das Bab al Manded, den südlichen Ausgang des roten Meeres, gruppiert: im italienischen Eritrea, im französischen Somaliland und in der britischen Kronkolonie Aden. Das vierte Land von Interesse war der Jemen. (Das alles wurde mir aber erst später klar, als ich vor Ort die Verhältnisse kennenlernte.)

Als ich Ulrich von diesem Angebot berichtete, begeisterte er sich sofort bei dem Gedanken, hinaus zu können. Unsere Gemeinsamkeit, das Verstehen und die Übereinstimmung in wichtigsten Fragen waren beglückend. Familie und Freunde sahen Ulrich und mich schon als Ehepaar. Es gab aber Wesentliches, das uns unterschied. Er wollte auf jeden Fall Europa ganz verlassen – auswandern. Ich hingegen wollte andere Länder mit ihren Menschen kennenlernen, aber irgendwann zurückkehren in das Land, dessen Sprache ich spreche, in dessen Sprache ich denke. Wir hatten in unserer Verliebtheit diesen Unterschied nicht weiter beachtet.

Außerdem bemerkte ich, daß Ulrich viel materialistischer veranlagt war als ich. Ihm waren die Millionen der Erbtante in der Schweiz sehr wichtig. Das störte mich, außerdem konnte ich ihn mir nicht für Jahre in einer Gegend ohne Strom, Wasserleitung und medizinischen Komfort vorstellen. Und so begann ich, von einer gemeinsamen Planung schweren Herzens Abstand zu nehmen und für mich alleine die weiteren Vorbereitungen zu treffen.

Meine Schwester sagte: „Du gibst das bürgerliche Leben auf, wenn du alleine nach Arabien gehst. Ulrich sollte mitgehen, es liegt in der Hand der Frau." Ich sagte nichts dazu; nachts aber schlug die Welle hoch, und ich weinte.

Die Korrespondenz mit dem Jemen lief über Hansens Neffen, genannt Cimbro, der in Taiz lebte und dem das Ehepaar Hansen mein Interesse mitgeteilt hatte.

Die Briefe brauchten auf der Reise zu ihrem Adressaten viel Zeit: In Hamburg unterlagen sie britischer Zensur, dann wanderten sie mit dem Schiff nach London, mit einem anderen Schiff nach Aden und dann per Maultier nach Taiz. Zurück war es dieselbe Prozedur. Somit vergingen viele Wochen, bis eine Antwort kam. Wie ich aber aus Deutschland hinauskommen wollte – und dazu noch nach Arabien reisen –, war mir 1946, ein Jahr nach dem Ende des Zweiten Weltkrieges, zunächst ein absolutes Rätsel.

Das Deutsche Reich gab es nicht mehr, die Bundesrepublik war noch nicht gegründet, Deutschland war ein besetztes Land, wurde von den Alliierten regiert und war in vier Zonen aufgeteilt worden: in die britische, die amerikanische, die französische und die russische. Im britisch besetzten Hamburg durften wir ohne besonderen Passierschein nicht einmal die Stadt verlassen, geschweige denn die anderen Zonen betreten. Immer mehr Greueltaten wurden aufgedeckt, an denen wir Deutschen als Kollektiv schwer zu schlucken hatten, und der Gedanke wegzugehen erschien mir auf einmal wie eine Flucht aus Europa.

Es war die Zeit der Trümmerfrauen, die für den Wiederaufbau in den Ruinen Steine klopften, es war die Zeit des Schwarzmarktes in den Städten und auf dem Lande. Für einen Perserteppich gab es ein halbes Pfund Butter, sechs Eier und ein

Kilo Mehl. Es war die Zeit, in der die Kinder auf den Güterbahnhöfen zwischen Gleisen Koks sammelten und oftmals schwer verletzt oder tot ins Hafenkrankenhaus gebracht wurden; und bereits 50 Pfund Kartoffeln reichten aus, um deren Besitzer nach der Hamstertour vom fahrenden Zug zu stoßen oder vor seiner Haustür umzubringen. Es war die Zeit, in der sich Frauen für eine Stange Zigaretten verkauften, als alles drunter und drüber ging und generell ein Menschenleben in den zerbombten Städten wenig Wert besaß. Dabei war in Hamburg unter britischer Besatzung die Bevölkerung sicherer als in den anderen Zonen. Ein Nachteil war lediglich, daß die Hamburger nicht über die Brücken in die Marschlande gehen konnten, die die Stadt normalerweise mit Gemüse und Obst versorgten, weil die Engländer diese Ware in ihre Heimat verschifften, wo man ebenso Hunger litt wie bei uns. Es war besonders auch die Zeit, die uns Deutschen stündlich vor Augen führte, daß wir ein besiegtes, zerstörtes Land ohne Regierung, ohne Rechte und ohne persönliche Aussichten waren.

In jener desolaten Grundstimmung die Möglichkeit zu bekommen, meine Träume der Vorkriegszeit von fernen Ländern, der Weite und Stille der Wüste zu realisieren, ließ mich schwindelig werden. Nein, das war keine Flucht, und mir war es egal, wie lange es dauern würde, bis alle Formalitäten erledigt sein würden. Ich hatte ein Ziel und auch die Zeit, noch etwas dazuzulernen. Chirurgie wurde nun noch viel wichtiger für mich, nicht nur Operationen selbst, sondern alles, was dazugehörte. So ließ ich mir nach jeder Operation die benutzten Instrumente zeigen und von der Operationsschwester erklären, welche besonders praktisch zu pflegen seien; mit der Lernschwester machte ich vorbereitende Arbeiten wie Tupfer, Vorlagen und Verbände legen, wie es damals noch üblich war. Das würde in Arabien sicher von Nutzen sein.

Noch während des Krieges hatte ich von einem Antiquitätenhändler eine große Arzttasche mit komplettem chirurgischen Besteck für kleine und große Chirurgie bekommen, die ein emigrierter Arzt bei ihm zurückgelassen hatte. Damals konnte ich nicht wissen, ob und wo ich es jemals benutzen würde.

Ulrich kam, sooft er konnte, in die Ambulanz, die zugleich als Aufnahmestation für das Krankenhaus fungierte. Dort konnte ich noch reichlich Erfahrung sammeln.

Ich war ganz erfüllt vom Gegenwärtigen und von den Zukunftsmöglichkeiten und der damit zusammenhängenden Anforderung, als mein Bruder aus französischer Gefangenschaft in unser Elternhaus zurückkam. Bei seiner Frau und Tochter war kein Platz mehr für ihn. Es gab inzwischen einen anderen Mann.

Peter war sterbenskrank. Er hatte Krebs. Operation und Bestrahlung nützten nichts mehr. Er konnte in seinem ehemaligen Arbeitszimmer liegen, obwohl das Haus überfüllt war. Ich betreute meinen Bruder selber, und zwischen ihm und mir wuchs ein ganz neues Verhältnis. Belastend für mich war, daß ich hinsichtlich der Diagnose – wie damals üblich – ihm gegenüber zum Schweigen verpflichtet worden war. Ich bat meinen früheren Chef, Professor Jores, mit Peter zu sprechen. Er kam umgehend, und mein Bruder sagte nachher zu mir: „Ich hoffe, daß dann alles aus ist und sich in Nichts auflöst." In dieser Nacht ließ er mich an seiner Lebensbilanz teilnehmen, und wir redeten bis zum Morgen. Danach fand kein weiteres Gespräch über den Tod statt – er war ihm im Krieg zu oft begegnet und er verschloß sich jeglicher Spekulation.

Er philosophierte mit mir über Liebe und Ehe, und ich denke, daß ich dabei einiges gelernt habe. Für meinen Arabienplan entwickelte Peter großes Verständnis. „Nimm meine kleine Reiseschreibmaschine mit, sie wird dir nützlich sein." Etwas später sprachen meine Mutter und ich über Peter, die Familie und Arabien, dabei wurde mir bewußt, wie sehr ich mich von meiner Familie abgrenzte. Ob ihr das Gespräch geholfen hatte, wußte ich nicht – für mich war es wichtig gewesen.

Im Januar 1947 erhielt ich einen Brief von Cimbro, Hansens Neffen aus Taiz, mit arabischem Handschreiben des Kronprinzen: meinen Vertrag, mein Einreisevisum, meine Aufenthaltsgenehmigung und dazu eine autorisierte englische Übersetzung für europäische Länder und deren Behörden.

Einen Monat später kam die Mitteilung: Visum für Aden garantiert. Sofort reichte ich meinen Antrag für das Exit-Permit bei der britischen Kommandantur ein. Ich fühlte mich auf einmal staunend im Strom des Geschehens.

Anfang März erhielt ich von der Militärregierung für Deutschland einen vorläufigen Reiseausweis an der Stelle eines Passes für Deutsche, mit einem Visum für die Hinreise nach Arabien, gültig für März 1947.

Damit hatte ich aber noch keine Transitvisa für die Schweiz, für Italien, Griechenland, Palästina, Ägypten, den Sudan oder Eritrea. Und die brauchte ich dringend, denn selbst für Zwischenlandungen und den Wechsel der Fluglinien wurden Visa gefordert, die aber erst erteilt wurden, wenn die Weiterreise durch ein gültiges

Flugticket gesichert war. Doch ein Flugticket bekam ich als Deutsche nur bei Vorlage der Visa. Komplikationen ohne Ende, die aber, wie ich hoffte, in der Schweiz gelöst werden würden. Erschwerend kam hinzu, daß das Reisegeld auch nicht einfach vom Jemen nach Hamburg überwiesen werden konnte. Die jemenitische Währung, der Rial, wurde nur in den arabischen Nachbarländern angenommen. Es gab keine Banken im Jemen. Auslandskonten besaß weder der Staat noch der Imam (König) noch der Kronprinz. Außerdem durfte ich als Deutsche kein ausländisches Geld entgegennehmen. Und selber die Reisekosten aufzubringen war unmöglich, denn es gab noch keine Deutsche Mark (DM), und die Reichsmark (RM) galt nur innerhalb Deutschlands. Alle diese Schwierigkeiten kann man sich heute gar nicht mehr vorstellen.

Große Hilfe boten mir Ulrichs Eltern, die seit Kriegsende bei ihren Verwandten in der Schweiz wohnten. Sie fanden in ihrer Familienfreundin, der Schweizerin Emely Döpfner, eine Bürgin für mich. Sie stand vorübergehend für alles gerade. Die mit Hindernissen gespickte Zeit ließ sich nur schwer ertragen. Meine seelische Verfassung glich einem Wechselbad. Es gab viele Belastungen, die an mir zerrten: Peters Sterben zu begleiten, unsere Mutter zu unterstützen, die dabei unendlich litt, Lebensmittel zu organisieren und mit Ulrich zusammenzusein, solange ich noch in Hamburg war und wir füreinander dasein konnten.

Jeder schaute abwartend auf mich. Würde ich den Plan durchziehen? Oder in Hamburg bleiben? Die Assistentenstelle im Hafenkrankenhaus hatte ich aufgegeben, um in der Frauenklinik zu volontieren und für meinen Bruder noch mehr Zeit zu haben. Mein Ausreisevisum konnte ich verlängern lassen.

Im April 1947 starb Peter. In seiner Todesstunde war ich bei ihm, wie wir es uns beide gewünscht hatten. Seine Leidenszeit steckte schmerzend tief in mir. Es war deshalb ein Segen, daß ich den Sommer noch mit Ulrich verbringen konnte. Er hatte mir während Peters Sterben beigestanden und mich danach wieder ins normale Leben geholt. Trotz dieser Liebe blieb ich bei meinem Plan, allein fortzugehen, auf ungewisse Zeit, in unbekannte Verhältnisse. Immer öfter kam eine ruhige Gewißheit über mich, daß dies mein Weg war – trotz des Unverständnisses meiner nächsten Angehörigen.

Die Kisten mit den nötigsten Utensilien für mich und meine Arbeit waren bereits gepackt, von der britischen Zensur genehmigt, vom Zoll plombiert und zum Verschiffen über England nach Aden übernommen.

Am 9. August stand ich wieder im Schweizer Konsulat; man nannte mir den 12. August als Reisetag, wenn ich bereit sei, im Zug ein Kind zur Schweizer Grenze mitzunehmen.

Bis zum letzten Augenblick vor der Abreise war noch viel zu erledigen. Dazwischen besuchten mich Freunde, Bekannte und Verwandte, um mich zu verabschieden. Der letzte Nachmittag gehörte Ulrich. Uns umhüllte wohltuende Vertrautheit, und er verstand meine Entscheidung des Alleinganges nach Arabien.

Der Abschied war weniger schwer, als ich befürchtet hatte. Das Fernweh war stärker, und die Wüste lockte mehr als der Hafen der Ehe.

Am Abend waren die Familie, Ulrich und Freunde noch ein letztes Mal zusammen, und dann brachten sie mich an den Nachtzug nach Basel. Die kleine Bärbel wartete schon auf mich.

Der Zug rollte aus der Halle, dann über die Elbebrücken. Mein Gefühl war eine riesengroße Neugier auf alles Neue, das mir begegnen würde.

In den Abteilen und auf den Gängen des Zuges drängten sich die Menschen. Die einen waren Heimkehrer, andere suchten ihre Familie oder eine neue Heimat. Nicht wenige waren auf Hamstertour oder reisten von Schwarzmarkt zu Schwarzmarkt. Überall stapelte sich unförmiges Gepäck. Vor Basel mußten die letzten Deutschen und Bärbel aussteigen. Waggons wurden abgehängt.

Nach der Zollrevision stopfte mich der Gepäckträger mit meinen vielen Koffern in einen für Alliierte reservierten Wagen, und ein paar Minuten später war ich in der Schweiz.

Es war Abend, und ich war geblendet von dem Licht. In Hamburg hatten wir nur stundenweise Strom, und Lichtreklamen gab es überhaupt nicht. Die vielen blanken Autos, die heilen sauberen Häuser, Menschen, die zufriedene und satte Gesichter hatten, das war fremd. ich fühlte mich auf einmal müde, leer.

In dem Baseler Hotel am Bahnhof fand ich weder Ulrichs Eltern noch Schweizer Franken vor, um nach Luzern weiterreisen zu können. Der Portier begriff meine Lage, schaute mir prüfend ins Gesicht, gab mir aus seiner eigenen Geldbörse 50 Schweizer Franken und sagte: „Wenn Sie bei Ihren Freunden angekommen sind, schicken Sie mir das Geld zurück." Diese freundliche Hilfe gab mir wieder ein gutes Gefühl, und so kam ich gerade noch kurz vor Mitternacht in Luzern an.

Trotz der späten Stunde ging ich zu Emely. Sie hatten mich noch nicht erwartet! Das jemenitische Reisegeld war noch nicht gekommen. Die Engländer hatten nur 70 Pfund genehmigt. Nun sollte das Geld über Saudi-Arabien und die USA gehen.

Bei der Fremdenpolizei am nächsten Morgen wurde ich ebenso überrascht angeschaut, erhielt aber doch, dank Emelys Bürgschaft, eine Aufenthaltsgenehmigung.

Luzern, der Vierwaldstätter See, die Berge! Auf dem Schiff bis zur Anlegestelle Kastanienbaum fühlte ich mich jetzt wie im Traum. Wie anders war doch die Schweiz im Gegensatz zur Trümmerwelt in Deutschland. Ulrichs Mutter Paula erwartete mich am See und brachte mich zur Villa Johanneshof, wo sie und ihr Mann Georg wohnten und ich bis zu meiner Weiterreise bleiben konnte. Zwischen Ulrichs Eltern und mir entstand eine lebenslange Freundschaft.

Da mir die Reisedevisen fehlten, konnte ich nicht viel unternehmen. Aber die vorgeschriebenen, notwendigen Impfungen gegen Pocken, Cholera, Typhus und Gelbfieber ließ ich mir in Luzern schon geben, denn die mußten wegen der fieberhaften Reaktionen zeitlich verteilt werden.

Ende November wurden endlich die Dollars telegrafisch überwiesen! Emely erhielt dieses Telegramm aus Saudi-Arabien. Fast gleichzeitig bekam ich einen Brief von einem mir unbekannten Mr. John Hewitt. Er wolle mir von Kairo aus helfen, da mein Kontaktmann Cimbro ihm in Taiz über meine verzwickte Lage berichtet hatte. Er war daran interessiert zu erfahren, wie die Dinge stünden und wann ich reisen wolle.

Ich telegrafierte sofort nach Kairo: Bereit zum Start ab Januar und erbitte eine Woche Aufenthalt in Ägypten. Schon nach wenigen Tagen kam das Antworttelegramm: Bei TWA (Trans World Airline) auch Visa für Ägypten und für Zwischenlandung bis Arabien.

Ich ging hinaus auf die stillen Wiesen am Berghang, erfüllt von Freude und in Erwartung des Unbekannten, des Fremden.

Um allen vorangegangenen Schwierigkeiten eine letzte hinzuzufügen, erschien einen Tag vor der Abreise die Pressenachricht: „Imam Yahia, König im Jemen, ist tot." Würde der Kronprinz mit dem Hofstaat von Taiz nach Sana'a umziehen? Alle teilten meine Sorgen, als wir in Luzern Abschied voneinander nahmen. Im Zug zum Genfer Flughafen aber war ich genauso ruhig wie bei der Fahrt in die Schweiz.

Zweiter Teil
Arabien

Aden

Mitternacht – Schneesturm.

Im Scheinwerferlicht wurde auf dem Genfer Flugplatz eine Maschine der Transworld Airlines (TWA) abgefertigt, die noch am 17.1.1948 aus New York gekommen war und nach Kairo weiterfliegen sollte. Es war auf dieser Strecke eines der ersten planmäßigen Linienflugzeuge nach dem Zweiten Weltkrieg.

Kein Fluggast würde heute in eine so klapprige Maschine steigen. Nur wenige Passagiere gingen an Bord. Fahle Beleuchtung und ein muffiger Geruch empfingen uns in diesem verbrauchten Vorkriegsflugzeug, über zwei Drittel der Plätze blieben unbesetzt. Die Maschine begann lautstark zu brummen, und langsam rollte sie zur Startbahn. Wenige Minuten später hob sie schwerfällig ab. Genf verschwand bald in der schwarzen Winternacht des 18. Januar.

Nach ca. drei Stunden landeten wir in Rom. Der Flug sollte nur kurz unterbrochen werden, doch gleich nach dem neuerlichen Start drehte das Flugzeug wieder um und landete erneut – Motordefekt!

Den Rest der Nacht verbrachten wir Passagiere in einem kalten, unfreundlichen Warteraum, der mich in seinem kriegsbedingt katastrophalen Zustand an das Trümmer-Hamburg erinnerte. Am Morgen der nächste Start. Bis wir aus Nebel und Wolken herauskamen, flogen wir bereits über dem Isthmus von Korinth, hinter dem sich das Ägäische Meer in leuchtender Bläue ausbreitete. Da lag Athen, diese wunderbare weiße Stadt auf Hügeln, vor graugrünem Gebirge, und über allem der lichte, südliche Himmel.

Wir landeten außerhalb der Stadt und waren sehr hungrig, denn an Bord gab es damals noch keinen Service. Da die Flugplatzgebäude auch hier zerstört waren, erhielten wir aus einer Feldküche das Mittagessen im Freien. Wir nahmen es stehend ein und waren froh, überhaupt etwas Warmes zu bekommen.

Der Aufenthalt dauerte eine Dreiviertelstunde. Vor dem Weiterflug mußten noch die Uhren auf osteuropäische Zeit umgestellt werden.

In der Abenddämmerung brannte die Sonne gelbrot. Im Osten tauchten die Küste und ferne Höhenzüge Palästinas auf, damals noch britisches Mandat. Wir flogen über Tel Aviv ein, neben dem sich nach Süden hin an der Küste entlang ein weiteres, von Rinnsalen durchzogenes Sandgebiet erstreckte. Mit letztem Tageslicht erreichten wir Lydda, den Flugplatz Jerusalems. Unser Flugzeug wurde gegen eine andere TWA-Maschine ausgetauscht, die eigentlich nach Bangkok fliegen sollte, sich aber in noch schlechterem Zustand als unsere erste befand. Mit gemischten Gefühlen stieg ich zum Weiterflug ein. Außer mir gab es als Fluggast nur einen unauffällig wirkenden Mann.

Auf dem Flugplatz von Kairo wurde mein Mitreisender von Polizisten abgeführt. Nach diesem Zwischenfall fuhr mir der Schreck in die Glieder, als ich laut meinen Namen rufen hörte, und ich war erleichtert, als vor mir ein freundlicher junger Engländer stand, der sich als John Hewitt vorstellte. Nun hatte er auch noch gewartet, um mich durch Behörden und Ämter hindurchzulotsen. Zunächst ging es durch die Paß- und Zollkontrolle. Mein Militärregierungsausweis war, wie an allen Grenzen zuvor und danach, etwas Unbekanntes, und mein umfangreiches Gepäck erschien reichlich verdächtig. „Haben Sie ein arabisches Schreiben vom Jemen?" fragte John flüsternd. Natürlich hatte ich stets das vom Kronprinzen eigenhändig geschriebene und mit dem roten königlichen Puder bestreute Papier bei mir, und hier in Ägypten wirkte es Wunder. Binnen weniger Minuten konnten wir ohne Kontrolle passieren. Im Auto erzählte mir John, daß der totgesagte König Imam Yahia lebe. Das Attentat auf ihn sei mißglückt, und im Jemen sei alles ruhig. Ich atmete auf – eine Ungewißheit weniger. In der Stadt hatte er rechtzeitig für ein Hotelzimmer gesorgt. Dort fand ich bereits einen ganzen Stapel Post vor. Darunter waren auch Briefe von Leuten aus Kairo und Alexandria. Es war zur Zeit noch einmalig, daß jemand aus Deutschland kam und in den damals abgeschlossenen und unbekannten Jemen weiterreisen wollte – dazu noch eine Frau. Die kleine internationale Gesellschaft Kairos und Alexandrias freute sich über jedes neue Gesicht. Keiner machte einen nationalen Unterschied, auch John nicht, gegenüber einer Deutschen nach diesem fürchterlichen Krieg.

Es war für mich anfänglich erstaunlich, daß ich Briefe und Telefonanrufe von Fremden erhielt und hierhin und dorthin eingeladen, sozusagen herumgereicht wurde. Ich hatte interessante Begegnungen mit Wissenschaftlern, Ägyptologen,

Ingenieuren und Ärzten verschiedener Nationen. Das war nach der Abgeschlossenheit in Deutschland ein echtes Aufatmen. Nur in einer Villa auf der Nilinsel, wo ich zu einer Teeparty eingeladen war, schien es ein Tabu zu sein, über Krieg und die gegenwärtigen Probleme zwischen den Ägyptern und den Briten zu reden. An Kairo und Alexandria faszinierte mich das Miteinander wie das nicht Vereinbare grundverschiedener Kulturen: Pharaonen und Phönizier, Griechen und Römer, arabisches Mittelalter und türkische Epoche, Abendland und moderne westliche Einflüsse. Diese Vielschichtigkeit hat das Gesicht dieser Städte geprägt. Tourismus gab es noch nicht, nur vereinzelte Reisende wie mich.

In Kairo stieg ich zur maurischen Zitadelle hinauf, wanderte durch den arabischen Basar, durch die modernen großen Hauptstraßen im westlichen Stil, sah im ägyptischen Museum die goldene Pracht der Särge, und draußen in Gizeh stand ich völlig allein zu Füßen der Sphinx und bestaunte die Pyramiden der Pharaonen. In Alexandria sah ich die Hafenanlagen Alexanders des Großen, ging zwischen modernen Etagenhäusern zum Nilkanal, auf dem Lastensegler fuhren, die noch in der Art der Phönizier gebaut waren. Ich begegnete reichen ägyptischen Adelsfamlien und sah Fellachen in zerlumptem Zeug vor ihren armseligen Hütten kauern.

Von Alexandria aus versuchte ich dann ein verbotenes Abenteuer zu starten. Ich fuhr mit der Bahn quer über das Nildelta, denn ich wollte meinen Vetter Werner in einem der britischen Gefangenenlager bei Ismailia am Suezkanal besuchen. Mein Glück verließ mich nicht, und es gelang mir tatsächlich, mit Hilfe von Ägyptern, Werner zu finden. Nach einer Übernachtung auf einem Motorboot auf dem Timsa-See, wo jeder über jeden wachte, damit mir nichts geschehe, ging es im Morgengrauen zu einem bestimmten Platz. Dort wurde ich mit großem Hallo empfangen. Werner und die Mitgefangenen bestürmten mich mit Fragen über Fragen nach Deutschland.

Die Kriegsgefangenen taten mir unendlich leid, aber ich fühlte auch Freude, daß ich ihnen Wichtiges von zu Hause erzählen konnte.

So vielartig und eindrücklich diese neuen Erlebnisse auch waren, so sehr reduzierten sie sich beim Anblick der Wüste fast bis zur Bedeutungslosigkeit. Im morgendlichen Dunst erschien sie braunviolett. Der Nil schlängelte sich als Silberband hindurch. Kairo schrumpfte zu einer Oase zusammen, an deren Rand die Spitzen der Pyramiden von Gizeh durch den Frühnebel stießen. Die endlose braune Sandfläche, der violette Dunst und der noch blaßblaue Morgenhimmel verliefen ohne Grenzen ineinander. Ich war tief beeindruckt und spürte mein Herz bis zum Hals.

Ende Januar setzte ich meine Reise fort. Wir flogen stundenlang über leeres, von Rinnen durchzogenes Wüstenland. Dann weißer, blendender Sand, den die Fluten des Roten Meeres mit einem türkisgrünen Saum begrenzten.

Das Flugzeug stieg in kühlere Höhen hinauf, über zerklüftete Gebirge, bis wir auf dem Hochland von Eritrea bei Asmara (2400 über dem Meeresspiegel) niedergingen. Dieses Land war damals noch italienische Kolonie, wurde aber nach Kriegsende britisch verwaltet und gehört heute zu Äthiopien. Wir mußten nachts hier bleiben, da keine technischen Voraussetzungen vorhanden waren, um nach Sonnenuntergang auf dem Adener Flugplatz zu landen.

Auch hier in Asmara wurde ich freundlich und persönlich empfangen. Irgend jemand in Kairo hatte einem Schweizer Ehepaar meine Durchreise gemeldet.

Als wir am nächsten Tag starteten, lag das Land noch in der Dämmerung. Nur die höchsten Wolken wurden von den ersten Strahlen der aufgehenden Sonne gestreift. Bald flogen wir selbst über den Wolken, die über dem Roten Meer aufrissen. Die Schaumstreifen der See waren rötlich gefärbt. Dieser rote Schimmer stammte, wie ich erfuhr, von kleinen Algen.

Nach fünf Viertelstunden tauchte eine große Sandbank auf: die britisch besetzte Insel Kameran vor der deutlich erkennbaren Küste Jemens. Nach kurzer Landung flogen wir weiter und hielten südlichen Kurs entlang der jemenitischen Küste, bis zu jener Stelle, wo Afrika und die arabische Halbinsel fast aneinanderstoßen. Über der Meerenge Bal el Mandeb änderte das Flugzeug seinen Kurs Richtung Osten, der Südküste folgend. Dieser vorgelagert, aber noch mit ihr verbunden, ragten nackte, schwarzbraune Felsen auf: Little Aden und Aden, zwischen ihnen die breite Einfahrt des natürlichen Hafens. Wir flogen einen breiten Kreis und landeten auf dem flachen, sandigen Zipfel, der Aden mit dem Festland verbindet.

Ich stand nun auf arabischem Boden, auch wenn Aden 1948 noch britische Kronkolonie war.

Auf dem Flughafen Khormakser erwarte mich Hansens Neffe Cimbro. Neben ihm standen seine beiden kleinen Töchter, Ingrid und Belkis, acht und fünf Jahre alte weißblonde Kinder. Ihre Mutter war im Jemen gestorben.

Als ich dann in Taiz lebte, begriff ich sehr schnell, daß meine Überlegungen, die beiden Mädchen eventuell in meine Obhut zu nehmen, völlig illusorisch gewesen waren. Die Blondschöpfe wären eine Attraktion für die arabischen Männer gewesen. Später sorgte ich dafür, daß die Kinder nach Asmara in das bessere Klima kamen und von dort zu Cimbros Bruder nach Deutschland geholt wurden. Cimbro hatte wahrscheinlich an eine Heirat mit mir gedacht. Denn kaum war ich einige Stunden in Aden, hatte sich die kleine britische Kolonialgesellschaft schon den Kopf darüber zerbrochen, ob wir heiraten würden oder verheiratet seien. Denn was sonst könnte eine Frau, auch wenn sie Ärztin war, veranlassen, in den Orient zu gehen?

Wie sehr sich doch die Meinungen unterschieden! In Hamburg hatten mich einige beneidet: „Raus aus den Trümmern!" Andere äußerten völliges Unverständnis: „Du, als Frau, so allein, so weit weg, der arabischen Sprache nicht mächtig – das ist viel zu gefährlich!" In der Schweiz wurde ich zum Teil für meinen Entschluß bewundert, in das am wenigsten bekannte, verschlossenste Land Arabiens zu gehen. Dann wurde ich auch wieder ernstlich davor gewarnt.

Ich sollte mir nur mal vergegenwärtigen, was da auf mich zukommen könne: im Harem verschwinden auf Nimmerwiedersehen, Mädchenhandel, Raubüberfälle ... Auf jeden Fall müsse ich schießen lernen und eine Pistole bei mir tragen.

Anders dann in Ägypten: Dort freuten sich die Menschen über meinen Unternehmungsgeist, in Asmara wurde ich als nachbarlicher Zuwachs angesehen, und in Aden sah man in mir eine prospektive Braut! Aber sie irrten sich alle. Ich wollte meinen Beruf ausüben und dabei die arabische Welt und die Wüste für mich entdecken.

In Aden wohnte ich in dem alten Marina-Hotel in Towahi, dem Hafenviertel. Hier lebten die Engländer und die wenigen anderen Europäer, und hier hatte die Kolonialregierung ihren Sitz. Draußen in der weiten Hafenbucht ankerten die Überseeschiffe. Das einfache alte Hotel gefiel mir, besonders der Innenhof. Aus den großen Kübeln rankten sich Pflanzen bis unters Dach. Die Zimmer blieben unverschlossen, Türen und Fenster standen weit offen, damit der Wind zur Kühlung hindurchwehen konnte. Arabische Diener in weißen Kleidern und Turbanen gingen lautlos auf bloßen Füßen. Sie waren alle – wie auch der Hoteldirektor – Angehörige desselben jemenitischen Stammes und setzen ihre Ehre dafür ein, daß der Gast gut bedient, nicht betrogen und nicht bestohlen wurde. Sie lächelten, wenn ich ihnen begegnete, und ich lächelte auch. Das war unsere Verständigung. Im Innern der Hafenbucht lagen einheimische Lastensegler. Einige waren auf den Strand gezogen worden. Dunkle, halbnackte Gestalten arbeiteten daran. Die eigentliche, schon im Altertum beschriebene arabische „Stadt im Krater" war ein helles Häusermeer im Ring steiler, dunkler, rotschwarzer Felsen und nur durch einen Engpaß zugänglich. Am nächsten Tag schlenderte ich mit Cimbro im Bazarviertel durch die engen Gassen der Stoffhändler. Vor den offenen Buden, vollgestopft mit Ware, schob sich ein buntes Völkergemisch vorbei – Araber, Somalis, Inder. Auf den Stufen der offenen Läden saßen Käufer, plaudernd bei einem Täßchen Tee oder Kaffee, kaum merkbar um eine Ware handelnd.

Die Wärme, der Staub und das Gedränge hatten mich ermüdet. Wir gingen darum zu dem einzigen Garten, den es in ganz Aden gab. Er lag bei den mehr als 2000 Jahre alten riesengroßen Becken zum Auffangen des Regenwassers, das von den Felsen des Kraters herabsickerte. Sie wurden lange vor Mohammed und Christus gebaut, waren noch brauchbar, reichten aber leider nicht mehr für die Trinkwasserversorgung von ganz Aden aus.

An diesem Nachmittag führte mich Cimbro schließlich zu einem unscheinbaren Hauseingang. Eine dämmrige Treppe führte uns in den dritten Stock hinauf. Plötzlich stand ich auf einem sonnenüberfluteten Dach. Mein Blick verlor sich über eine hohe weiße Mauer hinweg ins tiefe Blau des Himmels. Ein paar Blumenstöcke trugen einige rosenrote Blüten.

Der Hausherr, eine würdige Erscheinung in einem schlichten, langen, weißen Gewand, kam mir entgegen. Es war Saleh, ein Araber, der mit mehreren Europäern im Jemen und mit Cimbros Onkel in Hamburg, den er Bruder nannte, befreundet war. Er begrüßte mich auf Englisch und führte mich in ein angrenzendes Gemach. Ein paar niedrige Stühle gestatteten sowohl europäische als auch orientalische Sitzweise. Eine bezaubernde Nichte, schlank und feingliedrig, mit schwarzem Haar und von einem lose übergeworfenen duftigen grünen Tuch umrahmten edlen Gesicht, brachte Tee und arabische Süßigkeiten, die sich durch starke, aromatische Gewürze auszeichneten. Saleh rauchte seine Wasserpfeife, während wir Höflichkeiten austauschten; darin sind die Araber Meister. Cimbro durfte wegen der Nichte nicht dabeisein, denn auch in Aden lebten die arabischen Frauen streng getrennt von den Männern, die nicht zur engsten Familie gehörten. Außer Hause trugen sie einen fußlangen Überwurf und einen dunklen Schleier über dem Kopf, der auch das Gesicht verhüllte.

Die Sonne war hinter den Felsen versunken, und blaue Schatten breiteten sich schnell über die weißen Mauern des hochgelegenen Daches, als ich mich von meinem Gastgeber verabschiedete. Er brach eine der wenigen rosaroten Blüten ab und reichte sie mir zum Abschiede mit den Worten: „Mein Haus ist Euer Haus." Das bedeutete nicht nur, daß ich jederzeit kommen, sondern auch, wenn notwendig, mit seiner Hilfe rechnen konnte. Und die hat er mir durch Rat und Tat reichlich zukommen lassen.

Ich mußte mich nun auf die Fahrt nach Taiz vorbereiten. Eine Dolmetscherin für die Anfangszeit würde meinen Start in Taiz erleichtern. Und da es keine arabische Frau gab, die als Dolmetscherin tätig sein durfte, fand Cimbro, überall bekannt als „Dammbauchef", eine Somali. Fatma Abdu, groß und schlank, trug, wie auch andere Somalifrauen, ihre fußlangen, zehn Meter weiten Röcke so um die Taille gerüscht, daß die bauchigen Falten breite, beim Gehen wiegende Hüften vortäuschten, was den Männern sehr gefiel. Sie arbeitete als Krankenpflegerin im Hospital in Aden. Zwischendurch reiste sie an Bord eines althergebrachten arabischen Lastenseglers nach Berbera, ihrer Heimat an der Somaliaküste Ostafrikas, wo ihre zwei Söhne in der Großfamilie aufwuchsen. Ihr Mann fuhr zur See. Die Somalis sind Nomaden, weshalb es Fatma gereizt hatte, für einige Monate mit mir nach Taiz zu gehen. Wir wurden schnell einig, und sie war mir eine große Hilfe, Sprache und Kultur dieser neuen Welt kennenzulernen.

Taiz

Wir starteten im Morgengrauen des 4. Februar 1948. Im Auto eines Freundes, Dr. Toffolon, das Cimbro selber fuhr, ließen wir die dunklen Felsen von Aden und die blaue Meeresbucht hinter uns. Die Straße ging zunächst zwischen großen, flachen Becken hindurch, in denen Meerwasser zur Salzgewinnung verdunstete und Flamingos mit weißem Gefieder und rosigen langen Beinen ihre langen Hälse zum Wasser hinunterbeugten. Dann durchquerten wir die Oase Scheich Othman. Am Ortsausgang lag die erste Grenzstation. Wir gelangten jetzt in das Sultanat Lahedj. Hier hörte die Asphaltstraße auf und verwandelte sich in ein Gewirr halb verwehter, endloser Autospuren durch Sand und Dünen. Die schlimmste Strecke bis Lahedj war überstanden, als wir in die rein arabische Stadt inmitten einer fruchtbaren Oase kamen. Wir hielten kurz am Markt und betrachteten die halboffenen, krummen Buden, unter deren Vordächern die Ware feilgeboten wurde. Hier fand man alles zum Leben Notwendige in einem bunten Durcheinander, darüber eine Wolke von Staub und Fliegen. Eine lange Baumallee – in diesem Lande etwas Einzigartiges – führte uns eine Weile zwischen Feldern und Bananenhainen hindurch. Männer, nur ein Tuch um die Hüften und ein anderes um den Kopf, ritten auf kleinen Eseln mit ihrer Ware zum Markt. Kamele mit ihrer Last, wie wandelnde Strohbündel, versperrten ab und zu den Weg. Da die freundliche Oase sich nur wenige Kilometer ausdehnte, fuhren wir bald wieder zwischen niedrigen Sanddünen hindurch, bis wir den Fuß des steilen, kahlen Gebirges dort erreichten, wo sich das Wadi (Tal) Tiban öffnete. Wir folgten ihm, allmählich höher steigend, mal im trockenen Flußbett fahrend, mal am Berg. Es gab kaum irgendwelche Pflanzen, nur Steine und einen tiefblauen Himmel darüber.

Bis wir den Jemen erreichten, mußten wir sieben Grenz- und Kontrollstationen passieren. Ein krummer Baumstamm über dem Weg, ein Unterschlupf, roh aus den umherliegenden Steinen gebaut oder auch nur aus ein paar Strohmatten bestehend, war jeweils alles. Aber die Wächter, bewaffnete Askari (Soldaten) mit Patronengürtel und arabischem Krummdolch über dem Kittel, nahmen die Kontrollen ernst.

Nicht weit hinter der jemenitischen Grenze machten wir in der festungsartigen Karawanserei und Zollstation Rahidah halt. Vom Dach aus genoß ich bei flammender Mittagshitze den Rundblick über ein weites Hochland mit grünen Feldern, umsäumt von steilen, felsigen Gebirgszügen. Die Luft war rein und trocken, nicht mehr schwül wie unten am Meer.

In der Karawanserei gab es eine erste, stark gewürzte arabische Mahlzeit, Safranreis und scharfe Sauce, die man auf dem Boden sitzend mit der rechten Hand einnahm. Die linke Hand wird, wie Fatma erklärte, zum Waschen benutzt und nie zum Mund geführt.

Beim Essen trafen wir eine französische Ärztin, die nach Sana'a gebracht wurde. Man bat uns, dem Haus, d.h. den Frauen des Zollbeamten, einen ärztlichen Besuch abzustatten. Es war mein erster im Königreich Jemen. Das Wohnhaus innerhalb der Karawanserei war im jemenitischen Stil aus grob behauenen Steinen gebaut; ein fensterloses Erdgeschoß mit Ställen, die Wohnräume der Frauen im ersten Stock, die der Männer im zweiten, die Küche auf dem Dach. Wir wurden in den Raum des Hausherrn geführt, den Mefredsch mit den großen Fenstern, der mit Strohmatten ausgelegt war; darüber Perserteppiche, mit Matratzen unterpolstert, und an den Wänden entlang festgestopfte Kissen. Die Frauen und die Tochter des Zollbeamten waren bereits anwesend.

Nach der Begrüßung setzten wir uns auf die unterpolsterten Teppiche. Ich ließ der älteren Kollegin, die zehn Jahre in Algier gelebt hatte, den Vortritt, und Fatma Abdu al Somalia übersetzte für alle Anwesenden. Ein Krankenbesuch erforderte viel Zeit, nicht zuletzt deshalb, weil die Menschen in diesem Land viel Zeit hatten. Unsere gehetzte europäische Lebensweise war ihnen fremd. Die Frauen hatten für diese Gelegenheit festliche Kleider angezogen, dazu zarte, bunte Schleiertücher über dem schwarzen Haar und goldene Ketten, Reifen und Ringe angelegt. Sie boten uns Süßigkeiten und mit Nelken gewürzten Tee an. Es war also nicht nur ein ärztlicher Besuch, sondern auch ein gesellschaftliches Ereignis. Der Zollbeamte war ein reicher Mann. So fanden wir die unterschiedlichsten Medikamente vor und darunter auch etwas für die Patientin, seine Tochter. Diese schenkte mir, unauffällig für die Anwesenden, beim Abschied einen goldenen Ring mit einem Rubin, den sie vom Finger zog. Das war wie ein Willkommen an der Schwelle des Jemen.

Nach diesem Aufenthalt und Krankenbesuch reisten wir weiter. Der Treck führte uns immer höher hinauf. Von Rahidah an nahmen Vegetation und Ackerbau zu.

Die Hochtäler und Berghänge waren schon seit mehreren Tausend Jahren so weit wie möglich zu den Graten und Gipfeln hinauf terrassiert worden, um Erde und Regenwasser festzuhalten. Saftig grüne Weizenfelder, ausladende Bäume und unbebaute Hänge voller großer Kakteen fügten der felsigen Landschaft eine graugrüne Farbe hinzu. Die vereinzelten Dörfer lagen auf Felsvorsprüngen oder anderen unwegsamen Stellen, geschützt gegen Überfälle, aber auch gegen Steinschlag und plötzliche gewaltige Regenfluten. Die Häuser waren kaum vom Berg zu unterscheiden, aus dessen Gestein sie gebaut worden waren. Wenn kein Quellwasser aus den höher gelegenen Bergen zum Dorf hinuntergeleitet werden konnte, mußten die Frauen das Wasser aus einem Brunnen im Tal hinauftragen.

Bei solch einem Brunnen hielten wir an. Frauen in indigoblauen langen Kitteln und ebenso blauen Tüchern, die sie um den Kopf gewunden hatten, holten mit einem großen, an einem langen Strick hängenden Lederbeutel das Wasser aus der Tiefe und gossen es in irdene Krüge. Bevor sie diese auf dem Kopf zu ihren Häusern hinauftrugen, kamen die Frauen ans Auto, um auch uns Wasser zu geben. Dies entsprach einem jahrtausendealten Brauch, demzufolge Vorbeiziehenden eine Erfrischung gereicht wurde. Nicht aus Neugierde stellten sie ihre Fragen nach Woher und Wohin. Die Nachrichten über Reise- und Wegeverhältnisse wurden an die nächsten Vorbeiziehenden weitergegeben. Die Frauen auf dem Lande – unverschleiert – hatten fein geschnittene Gesichter, von der Sonne stark gebräunt. Es war ein großer Gegensatz zu der elfenbeinernen Blässe der im Hause lebenden und auf der Straße verschleierten Städterinnen und der Frauen des Adels und der Reichen. Die Landleute waren, wie ich später auf meinen Wanderungen in der Umgebung von Taiz immer wieder feststellte, anspruchslose und genügsame Menschen. Sie hatten offene und freundliche Gesichter und betrachteten scheu die sehr seltenen Europäer.

Nachdem wir einen 2.000 Meter hohen Paß bewältigt hatten, näherten wir uns dem Djebel Sabor, einem gewaltigen, west-östlich gelagerten Bergrücken, der sich über 3.000 Meter erhebt.

Am Fuße der Nordseite lag Taiz, eine kleine, mauerumgebene Stadt mit dunklen Wachtürmen und einer hoch auf einem Felsen gelegenen Festung.

Zwischen den Häusern aus grauem Gestein leuchteten die weißen Kuppeln und Minarette der Moscheen. Gegen Norden zu fiel das Land sanft auf dem niedrigen

Bergrücken ab und fing sich in der Ferne in höheren Bergketten, hinter denen ein mächtiger Höhenzug lag. In der Spätnachmittagsstunde war alles in einen sonnendurchwebten, feinen Dunst gehüllt. Durch das Bab al Kabir, das große Tor, fuhren wir in Taiz ein. Europa, Hamburg, meine Familie und Freunde waren weit, sehr weit entfernt, lebten in einer völlig anderen Welt als jener, durch deren Tor ich fuhr.

1947 in Hamburg ausgereist – 1367 in Taiz (nach dem dortigen islamischen Kalender) angekommen.

Überhaupt nicht aufgeregt, eher verwundert und ohne feste Vorstellung, fühlte ich mich mit dem jemenitischen Rubinring an meinem kleinen Finger ausgesprochen wohl.

In dem dichten Gedränge der Basarstraßen in Taiz wandten sich neugierige Gesichter nach uns um; kecke kleine Buben sprangen auf die Trittbretter des Autos. Wir bogen in einen ruhigen Weg ein und hielten vor einer hohen Gartenmauer.

„Das ist Ihr Haus", erklärte Cimbro und deutete durch die offene Pforte auf ein kleines, zweigeschossiges Gebäude in der Tiefe des Gartens. Ein Mann mittleren Alters mit einem schmalen, blassen Gesicht und kurzem schwarzen Bart kam durch den Garten auf uns zu. Er trug eine weiße Kofiah (Käppchen) auf dem Kopf, ein weißes Hemd, darüber eine schwarze Weste und dazu die lange, weiße, rockartige Futah (ein Tuch, das um die Hüfte geschlungen war). „Salem aleikum", Friede sei mit euch, grüßte er mit leichter Neigung des Kopfes und führte dabei die rechte Hand an die Stirn.

„Das ist Ahmed, Ihr Diener. Er erwartet Sie schon seit Wochen und hat das Haus für Sie eingerichtet", sagte Cimbro und überließ mich der Fürsorge von Ahmed und Fatma, die sich behende aus dem vollgepackten Auto herausgearbeitet hatte und ins Haus vorausgegangen war.

„Oh, sieh, Doktor", rief sie mir entgegen, als ich die winklige Treppe zum ersten Stock hinaufkam, „wie schön alles für dich eingerichtet ist."

Ich trat über den schneeweiß gekalkten Flur in einen Vorraum, der ganz mit bunten Läufern ausgelegt war, und von dort durch eine türkisgrüne Tür in ein freundliches kleines Wohnzimmer mit vielen Fenstern. Es war europäisch eingerichtet mit niedrigem Tisch und bequemen Stühlen. Unter den Fenstern auf der Schmalseite verlief in ganzer Breite eine mit Kissen gepolsterte eingebaute steinerne Bank, nach türkischem, nicht arabischem Brauch.

Auch hier waren, wie in allen Häusern, Wände und Decken mit Lehm verputzt und weiß gekalkt. Den Boden deckten tomatenrote Läufer. Auch die anschließende Schlafkammer war rot ausgelegt.

Ich ließ Ahmed durch Fatma fragen, wer dies alles so freundlich eingerichtet habe. „Das hat alles Schalato gemacht, er ist Deutscher wie du. Tische und Stühle zimmerte er. Beim Nähen und Stopfen der Kissen habe ich geholfen, denn ich war lange in Schalatos Haus. Nun hat er mich zu dir gesandt als deinen Diener", übersetzte Fatma. Ich lernte Schalato, der eigentlich Schlathold hieß, noch am selben Abend kennen. Er war zur See gefahren, und es hatte ihn im Krieg in den Jemen verschlagen.

Einige Kilometer von Taiz entfernt arbeitete er mit Cimbro an dessen Dammbau. Schalato war praktisch veranlagt und wußte sich in jeder Lage zu helfen; dazu hatte er das Herz auf dem rechten Fleck und war immer wohlgelaunt.

Um 18 Uhr war die Sonne untergegangen. Fatma brachte mir eine Laterne und stellte eine Kanne mit heißem Wasser in das kleine Bad hinter der Schlafkammer. Da der Fußboden nach arabischer Art mit Kalkzement bedeckt war, konnte ich mich mit dem Wasser übergießen und spritzen, soviel ich wollte. Eine Rinne im Boden leitete das Wasser durch ein Loch in der Wand ab in die Hocklatrine.

Später geleitete mich Ahmed zum Haus des Italieners Carlo Toffolon. Der Leibarzt des Kronprinzen hieß bei allen europäischen Freunden „Daniel". Er sprach und schrieb klassisches Arabisch, war seit neun Jahren im Jemen und von den Arabern wie auch den Europäern sehr geachtet. Die meisten Jahre war Daniel allein gewesen. Er und ich waren die einzigen Europäer, wenn Cimbro und Schalato draußen bei ihrem Dammbau waren.

„Sie müssen entschuldigen, wenn ich oft schweigsam bin. Ich bin nicht gewohnt, daß da jemand ist, mit dem ich reden kann", begrüßte er mich. An diesem Abend, mit Cimbro und Schalato zusammen, war Daniel aber sehr gesprächig. Während des Krieges lebten sie sehr abgeschlossen: Ihr Dasein ähnelte einer Gefangenschaft, da sie alle drei laut Anordnung des Königs das Land nicht verlassen durften; und das auch jetzt noch nicht ohne zeitlich begrenzte Genehmigung des Königs oder des Kronprinzen. In dieser Situation war ein neues Gesicht, noch dazu das einer Frau, die direkt aus Europa kam, willkommen. Daniel hatte mit dem Kronprinzen die Einzelheiten meines Vertrages ausgehandelt und das Haus von der jemenitischen Witwe eines türkischen Zahnarztes für mich gemietet. Schalato hatte mit Geschmack und dem Lande weitgehend angepaßt die Wohnung für mich eingerichtet. Cimbro hatte sich um meine Reise bemüht und war auch nach Aden gekommen, um mich in Empfang zu nehmen.

Wir saßen an jenem ersten gemeinsamen Abend noch beim Essen, als ein junger Araber in weißem Gewand mit Turban hereinkam. „Der kommt für Sie", sagte Daniel zu mir. „Er hat schon am Nachmittag nach Ihnen gefragt, denn er hörte am Hof des Kronprinzen, daß Sie heute ankommen sollen. Seine Frau erwartet ihr erstes Kind, und er möchte, daß Sie sie untersuchen."

Der junge Ehemann eilte mit seiner Laterne vor mir her. Der schwache Lichtschein schwankte hin und her. Schließlich blieb der Mann stehen und klopfte an ein schweres Haustor, das sofort geöffnet wurde. Ich folgte ihm durch das dunkle Haus die Treppe hinauf in ein Zimmer, das nur spärlich durch ein Öllämpchen erhellt wurde. Dort lag unter vielen Decken und Tüchern die junge Frau – fast noch ein Kind – in Wehen. Eine ältere Frau und eine Dienerin hockten neben ihr. Der Mann erläuterte ihnen meine Anwesenheit. Daraufhin machten sie mir Platz und ließen mich die junge Frau untersuchen. Ich fand alles in Ordnung und die Geburt schon so weit fortgeschritten, daß das Kind ohne Komplikationen noch in dieser Nacht geboren werden würde. Mit Lächeln, Nicken und Händen deutete ich das an.

Beim Verlassen des Hauses gab mir der junge Mann ein Säckchen mit zehn silbernen Maria-Theresia-Talern, seit dem 18. Jahrhundert im Jemen gültig als Rial. Das war mein erster Verdienst. „Er ist zufrieden mit Ihnen", meinte Daniel, „ein guter Anfang."

Obwohl ab neun Uhr abends Ausgangsverbot herrschte, die Tore geschlossen waren und Wachsoldaten durch die Stadt und den Basar patrouillierten, brachten mich Daniel und Cimbro zu meinem Haus zurück. Als dann Ahmed auf halber Treppe uns mit einer Laterne entgegenkam und die beiden sich verabschiedeten, standen sie auf dem Treppenabsatz wie zwei große Jungen, im Umgang mit Mädchen noch ungelenk. Mir war es angenehm, daß es zwei waren, so konnte ich unbefangen sein und mich absolut wohl fühlen.

Am nächsten Morgen war es kühl und frisch. Auch über Mittag wurde es hier in 1.400 Meter Höhe während der Winterzeit nicht heißer als 25 Grad. Als erstes begab ich mich in den Garten des Hauses, in dem hauptsächlich Papayabäume standen, die das ganze Jahr über Früchte trugen, wie mir der Gärtner durch Fatma sagen ließ. Ich durfte mich jederzeit im Garten aufhalten, und zu meiner Freude entdeckte ich Jasminbüsche und Rosensträucher sowie einige gelbe und rote Zinnien. Die Frauen liebten es, sich damit zu schmücken, wurde mir erklärt, auch die Männer würden Rosen und Jasminblüten an den Turban stecken.

Nach einer Weile bemerkte ich, daß ich von zwei wohlgekleideten Arabern beobachtet wurde, die sich über die niedrige Mauer des Gartenweges lehnten und mich eingehend musterten. Ich zog mich sofort ins Haus zurück. Schnell begriff ich, daß der Schleier auch ein Schutz sein konnte, und lernte, mich außerhalb des Hauses durch lockere, weite, immer gleiche Art der Kleidung indirekt zu verschleiern, um die arabische Männerwelt und auch die Europäer nicht zu reizen.

Für den Nachmittag hatte der Kronprinz Daniels und meinen Besuch im Maqam, dem königlichen Haus, angeordnet. In einer Chrysler-Limousine wurden wir abgeholt. Es war seltsam, ein solch elegantes amerikanisches Auto in diesen Straßen zu sehen, die eigentlich nur für Fußgänger, Kamele und Esel passierbar waren; asphaltierte oder gepflasterte Straßen gab es ja nicht.

Ein großes Tor wurde von der wachhabenden Leibgarde geöffnet, und wir hielten in einem größeren Hof, der von verschiedenen Gebäuden umgeben war. Das höchste mit sechs Stockwerken war dann der Maqam. Die innere Palastwache am Treppenaufsatz grüßte. Alle trugen knielange weiße Kittel, einen breiten Gürtel mit der Jambiah, dem arabischen Krummdolch, und einen hellblauen Turban.

Prinz Mohammed al Badr, der Sohn des Kronprinzen, empfing uns und führte uns hinauf in ein helles Zimmer mit schönen, weichen Teppichen. Zwei Frauen, vollständig verhüllt in großen dunkelblauen Tüchern, wurden von einer alten Dienerin hereingeführt. Daniel durfte sie nicht unverschleiert sehen, geschweige denn untersuchen. Erst seit kurzem war ihm vom Kronprinzen erlaubt worden, ihnen den Puls zu fühlen, was einen großen Vertrauensbeweis bedeutete. Keine der Frauen sprach je mit ihm. Er konnte sie nur nach Auskünften der alten Dienerin behandeln.

Erst als Daniel wieder hinausgegangen war, bekam ich meine Patientinnen zu sehen. Welch unglaubliche Menge von Schleiern und Tüchern, Kleidern, Hemden, Jacken und darunter noch lange, englanliegende Hosen! Fatma bewährte sich als Übersetzerin. Später verriet sie mir, der Kronprinz habe sich vor meiner Ankunft hinter einigen großen Kisten versteckt, um unbemerkt seine Hakima, das heißt Doktorin, zu beobachten.

Seine königliche Hoheit ordnete an, daß ich jeden Morgen bei den Frauen im Maqam Visite machen sollte.

Dafür schickte er mir einen Askari (Soldaten) und zwei Maultiere, die für mich und Fatma zur Verfügung stehen sollten. Meines war ein kräftiges schwarzes Tier, Fatmas ein etwas kleineres weißes. Mein Traum war aber ein Pferd, ein echtes Araberpferd!

Anfänglich waren bei den Visiten immer alle Frauen und Töchter der im Palast lebenden Mitglieder der königlichen Familie zugegen, und Fatma hatte viel zu beantworten, denn sie wollten natürlich alles Mögliche und Unmögliche über mich wissen. „Ich würde erröten", sagte Fatma, „wenn ich dir alles wiederholen müßte, worüber sie reden und was ich über dich gefragt worden bin!" Ich lächelte und dachte:

Arme Palastfrauen, Sex, ihr Unterleib, ihre Gebärfähigkeit bedeuteten ihnen den einzigen Lebenszweck.

Mit viel Geschick und Takt steuerte Fatma durch diese unvermeidlichen Gespräche. Wie gut, daß ich noch kein Arabisch verstand. So waren anfänglich diese Visiten im Palast für mich eher wie ein Lustspiel, in dem ich meine Rolle als Sensation des Haremstages spielte, wozu meine arabischen Sprachversuche ihren komischen Teil beitrugen. Die ältere Prinzessin brachte mir die Zahlen bei und buchstabierte mit mir aus Hafis das alif-bah, das arabische ABC.

Es war für Frauen nicht nur ungewöhnlich, sondern auch unerwünscht, daß sie Lesen und Schreiben lernten. Die Prinzessinnen stellten eine große Ausnahme dar. Als Lektüre bekamen sie aber nur den Koran, Tausendundeine Nacht und Hafis, den persischen Dichter des 14. Jahrhunderts. Unerlaubterweise wurde ihnen ab und zu aber auch ägyptische Kioskliteratur in den Harem geschmuggelt.

Harem bedeutet: unzugänglich. Die Räumlichkeiten der Frauen sind, außer für den Ehemann, Vater oder Bruder, für Männer verboten. Im Harem leben die Frauen, Töchter, Witwen, Tanten, geschiedenen Schwestern, Schwiegertöchter, Nichten, Kinder und Dienerinnen. Zu meiner Zeit hatte der Kronprinz drei Frauen. Nur eine davon aber, seine Lieblingsfrau, eine zierliche Gestalt wie aus Tausendundeiner Nacht, lebte mit ihm im Al-Ordi-Palast außerhalb der Stadt. Die beiden anderen waren im Maqam.

An einem der ersten Tage begleitete mich beim Fortgehen die alte Haremsdienerin von den Frauengemächern die Treppe hinunter und flüsterte mir recht bedeutsam etwas von Molana, Königliche Hoheit, zu. Ich schloß daraus, daß ich dem Kronprinzen persönlich begegnen würde. Sie ließ mich dann alleine weitergehen, lugte aber durch irgendeine Tür.

Ich kam an die Treppe des inneren Hofplatzes und sah unten, wie per Zufall, Seine Königliche Hoheit stehen. Von seiner Erscheinung war ich angenehm überrascht. Ein Mann von etwa 50 Jahren, mittlerer Größe, eher klein, wie alle Menschen hier. Unter dem weißen Turban eine große, runde Stirn, buschige grauschwarze Augenbrauen und ein gleichfarbener Bart um das Kinn. Ein langer, weiter brauner Überrock, unter dem ein helles Untergewand bis auf die Füße reichte, gab ihm ein würdiges Aussehen. Er begrüßte mich mit „Good morning", den einzigen englischen Worten, die er wußte. Ich antwortete mit „sabah alchair", was auch zu dem wenigen gehörte, das ich auf arabisch sagen konnte. Fatma hatte ihr Gesicht verschleiert. Freundschaftlich plauderte er mit uns über sein Haus – womit er seine Frauen und Töchter meinte – in blumenreicher Sprache, von der ich aber leider noch nichts verstand. Doch begleitete er seine Worte mit einem differenzierten Mienenspiel, wobei er die Wirkung auf mich genau beobachtete. Ich versäumte nicht, durch Fatma um ein Pferd für mich zu bitten. Mit einem „inschallah", so Gott will, beendete er das Gespräch.

Als ich nach zwei Tagen noch nichts von einem Pferd für mich gehört hatte, ging ich zu Mahsin, dem Sekretär des Kronprinzen, und fragte ihn, wie es damit stünde. Da wir uns gerade im Lagerraum befanden, wo Medikamente auf Regierungskosten ausgegeben wurden, fragte er mich höflich, ob ich noch etwas davon benötige. Ich dachte: Also kein Pferd. Doch als ich den Maqam verließ, stand das Traumpferd für mich gesattelt vor dem Tor. Auf Cimbros Rat hin trug ich weite Hosenröcke und konnte damit sofort einen Proberitt machen. Ich kam dabei nach Al Ordi, das Regierungsviertel, das noch von den Türken gebaut worden war, die fast 500 Jahre lang bis 1918 die Oberhoheit über den Jemen gehabt hatten.

Am Nachmittag – die ganze Stadt wußte inzwischen von meinem Pferd – ritt ich in das Tal Oseiferah, nördlich von Taiz. Hier reihte sich ein grünes Feld an das andere, denn das ganze Jahr hindurch wurde künstlich bewässert. Von meilenweit entfernten Quellen hoch oben am Djebel Sabor wurde das Wasser in offenen Rinnen dorthin geleitet, in großen Becken aufgefangen und nach Bedarf verteilt. Fast täglich machte ich Erkundungsritte in die Umgebung. Zuerst kam Askari Ali mit mir, der den Befehl hatte, mich überallhin zu begleiten. Später erschien er dann nur noch vormittags, wenn ich zum Palast ritt und anschließend angeforderte Hausbesuche bei der Bevölkerung machte.

Im Palast wie auch bei den Hausbesuchen bedurfte es viel Zeit und Anpassung an Sitte und Glauben; denn wie wollte ich helfen, wenn ich das Wesen dieser Menschen nicht kennenlernte und achtete. Am Anfang fiel es mir schwer, mich zurückzunehmen, doch im Lauf der Zeit ging es immer besser.

Als ich meine erste Patientin vom Abend meiner Ankunft in Taiz wieder besuchte, nachdem sie noch in der Nacht einen Sohn geboren hatte, fand ich sie bequem am Boden liegend und trotz der unerträglichen Hitze im Zimmer dick zugedeckt. Sie war vollständig bekleidet: enganliegende lange Hose, weißes Untergewand, schwarzes Kleid mit engen Ärmeln, um den Kopf ein festgeknotetes Tuch, unter dem ihr schwarzes Haar in zwei dicken Zöpfen hervorsah. Diese Bekleidung schienen die Frauen von Taiz Tag und Nacht und selbst auf dem Krankenlager nicht auszuziehen. Die junge Frau sog unentwegt an ihrer Wasserpfeife, so daß der Raum von Qualm und Dunst erfüllt war. Keines der vier (wie überall in Taiz verglasten) Fenster war geöffnet, sondern im Gegenteil noch verhängt. In einer Hängematte lag der Säugling, gegen die herumsurrenden Fliegen durch einen Gazeschleier geschützt. Den Säugling hatten die Frauen in ein Tuch gehüllt, das mit einem Band von den Schultern bis zu den Füßen kreuzweise umwickelt war. Arme und Beine konnte er nicht bewegen. Über den Kopf war ein Käppchen gezogen mit einer Art Turban darüber, an dem ein gelb blühendes Kraut befestigt war. Seine Augenwimpern und Brauen waren schwarz bemalt, und auf Stirn und Kinn hatte er einen großen schwarzen Punkt. Eine Goldmünze glitzerte auf seiner Brust. Das waren Amulette gegen die bösen Geister zur Bewahrung vor Krankheit und Mißbildung.

Ich hätte gerne eines der Fenster geöffnet, um frische und kühle Luft hereinzulassen. Aber das hätte gegen den Brauch verstoßen. Ich wäre beschuldigt worden, die Genesung der jungen Frau und das Gedeihen des Säuglings durch schädliche Luft zu hintertreiben.

Alte Sitten und Gewohnheiten lassen sich nicht plötzlich ändern. Als Europäerin mußte ich besonders behutsam bei den Patienten vorgehen. Nur durch Erklärung des Warum ließ sich langsam etwas ändern. Dazu gehörte auch die Rücksicht auf jahrhundertealte Sitten und Bräuche der Araber.

Die Frauen, besonders der wohlhabenderen und höheren Stände, waren in all ihrem Denken und Tun so eingeschränkt wie ihr Lebensraum, der nur bestimmte Stockwerke und Zimmer umfaßte. Von hier aus konnten sie auf einen Hof, eine Straße sehen und vielleicht auch über die anderen Häuser hinaus in die Umgebung, wohin sie selbst aber nie kamen. Besuchten sich die Frauen gegenseitig – und das bedeutete die Abwechslung ihres Tages –, waren sie auf der Straße schwarz verhüllt und vermieden Markt, große Plätze und Hauptstraßen. Bei der Frau Nachbarin schlugen sie nur den Schleier aus dem Gesicht zurück. Bei Krankenbesuchen, wenn sechs bis acht solcher schwarz vermummten Gestalten um mich hockten, konnte es mir fast unheimlich werden, verstand ich doch anfangs auch nur sehr wenig von ihrer Sprache.

Besonders isoliert lebten die Frauen im Palast. Sie durften keine Besuche aus der Stadt bekommen und keine Besuche machen. Wenn es im öffentlichen türkischen Bad, dem Hamam, den Tag für Frauen gab, durften sie erst hinein, wenn Ausgehverbot herrschte. Die Prinzessinnen wurden dann um Mitternacht im Auto mit dicht verhängten Scheiben und und abgeblendeten Scheinwerfern zum Bad und wieder zurück in den Maqam gefahren. Ebenso ging es vor sich, wenn sie vom Maqam zum Al-Ordi-Palast gebracht wurden. Trotz alledem aber beneideten mich die Frauen nicht um mein freies Leben. Sie bedauerten mich eher, z.B. weil sich bei meinen Ritten ins Wadi meine Haut bräunte.

War die persönliche Bezeichnung einer Frau notwendig, gab man ihr den Namen eines männlichen Verwandten. Sonst sprach ein Mann von seiner Frau, wenn er sie überhaupt erwähnte, nur als von seinem Haus. Hatte er zwei Frauen: mein dickes Haus, mein dünnes Haus. Und wenn sie in zwei Haushalten lebten: mein Haus am Berg, mein Haus am Platz. Auf meine Frage: „Wie geht es Eurem Haus?" hörte ich etwa: „Meinem Haus geht es gut. Braucht mein Haus noch eine Spritze oder nur Tabletten?"

Wenn die Städterinnen sich besuchten und alle Angelegenheiten ihres Lebens einander mitteilten, hatten die Ehemänner nichts dagegen. Im Gegenteil, es war besonders für den Mann des Mittelstandes ein Statussymbol, daß er für seine Frau eine Dienerin bezahlen konnte. So hatte sie Zeit genug, zwischen Morgen und Abend Besucherinnen zu empfangen oder Besuche zu machen, schön gekleidet, mit reichlich Schmuck und gepflegten, mit Henna und schwarzen Ornamenten bemalten Händen und Füßen und feinen schwarzen Strichen auf Stirn und Nasenrücken.

Durch eine der Frauen erfuhr ein Mann auch vieles über Vorgänge in der Stadt und im Land, Neues über die königliche Familie, die Minister und anderes mehr. Es gab ja keine Zeitung. Informationen gingen von Mund zu Mund, wörtlich und unverändert, ohne individuelle Zutaten beziehungsweise Interpretationen. Die Frauenbesuche untereinander dienten auch der Brautschau und Eheplanung. Nach Absprache der Eltern wurden die Töchter durchschnittlich schon mit zehn bis zwölf verheiratet, Söhne mit 14 bis 16 Jahren. Doch nicht immer wurden die Mädchen mit Knaben verheiratet. Es kam auch ein Mann von 60 Jahren und älter in Betracht. Je jünger die Frau, so glaubten die Männer, um so jugendlicher würde sich ihre eigene körperliche Kraft und sexuelle Potenz erhalten. Aber auch unverheiratete kleine Mädchen wurden von ausgewachsenen Männern sexuell benutzt.

Ein Bäuerin vom Sabor brachte ihre etwa achtjährige Tochter zu mir. Es war furchtbar, wie dieses Kind von einem Steuereinnehmer zugerichtet worden war, der sich in dem Dorf im Hause dieser Familie eingerichtet hatte, und wie machtlos nicht nur die Mutter, sondern auch der Vater gegenüber diesem Mann und der gesamten Situation waren. Als Folge der Vergewaltigung war bei dem Mädchen nicht nur ein Dammriß dritten Grades entstanden, sondern auch der Enddarm und der Blasenausgang waren völlig zerrissen. Eine Operation überstieg bei weitem die damaligen chirurgischen Möglichkeiten im Jemen.

Als ich in den Orient ging, war mir durchaus klar, daß dieser ein Männerdominium ist und die Frau eine untergeordnete Rolle spielt. Daß aber eine Klage des Bauern beim Kadi (Richter) von vornherein zwecklos war, weil die Eltern die Rache des Angeklagten fürchten mußten, die ihnen jegliche Lebensgrundlage zerstört hätte, machte mich innerlich schreiend. Es war sehr viel Selbstbeherrschung, Distanz und Begreifenwollen der zugrunde liegenden Mentalität nötig, um in einem so andersartigen sozialen Umfeld zu leben und vor allem zu arbeiten. In der Stadt hätte der Steuereinnehmer bestimmt nicht so handeln können. Ich fühle immer noch meine Ohnmacht gegenüber dieser Situation.

Soweit ich beobachten konnte, bestand zwischen den Landfrauen und den Städterinnen wenig geselliger Kontakt. Donnerstags sah ich die Landfrauen die von ihnen geflochtenen Matten und Körbe auf dem Markt verkaufen. Wenn ich sie bei meinen Ausritten traf, waren sie ohne Schleier und in ihrer Art zutraulich. Sie besorgten die Garten- und Feldarbeit und trugen schwere Lasten auf dem Kopf bergab und bergauf. Die Männer trugen selten Lasten, außer den beruflichen Trägern, die meist Halbblut waren: Araber und Afrikanerblut gemischt aus der Zeit der Sklavenhaltung.

Begegnete ich draußen vor der Stadt Männern und Frauen und sie sagten Nazareni (Nazarenerin = Christin-Europäerin) zu mir, so war das eine freundliche Erklärung. Sagten sie aber Nazareni hinter meinem Rücken, so war das abfällig gemeint, was mir glücklicherweise nur selten passierte.

Die Taizer Männer hatten vorwiegend einen sanften und ergebenen Ausdruck im Gesicht: Inschallah (Gottes Wille) prägte ihr Wesen, doch unterschieden sich Städter und Bauern deutlich voneinander. Die Bauern waren offener und einfacher im Umgang als die Städter, was ich bei meinen Wanderungen, und wenn sie als Patienten zu mir kamen, immer wieder erlebte.

Der Bauer trug nur ein ungefärbtes Tuch um die Hüften, wie einen Rock. Ein anderes Tuch, das groß genug war, um sich abends, wenn es abkühlte, ganz darin einzuhüllen, hatte er um den Kopf gewunden. Der städtische Händler dagegen war in ein langes, weißes Gewand gekleidet, trug oft noch darüber eine bunte Weste oder gar eine Jacke und auf dem Kopf eine bunte Kofiah oder auch einen Turban. Nie blieb ein Jemenit ohne Kopfbedeckung, ob Mann, Frau oder Kind – und wenn es auch nur ein Lumpen war. Selbst bei der ärztlichen Untersuchung mußte der Kopf bedeckt bleiben. Die Scheichs, die Herrenschicht, waren immer mit dem breiten Leibgurt gegürtet mit der Jambiah daran, wie auch die meisten Seiyids. Diese Nachkommen des Propheten Mohammed waren, ob arm oder reich, höchst geachtet. Selbst im Marktgewühl wurden sie von den Niedrigergestellten mit Beugung hinunter zur Hand, zum Knie und zum Fuß begrüßt. Als Knaben trugen die Seiyids eine schwarze, reich mit Gold bestickte Kofiah. Erst nach Beendigung der Koranschule und der Beschneidung, wonach sie als erwachsen galten, durften sie über die Kofiah einen weißen Turban binden, der zusammen mit ihren langen, oft farbigen Gewändern und dem mit Silber und Gold bestickten Gürtel sehr fürstlich wirkte.

Abgesehen von den täglichen Besuchen im Maqam und in verschiedenen Häusern hielt ich schon bald nach meiner Ankunft Sprechstunde. In meinem Haus war unten ein einfacher, weiß gekalkter Raum von etwa 16 Quadratmetern Größe, mit gemauerten Bänken an zwei Wänden.

Auf einer Kiste lagen meine Instrumente, der Kocher zum Sterilisieren, einige Medikamente sowie Verbandszeug. Improvisation war mein tägliches Leben. Es durfte nichts schiefgehen, sonst drohten Kadi (Richter) und eventuell Kerker. Da es immer langwierig und umständlich war, Medikamente aus dem Magazin des Kronprinzen zu bekommen, ließ ich mir von Aden auf eigene Rechnung Medikamente senden, um auch außerhalb des Maqams einigermaßen arbeiten zu können. Eine erhebliche Zahl von Patienten lohnte mir diese Mühe nicht. „Morgen schicke ich meinen Diener mit Geld." Und morgen blieb immer morgen. Gewiß, ich lernte mich dagegen zu wehren, aber es ging nicht immer. Wenn eine Frau schwerkrank war und ihr geiziger Mann nicht zahlen wollte, konnte ich die Frau doch nicht ihrem Schicksal überlassen.

Einmal schämte sich eine Frau so sehr für ihren reichen Mann, daß sie von ihrer Halskette, an der ein halbes Dutzend silberne Maria-Theresia-Taler als Schmuck hingen, einen Taler abmachte und mir gab. Über ihren Schmuck durften die Frauen verfügen; über Geld, auch wenn sie es persönlich erhalten hatten, hingegen nicht.

Die Ärmsten der Armen versuchten natürlicherweise, mich auszunutzen, und so kam es immer wieder vor, daß z.B. ein von Malariafieber geschüttelter Kranker mit allen üblichen Segenssprüchen Tabletten von mir in Empfang nahm. Nach einigen Tagen erschien ein anderer Mann bei mir und bot mir meine Tabletten, noch in dasselbe Papier gewickelt, zum Kauf an.

Die Sprechstunden waren nicht immer ungestört, und ich mußte abbrechen, wenn ein Auto – in Taiz besaßen nur der Kronprinz, der Amil (Landvogt) und Daniel eines – ungeduldig vor meinem Tor hupte und ein Askari mit lautem Klopfen ins Haus drang. „Wo ist die Hakima? Sie muß sofort zum Maqam kommen." Es blieb mir nichts anderes übrig, als meine Patienten zu bitten, zu warten oder später wiederzukommen. Der Askari ließ mir auch keine Zeit, den Kittel zu wechseln. Er ergriff meinen Koffer und lief zum Auto. Auf dem Markt spritzte die Menge vor uns auseinander. Das Palasttor stand schon offen. Wir hielten. Der Askari reichte meinen Koffer der inneren Palastwache. Diese rief einen Dweda herbei, einen zehnjährigen Jungen, der bei den Frauen diente. Er eilte mir voraus die Treppen hinauf zu einem der Frauengemächer. Dort saßen mehrere Frauen in größter Fröhlichkeit beisammen, schwatzen, sangen und tanzten. „Oh, Hakima! Nimm Platz!" zwitscherten sie mir entgegen. Kaffee und Süßigkeiten wurden gereicht. „Willst du nicht mit uns tanzen?" – „Aber ich bin doch dringlich zu euch gerufen worden! Wer ist denn so plötzlich erkrankt?" – „Oh, Hakima! Es ist niemand krank, Allah sei gepriesen. Nur meine Dienerin hatte heute noch keine Verdauung." Bei solchen Anlässen wußte ich, das Taiz nur ein wichtiger Ort war zum Erlernen der arabischen Sprache, der dortigen Krankheiten und des islamischen Lebens. Es bestand keine Notwendigkeit für die angeordneten täglichen Besuche im Palast. Die Bevölkerung brauchte mich viel nötiger.

Fatma dolmetschte ausgezeichnet, sowohl sprachlich als auch in bezug auf die Verschiedenheiten meiner europäischen und der uns umgebenden Arabischen Welt. Sie hat mir vieles meiner neuen Umwelt verständlich gemacht. Täglich lernte ich bei ihr eine oder mehrere Stunden Arabisch. Sie konnte weder lesen noch schreiben, aber Arabisch, Englisch, Berbera und Hindu fließend sprechen. Wir waren im gleichen Alter und verstanden uns gut. Sie war klug und erfahren und hatte dazu Witz und Humor. Als Somali war sie Mohammedanerin wie die Araber. „Es gibt keinen Gott außer Gott, Mohammed ist sein Prophet." Dieses Glaubensbekenntnis war auch das ihre. Wie oft hörte ich diese Worte im Chor gesungen, wenn von der großen Moschee ein Trauerzug an meinem Haus vorbeikam, um draußen vor dem Bab-Musaden Tote zu beerdigen. Jeder in der Straße fiel in den Chor mit ein, bis der Zug vorbei war. Die Lehre von der Ergebenheit vor Gott war diesen Menschen in Fleisch und Blut übergegangen. „Inschallah", so Allah will, sollte auch bei mir ein geläufiges Wort werden.

Manchmal begleitete mich Fatma auf meinen Abendspaziergängen, oder sie ging voraus, und ich ritt hinterher. Wir trafen uns bei Misk, mit der wir uns draußen im Tal Oseiferahh angefreundet hatten. Ihr Haus stand am Rande der Felder, in denen abends die Grillen zirpten. Es wurde darum Haus des Flötens genannt. Ich liebte es, dort auf dem Dach zu sitzen und über das grüne Tal zu schauen, während die beiden Frauen plauderten und aus einem Strohkorb Erdnüsse aßen. Sie saßen gewöhnlich auf einer niedrigen Steinbank an der Hausmauer aus grauen, unbehauenen Steinen: die Araberin in einem hochgeschlossenen, langärmeligen Kleid aus hellem, buntgeblümten Stoff, dreiviertellang und mäßig weit, darunter die eng an den Fußgelenken abschließenden und über dem Saum bunt bestickten schwarzen Hosen. Auf den Füßen wie auch auf den Händen trug sie zierliche Muster, wie Spitzenhandschuhe mit Henna und Schwarz aufgemalt. Um das in der Mitte gescheitelte schwarze glatte Haar war ein rotes Tuch geschlungen, und eine dreifache Kette aus großen, würfelförmigen Bernsteinen schmückte ihren Hals. Bei meinen Hausbesuchen sah ich auch an anderen Frauen solche Ketten, die von Generation zu Generation gingen oder über den Markt weitergehandelt wurden. Schon in weit vorchristlichen Zeiten gab es ja die sogenannte Bernsteinstraße, den Handelsweg von der Ostseeküste in den Orient.

An den Armen trug Misk bis fast zum Ellenbogen blaue, rote und gelbe Glasreifen, an den Ohren Silbergehänge mit bunten Steinen, zwei an jedem Ohr, und im rechten Nasenflügel eine goldene Perle. Sie hatte eine blasse Hautfarbe, wie die Städterinnen, zu denen sie eigentlich gehörte. Fatima Somalia war dagegen kaffeebraun, wozu das Himmelblau ihres Kleides und ihres Tuches um Kopf und Schultern gut paßte. Unter dem knielangen, kurzärmeligen Kleid mit weitem Ausschnitt kam noch der zehn Meter weite, über den Hüften bauschig gerüschte lange Rock hervor mit einem blauweißroten Muster. Bis auf einfache goldene Ohrringe und einen kleinen Ring trug sie keinen weiteren Schmuck. Fatma glich auf ihrem weißen Maultier einem lebendig gewordenen Bild aus der biblischen Geschichte oder einem orientalischen Märchen.

Wenn Fatma und Misk auch beide aus islamisch geprägter Umwelt stammten, so waren sie doch sehr verschieden, nicht nur von Gestalt, Hautfarbe und Kleidung, sondern ebenso im Wesen.

Die Araberin wirkte still und zurückhaltend, ja unauffällig, obwohl sie intelligent und nicht scheu war. Ihre Bewegungen waren gemessen und niemals eilig. Ihre Welt war auf ihr Haus beschränkt und auf die Häuser der Verwandten und Freundinnen in der Stadt. Sie hatte nie weitere Reisen gemacht als zwischen Taiz und ihrem Haus in Oseiferahh. In Gesellschaft anderer Frauen redete sie mit viel Ausdruck und blitzenden Augen, und doch lag immer etwas Verhaltenes in ihrem Wesen, wie ich es auch bei den anderen Araberinnen beobachtete.

Die Somali war ganz anders: Ihre Reisen zwischen Somaliland und Aden, der Umgang mit verschiedenartigen Afrikanern, Asiaten und Europäern in Aden und in den Hospitälern, in denen sie bisher gepflegt hatte, vermittelten ihr Menschenkenntnis und Gewandtheit. Da war nichts Zurückgenommenes in ihrem Wesen, obwohl auch sie sich als fromme Mohammedanerin außer Haus und vor Männern verschleierte, die Gebete und die Fastenzeit einhielt und alle Glaubensregeln kannte. Aber sie legte die Lehren des Propheten Mohammed in einer fröhlichen Weise aus. Die Taizer dagegen schienen mir weitgehend etwas Ergebenes im Wesen zu haben. Vielleicht war es auch die Fähigkeit, zu dulden und zu warten. Mir schien, als lebten sie zeitlos, immer gleich; sie formten nicht ihr Leben, und ihr Leben formte nicht sie. Sie rannen durch die Zeit wie Sand durch die Finger, ohne Unterschied, unverändert wie dieser – gestern, heute, morgen, seit Jahrhunderten. Über Unbill wie Plünderung, Mißhandlung, Flucht berichteten die Beteiligten, als beträfe es nicht sie selbst, sondern Vorfahren ferner Zeiten. Sie waren aber keinesfalls stumpf, wie es dem westlichen Menschen erscheinen mag, wenn der dieser auf allen Gebieten des Lebens so andersartigen orientalischen Mentalität begegnet. Sie besaßen etwas, das den meisten Europäern fehlt – ich nenne es den „langen Atem". Ihm zu begegnen faszinierte mich immer wieder. Wenn ich in den späteren Jahren diesen langen Atem selbst einsetzte, ging oft ein „Danke, Arabien" durch meine Seele, und blitzartig sah ich sie vor mir, die Menschen, die Basare, die Wüste und Weite.

Mein Haus lag mitten in der Stadt. Von meiner Wohnung im Obergeschoß aus konnte ich nach allen Seiten durch die Fenster das öffentliche Leben beobachten, das sich an den drei Brennpunkten Markt, Moschee und Wasserreservoir abspielte. Ich sah auf einen Teil des Marktes, wo dreimal am Tag die Brotfrauen, dicht verhüllt von ihren schwarzen und roten Umschlagtüchern, am Boden kauerten, vor sich einen Korb mit selbstgebackenen flachen Broten. Im Nu war dann dieser kleine Platz voller Menschen; Männer mit gelben, roten, grünen, weißen oder schwarzen Turbanen, dazwischen wimmelten Kinder, zumeist Jungs. Der Bazar war eigentlich kein Platz, sondern eine lange, schmale Straße, die sich vom Westtor bis zum Osttor erstreckte. Rechts und links reihte sich Laden an Laden, kleine Buden aus Stein, meist nicht größer, als der Besitzer brauchte, um zwischen seiner Ware auf dem Boden zu sitzen: Bündel roter Tücher, bunt gestreifte syrische Seiden, irdene Gefäße, bauchige Tonflaschen, Butterfett, Kokos- und Olivenöl.

Am Ausgang des Marktes hockten Zigaretten- und Tabakverkäufer, daneben Obsthändler mit Feigen, Datteln, Bananen, Aprikosen, Weintrauben, Rosinen und

Nüssen aus Sana'a, der Hauptstadt im Norden, wo in mehr als 2000 Meter Höhe des günstigste Klima zum Anbau dafür herrschte. Bäuerinnen verkauften vor dem Westtor ihr frisches Gemüse, denn sie durften damit nicht in die Stadt hinein, weil es vor dem Tor morgens kühler war als zwischen den Häusern.

Auf dem Markt spielte sich für die Männer ein Großteil ihres Lebens ab. Sie rauchten Wasserpfeife, und wenn es Nachmittag wurde, kauten sie Qat, ein frisches grünes Blatt, das berauschend wirkt und die Menschen gesprächig und heiter macht. Irgendwo stand meist eine Ansammlung von Arabern um einen Balladensänger herum, der auf einer kleinen Trommel mit kurzen Schlägen seinen eintönigen Gesang unterstrich. Städter, Landleute, Soldaten und einige Scheichs und Seyids schlenderten den Markt entlang, dazwischen wenige Frauen der ärmeren Bevölkerung. Esel und Kamele, mit neuer Ware beladen, versperrten den Weg. In all dem Gewühl hockten kleine Jungen, die auf großen Blechtellern oder flachen Körben Zuckerwerk und Gebäck anboten. Im Jemen sind Tag und Nacht etwa gleich lang. Bei Sonnenuntergang wurde vom Großen Tor aus das Horn geblasen. Alle Läden mußten dann für eine Stunde geschlossen und der Markt verlassen werden. Die Frauen verschwanden in den Häusern, und die Männer und Jungs gingen zu einer der Moscheen. Frauen waren darauf angewiesen, zu Hause zu beten, sie durften die Moscheen nicht betreten. Als Grund dafür nannten sie, daß die Männer beim Gebet abgelenkt würden; außerdem seien sie unrein. Da in der Moschee auch diskutiert und meditiert würde, wäre es kein Ort für Frauen und Mädchen. Es gäbe Extra-Koranschulen für sie, wo sie ganze Koranteile auswendig lernen könnten. Ihre Lehrer waren blinde Männer, manchmal aber auch Frauen, die selber den Koran auswendiggelernt hatten, um ihrem Leben einen gottgeweihten Sinn zu geben.

Um diese Dämmerstunde saß ich gerne auf meinem flachen Dach. In der Ferne verglühte der letzte Sonnenschimmer auf den Gebirgszügen, während sich schon die blauen Schatten der Nacht über die Stadt legten. Auf der Straße zogen die Männer vom Markt vorbei zur Jama, der Großen Moschee in der Nähe meines Hauses. Es schien mir das einzige Mal am Tag, daß die Menschen etwas schneller gingen und einem Ziel zustrebten. Sonst machte es mir den Eindruck, als ließen sie sich nur vom Zufall treiben. Jeder hatte Zeit, nirgendwo war Eile zu verspüren – außer wenn es sich um die Ausführung königlicher Befehle handelte.

Wenn von den Minaretten Muezzins, die singenden Gebetsrufer, zu hören waren und hinter den Fenstern der Moscheen Licht schimmerte, wurde es leer und still in den Straßen. Während der Gebetszeit wurden die Stadttore geschlossen. Am Freitag, dem mohammedanischen Feiertag, wurde über Mittag der Markt geschlossen. Dann kam der Kronprinz auf seinem herrlichen Araberhengst zur Jama, der Hauptmoschee, begleitet von seiner berittenen Leibgarde, die davor Wache hielt. Noch ehe der Markt nach dem Abendgebet geöffnet wurde, ließen sich fliegende Händler nahe dem Eingang nieder – jeder mit einem kleinen Öllämpchen vor sich – und verkauften Brot, gebratenes Hammelfleisch, gekochte Eier, Bohnensuppe, Tee und anderes mehr. Um jeden hockte eine Schar Essender und Trinkender. Oft kam ich um diese Zeit vom Ausritt zurück. Ampeln und Laternen warfen ein sanftes, goldgelbes Licht auf die sich drängende Menge. Hier und da tauchten ausdrucksvolle Gestalten und Gesichter aus dem Dunkel auf, und die Waren in den Läden wirkten in diesem Licht schöner und kostbarer als bei Tage. Abends um 21 Uhr wurde vom Großen Tor wieder das Horn geblasen. Der Markt und die Stadttore wurden für die Nacht geschlossen. Alle Bewohner mußten bis zum Morgengrauen die Straßen verlassen. Wachsoldaten zogen vor den Markt und verteilten sich in allen Vierteln, um die Stadt vor Raub und Diebstahl zu bewahren. Von Zeit zu Zeit ging durch die Stille der Nacht ein Ruf über die Stadt, damit die Wachen nicht einschliefen.

Mein Traum von einer mittelalterlichen Stadt hatte sich hier verwirklicht: hohe Mauern, Tore, Nachtwachen, Boten, die Nachrichten brachten und holten. Ich hatte große Freude an dem bunten und lebendigen Anblick des Lebens auf dem Markt. Aber ich ritt nur hindurch, denn es war nicht ratsam, mich als einzige europäische Frau in Taiz zu Fuß in das Marktgedränge zu begeben. Für eine Frau war es der beste Schutz, wie die einheimischen Frauen Abstand zu wahren und dadurch die Achtung der Jemeniten zu erwerben. Darum saß ich nie auf den Stufen vor einem der kleinen Läden, um etwas zu erhandeln, sondern ritt durch den Bazar und schaute dabei rechts und links. Wenn ich einen Stoff sah, der mir gefiel, sandte ich nachher Ahmed dorthin, um für mich das Gewünschte ins Haus zu holen. Ich nähte aus achtfach gefaltetem Stoff (der für ein Kleid ausreichte) kleine Säcke, füllte sie mit ungebranntem Kaffee (Mokka) und sandte sie nach Hamburg. Eine große Kostbarkeit in der Nachkriegszeit, die auch zum Eintauschen von Lebensmitteln diente.

Die größte Kostbarkeit im Jemen aber war und ist das Wasser. Seit Jahrtausenden hatten es die Jemeniten verstanden, mit Wasser zur Bewirtschaftung ihrer Felder ökonomisch umzugehen. Aus Quellen im Gebirge wurde in offenen gemauerten Rinnen das Wasser zu Tal geleitet und an verschiedenen Orten der Stadt in Reservoiren aufgefangen. Von meiner Wohnung aus beobachtete ich ganz in der Nähe den regen Betrieb der Wasserträger an solch einem Auffangbecken.

Als eines Mitternachts durch das Fenster meiner Schlafkammer im Obergeschoß helles, schwankendes Licht fiel, erschrak ich. Ganz nah auf der Mauer zum Nachbargrundstück stand ein Mann mit einer Laterne. Er bückte sich, und plötzlich schoß Wasser von der Mauer in breitem Strahl in den Garten unter mir. Der Mann ging weiter und kam nach einiger Zeit zurück, verschloß den Ausfluß und ließ das Wasser auf der anderen Seite in den Nachbargarten laufen. Die Mauer diente zugleich als Aquädukt, der bei Nacht zur Bewässerung der Gärten aus dem Reservoir gespeist wurde.

Das friedliche Leben in Taiz und Umgebung wurde am 18.2.1948 von der Nachricht gestört, der 84jährige König „Imam Yahia Hamid Edin" sei ermordet worden. Nach dem ersten mißglückten Attentat waren die Täter diesmal erfolgreich gewesen. Auch zwei seiner jüngsten Söhne fanden dabei den Tod.

Mehr als 40 Jahre hatte Imam Yahia den Jemen regiert, zuerst noch unter den Türken, die seit dem 16. Jahrhundert die Oberhoheit besessen hatten. Nach 1918 unabhängig von den Türken, blieb Imam Yahia geistliches Oberhaupt seines Landes. Er war König, unumschränkter Herrscher, dessen Befehl Gesetz war. Er war streng und Neuordnungen schwer zugänglich. So bildete sich allmählich eine Partei des Widerstandes, auch gegen den Kronprinzen, der wie alle Prinzen Saif al Islam, Schwert des Islams, betitelt, genausowenig Neuerungen zugänglich war. Obwohl der greise König wußte, daß man ihm nach dem Leben trachtete, hatte er es abgelehnt, sich bei seinen täglichen Spazierfahrten im Auto vor der Stadt mit einer Schutzwache zu umgeben.

Der Kronprinz, der als erster diese Nachricht per Telegraf erhielt, verließ mit 120 Soldaten, selber wie einer von ihnen gekleidet, mit mehreren Lastwagen Taiz. Die an der Straße postierten Attentäter konnten ihn zwischen seinen Soldaten nicht erkennen, und so entkam der Kronprinz über Hodeidah in den Norden des Landes in seine Festung Hadja. In Sana'a wurde Abdallah al Wasir, ein Adliger, zum Imam ausgerufen. In Taiz wurde der Amil (Landvogt) Statthalter der Provinz Taiz. Die Scheichs mit ihren bewaffneten Männern wurden in die Stadt beordert, um Ruhe und Ordnung für die neue Regierung zu schaffen. Bewaffnete Landleute und Soldaten zogen ebenfalls in den Straßen umher.

Daniel war es, der mich darüber informierte. In seiner toleranten Art genoß er das Vertrauen sowohl der Konservativen als auch der Gegenpartei. Er gab aufschlußreiche Hinweise für Leben und Denkweise der Araber im allgemeinen und der Jemeniten im speziellen. Wenn wir mittags oder abends beim Essen die Lage besprachen, wurde mir in Anbetracht der unerfreulichen Mitteilungen über die Zustände im Jemen grau zumute. Auch Daniel war bedrückt angesichts der ungewissen Lage. Wir warteten gespannt, was weiter geschehen würde.

Im Maqam war es still. Die Frauen im Palast harrten geduldig dessen, was kommen würde. Allmählich sickerten neue Nachrichten von Sana'a durch: Mit der neuen Regierung gehe es nicht recht. Im Lande habe wieder, wie zu türkischen Zeiten, das Rauben begonnen. Keine Landstraße sei mehr sicher, so daß auch aller Postverkehr eingestellt sei. In Sana'a würde es täglich schwieriger, und die Nahrungsmittel seien knapp und teuer. Dann hieß es, im Norden des Landes habe jeder Stamm seinen eigenen König ausgerufen.

Am 19. März kam Bewegung in die Stadt. Auf allen Häusern, Türmen und Festungen über Taiz brannten Feuer; Trompetenklang, Trillerrufe der Frauen und Schießen erfüllte die Luft. Auf den Dächern standen Leute. Fatma rief zu einem Nachbarn hinüber und erfuhr: Abdallah al Wasir sei gefangen und die neue Regierung gestürzt. Der Kronprinz habe die Macht ergriffen.

Als ich für einen Krankenbesuch zu der Familie des Amils geholt wurde, führte mich der Bote zu einem kleinen, abgelegenen und unauffälligen Haus, in das der Amil mit der gesamten Familie in der Nacht aus seinem palastartigen Haus übergesiedelt war. Frauen und Kinder fand ich alle in einem Raum zusammensitzend, verstört, übernächtigt und besorgt um ihre Männer, Brüder und Väter.

Im Maqam dagegen traf ich auf eine fröhliche Stimmung. Alle trugen hübsche neue Kleider, auch die Dienerinnen und die zehnjährigen kleinen Diener. Unten kamen Schüler mit Fahnen zu dem Palast gezogen, um dem Kronprinzen, nun Imam Ahmed, König des Jemen, zu huldigen. Als sein Bruder, Prinz Abas, in einem Überraschungsangriff Sana'a eingenommen hatte, wurden die Häuser der

Europäer durch Wachen des neuen Imams geschützt, während die Bürger von den angeworbenen Stämmen des Nordens geplündert werden durften – als Belohnung für die Eroberung.

Imam Ahmed selber regierte zuerst noch von seiner Festung Hadja aus und schickte Befehle und Anordnungen, um die Neuerungen der 25-Tage-Regierung aufzuheben und die alten Zustände wiederherzustellen.

Als der Befehl das Imam kam, die auf 20 Rial erhöhten Gehälter der Soldaten wieder auf fünf Rial zurückzusetzen, meuterte eine Leibgarde, die er zum Schutz seiner Familie in Taiz gelassen hatte. Während ich noch im Palast war, verrammelten die Gardisten das Tor und besetzten die Dächer. Auch auf anderen Häusern und entlang der Stadtmauern, der geschlossenen Stadttore und den Wachtürmen waren Soldaten erschienen.

Zwei Schüsse gaben den Auftakt für eine heftige Schießerei. Ich glaube, keiner wußte eigentlich, auf wen er schießen sollte. Vier Tote soll es gegeben haben. Ich durfte in das oberste Stockwerk und auf das von einer Mauer umgebene Dach des Maqam steigen, von wo ich Stadt und Land weit überblicken konnte. Die Landleute flohen eilig aus der Stadt, nach einer halben Stunde wurde die Schießerei eingestellt. Um weitere Unruhen zu vermeiden, sollten die Soldaten der königlichen Leibgarde das geforderte Gehalt von 20 Rial bekommen.

Aber erst am Nachmittag wurde ich von der Palastwache hinausgelassen und, versorgt mit Lebensmitteln, zu meinem Haus gebracht. Niemand fühlte sich sicher. Eines Mittags donnerten Kanonenschüsse über die Stadt. Der König fuhr im Jeep zum einen Tor hinein, über den Markt und zum anderen Tor hinaus, gefolgt von Askaris, einer recht ungebärdigen Truppe aus dem Norden. Während der Imam sich in einer einsamen Poststation einquartierte, schickte er die von den nördlichen Stämmen angeworbenen wilden Männer zu der Gebirgsstadt Ibb und noch weiter im Lande umher, um die als Gegner Verdächtigten gefangenzunehmen und deren Häuser zu zerstören.

Diese Art der Bestrafung dauerte noch längere Zeit an. Ich sah, wie sich Gefangene, in langen Reihen an Ketten gefesselt, nach Taiz schleppten. Die Kerker der Festung waren bald überfüllt. Die führenden Mitglieder der Revolution wurden nach einigen Wochen in Sana'a hingerichtet, als erster der Gegenkönig Imam Abdallah Al Wasir. Zur Warnung wurden die Köpfe der Hingerichteten auf öffentlichen Gebäuden und den Stadttoren von Sana'a aufgesteckt. Einem Stamm gelang es, bei Nacht den Kopf ihres Stammesführers vom Tor herunterzuholen und in der Heimat zusammen mit seinem toten Körper zu beerdigen. Ohne Kopf wäre er vor Allah ein Verbrecher gewesen, denn nach der üblichen Rechtsprechung waren ja „Hand ab, Fuß ab, Kopf ab" die herkömmlichen Strafen für Diebstahl, Raub und Mord.

Die Revolution erschreckte mich mehr, als ich zuerst vermutet hatte. Denn ohne persönliche Genehmigung gab es für Europäer kein Entkommen aus diesem Land.

In der Stadt zitterte man vor Angst vor den strafenden und plündernden Horden des Nordens. Doch da Imam Ahmed auch als König weiterhin in Taiz residieren wollte, verschonte er dessen Bürger.

Raub und Überfälle, die während der Revolution um Sana'a herum ein gefährliches Ausmaß erreicht hatten, hörten allmählich auf. Ruhe, Ordnung und Sicherheit traten wieder ein. Imam Ahmed Hamid Edin, als Nachkomme des Propheten Mohammed betrachtet, war nun, wie sein Vater, König von Allahs Gnaden, alleiniger, absoluter Herrscher. Wie sein Vater führte er die alte strenge islamische Strafjustiz wieder durch. Während der 25-Tage-Regierung war sie abgeschafft worden, was in dieser kurzen Zeit 125 Fälle von Raubmord zur Folge hatte. Vor und nach der Revolution kamen solche Delikte höchstens einmal bis zweimal pro Jahr vor. Die Exekutionen wurden in der Öffentlichkeit durchgeführt. Wie stark und abschreckend die Wirkung der drakonischen Maßnahmen auf die Bevölkerung war, erlebte ich an einer kleinen achtjährigen Patientin. Ihre erwachsenen Brüder brachten sie mir in die Sprechstunde und sagten: „Ein Stein fiel vom Dach herunter auf ihre Hand. Bei Allahs Güte! Mache ihre Hand wieder gesund." – „Wann geschah es?" fragte ich, während ich die Tücher, in die Hand und Arm eingewickelt waren, aufknotete. „Vor fünf Tagen. Wir wohnen weit fort, so hörten wir erst vor zwei Tagen von dir, seitdem sind wir auf dem Wege hierher."

Als ich das letzte Tuch öffnete, bot sich mir ein grausiger Anblick. Die Hand war vollständig zertrümmert und schon in Verwesung übergegangen. Nur noch einige Sehnen hielten die Hand am Arm. Dieser war bereits infiziert und zeigte die beginnende Blutvergiftung. Als ich die Sehnen durchschneiden wollte, um die Hand vom Arm abzutrennen, hielten die Brüder mich zurück und baten unter Tränen in den Augen: „Mach die Hand wie früher. Wir zahlen dir auch alles, was du willst." – „Die Hand ist tot", erklärte ich ihnen und wiederholte mehrmals: „Ich bin nicht Allah und kann die Hand nicht neu machen." – „Dann tue wenigstens alles, um sie so zu erhalten, wie sie ist", flehten die beiden Männer in tiefer Bewegung. Ich erklärte: „Die Verwesung läßt sich nicht aufhalten. Wenn die Hand jetzt nicht fortkommt, wird ihr Blut vergiftet, und sie muß daran sterben."

Es wurde ganz still im Raum. Das kleine Mädchen, das kein Wort, keinen Schmerzenslaut äußerte, sah mit großen Augen zu uns auf. Die Brüder schauten auf die Hand der Schwester, und ohne Tränen in den Augen sagte jetzt der Ältere: „Allah! Dann wird sie sterben." Sie ergriffen das Tuch und wickelten die Hand und den Arm wieder ein, nahmen behutsam das Kind und brachten es zurück in ihr Dorf, zwei Tagesreisen von Taiz entfernt.

Mich quälte dieses Ereignis, das ich hinnehmen mußte. Nach der Ablehnung der Brüder stand es mir in Arabien nicht zu, diesen über Leben und Tod entscheidenden Eingriff durchzuführen.

Warum dieses Verhalten der Brüder? War sie ohne Hand keine Arbeitskraft mehr? Würde sie ohne Hand nicht verheiratet werden können? Ich mußte mit Fatma darüber sprechen und mit Daniel. Beide erklärten mir, daß meine Überlegungen nicht ausschlaggebend waren und daß der Grund zu diesem Verhalten im Islam und dessen Strafjustiz verankert läge. Ohne Hand könnte das Mädchen für eine Diebin gehalten werden. Aber noch viel schlimmer würde es nach dem Tode sein, wenn sie an der Pforte des Paradieses ohne Hand wie eine Verbrecherin stände. Allah war also gnädig, wenn er sie jetzt mit ihrer Hand zusammen sterben ließ. Die Mohammedaner haben keinerlei Angst vor dem Tod, wenn sie ein gottgefälliges Leben geführt haben.

Bei politischen Vergehen war die Gerichtsbarkeit dem Herrscher überlassen. Einer meiner Patienten war ein alter General. Während der türkischen Zeit in Istanbul ausgebildet, hatte er seine Offizierspflicht auch unter der 25-Tage-Regierung eingehalten. Das nahm ihm Imam Ahmed übel; der König ließ ihn wie einen Verbrecher in Ketten nach Taiz bringen. Nach einigen Monaten kettenloser Gefangenschaft bei der Wache im Maqam wurde der General wegen hohen Alters und Krankheit zu seiner Familie in Taiz entlassen.

Zum Jahrestag des Sieges über den Revolutionskönig aber lud der Imam den General zur Teilnahme an der Feier ein. König und Volk waren versammelt, als der General ankam und sofort erkannte, daß alles zu seiner Exekution vorbereitet war. Trotzdem hielt er noch in blütenreichen Worten die befohlene Rede. An den Imam gewandt, sagte er dann: „Eure Majestät, mein Leben ist in Eurer Hand!" Ihm wurde noch Zeit zur Äußerung seines letzten Willens gegeben. Dann stellte sich der General aufrecht vor den Scharfrichter, und ein einziger Schwerthieb beendete sein Leben.

Ich war fassungslos: erst in Ketten nach Taiz geschleift, dann Gefangener mit allem Komfort, schließlich Begnadigung und dann doch noch Hinrichtung! Das war eine der vielen Unberechenbarkeiten des Königs, die mir einen tiefen Schock gaben. Ohne Gespräche mit Daniel wäre ich sehr viel schwerer damit fertig geworden, denn für diese Handlungsweise sah ich wirklich keine rechtliche und keine religiöse Grundlage.

Ich begriff immer mehr, daß für Daniel der Umgang mit Imam Ahmed, auch als dieser noch Kronprinz war, nicht ungefährlich war. Deshalb nannten ihn seine Freunde Daniel – Daniel in der Löwengrube.

Anfang April des Jahres 1367 (1948) zog Imam Ahmed mit seinen Soldaten in Taiz ein. Am nächsten Tag drängten sich die Armen vor dem Tor des Maqam. Der Imam ließ Geld austeilen, ein Almosen, das der Islam vorschreibt, wenn ein Moslem von einer lebensgefährlichen Reise wohlbehalten zurückgekehrt ist.

Am Abend war ich draußen in Oseiferahh bei Misk und sah von dort aus die Freudenfeuer der Stadt und aller Ortschaften und Siedlungen bis hoch hinauf auf den Djebel Sabor.

Einige Tage nach seinem Einzug in Taiz hielt der Imam regelmäßig am Vormittag öffentliche Audienzen ab. Er saß draußen vor dem Maqam unter dem Zeichen seiner königlichen Würde, einem großen roten Baldachin, der von einem riesigen Leibneger gehalten wurde. Täglich war er in wechselnden prächtigen Gewändern anzuschauen. Ich erinnere mich an einen Morgen, als er ganz in weiße Seide mit eingewebtem Silbermuster gekleidet war, über seiner Schulter eine lichtblaue und gelbe Schärpe und dazu einen mit Silber bestickten leuchtend grünen Turban trug. Ein Kreis stehender Askaris umgab ihn. Alle Stände, reich und arm, konnten sich mit ihren Gesuchen, die niedergeschrieben sein mußten, an ihn wenden.

Ein alter Mann reichte dem Imam die Zettel mit den Wünschen, auf deren Rückseite dieser die Antworten schrieb und dann die Zettel fallen ließ.

Die zunächst Sitzenden hoben sie auf und gaben sie den Bittstellern zurück. Die gingen zum Schreiber, um sich die Antworten vorlesen zu lassen. Ihre ergebenen Gesichtern verrieten mir nie, ob sie zufrieden oder enttäuscht waren.

Noch immer hatte ich kein Gehalt bekommen. Ich brachte meine Forderung aber nicht in der öffentlichen Audienz vor, sondern sandte an den Imam Briefe, die Daniel mir in perfektem Arabisch schrieb. Ich hatte die Anordnung des Kronprinzen für die Staatskasse zu dem Zeitpunkt erhalten, als mit der Ermordung des greisen Königs die Revolution ausgebrochen war. Noch bevor der Imam der neuen Regierung meine Gehaltsorder bestätigt hatte, fand schon die Gegenrevolution statt. Und nun war der Kronprinz als König zurückgekommen.

Daniels Briefe blieben unbeantwortet. Nun versuchte es Fatma über die Frauen im Maqam. Auch jetzt passierte nichts. Da ergriff die alte Haremsdienerin die Initiative. Sie war Imam Ahmeds Amme gewesen. Ihre Bitten überhörte er nicht so leicht wie die seiner Töchter und seiner beiden jungen Frauen. Zweimal täuschte er die Alte, indem er ihr, die nicht lesen konnte, unvollständige Orders übergab. Die Alte wurde zornig und eilte zum Imam. Am nächsten Tag erschien ein Soldat bei mir in der Wohnung, nahm ein großes Tuch von der Schulter, in dem ein Korb voller Silbertaler (Rial) eingewickelt war.

Er baute Taler in Türmchen von je 20 auf einem Brett auf. Ich zählte dann ein Türmchen nach und strich, wie der Soldat, mit der Hand über alle. Sie waren immer gleich hoch und entsprachen in der Tat der Summe meiner vertraglichen Forderungen.

Sobald die Straßen wieder sicher waren vor Raub und Überfällen, bat mich Fatma um Urlaub nach Aden. Sie würde dann auch gleich meine bestellten Sandalen und Kittel mitbringen.

Es war gut für mich, eine Weile ohne Fatma zu sein, denn dann mußte ich den ganzen Tag über nur arabisch sprechen, und die Leute mußten sich an mich direkt wenden, sich also auch auf mich einstellen und sich Mühe geben mit ihrer Sprache. Glücklicherweise machte es allen Spaß, auch Ahmed, mit dem ich meine Haushaltsbesprechungen und Abrechnungen machte. Ahmed war ein freundlicher, zuverlässiger Mann.

Der Stand eines Dieners war äußerst ehrenwert, denn er gehörte zur Familie, für die er sich voll verantwortlich fühlte.

Diener und Dienerinnen waren voll integriert, die Frauen bei den Frauen, die Männer bei den Männern. Für mich als alleinstehende Europäerin kam nur ein Mann in Frage, weil er außerhalb des Hauses alles erledigen konnte und auf meinen guten Ruf unter der Bevölkerung achtete. Im Unterschied zu einer Dienerin hielt er sich als Mann nie im selben Raum mit mir auf.

Es war kaum nachzuvollziehen, daß ich vor zwei Monaten noch kein Wort, außer „Salem aleikum", sagen konnte. Stets hatte ich ein Heft bei mir und notierte jedes neue Wort dem Klang nach, besonders seit ich die Frage: „Was ist das?" stellen konnte. Kam ich wieder zu denselben Patientinnen, wurde ich von ihnen gefragt: „Was ist das?" Wenn ich bedeutete, dies Wort sei mir neu, schüttelten sie den Kopf, zeigten auf mein Heft und wußten oft besser als ich, wie weit ich zurückblättern mußte, um die Vokabeln zu finden. Nicht nur mit Fatma lernte ich zu Hause Arabisch, sondern auch mit Daniel. Er war vor dem Krieg eigentlich nur in den Jemen gegangen, um die klassische Sprache zu erlernen.

Als Fatma mit neuen, farbenprächtigen Kleidern, Röcken und Tüchern zurückkam, waren die Frauen im Maqam so begeistert von den Stoffen und dem viel geringeren Preis dafür in Aden, daß der Imam am nächsten Morgen, als ich zur Visite in den Palast kam, seine Audienz unterbrach und mich fragte, ob ich erlauben würde, daß Fatma nochmals nach Aden führe, um Stoffe für die königliche Familie einzukaufen. Ich antwortete: „Ja, wenn ich mitfahren kann."

24 Stunden später waren wir bereits im Auto unterwegs mit Baschir, einem persönlichen ehemaligen Sklaven des Königs. Mit dem notwendigen Geld ausgestattet und einer „lebendigen Reiseerlaubnis" konnten wir nicht besser fahren. Sklaverei war im Jemen nicht mehr üblich. Die ehemaligen Sklaven blieben freiwillig bei den Familien, denen sie seit Generationen gedient hatten, und galten als besonders verläßlich.

Wir legten einen großen Teil der Reise bei Nacht zurück. Wir überholten die allnächtlichen Kamelkarawanen mit Qat für Aden, und als das Gebirge schon weit hinter uns lag, erreichten wir die Bananenhaine der Oase Lahedj.

Weil wir nicht bei Baschir im Auto schlafen konnten, brachte er uns zu dem ägyptischen Lehrer, damit wir in dessen Haus übernachten konnten. Die jemenitische Frau des Lehrers kannte ich schon, da sie aus Taiz stammte. Jetzt zeigte er mir voller Stolz seine zweite Frau, die aus Ägypten gekommen war. Vor mir lag auf einem Bett ein in weißen Musselin gehüllter Berg, schwer atmend infolge der ägyptischen Mastdiät.

„Ist sie nicht wundervoll!?" Dieses Opfer der männlichen Idealvorstellung von einer Frau tat mir in der Seele leid, und ich war erleichtert, als der Lehrer das Moskitonetz herunterließ.

Schon in den frühen Morgenstunden fuhren wir in das bunte Gewühl der engen Straßen von Aden. Diesmal wohnte ich nicht im Hotel, sondern – viel interessanter – mitten im arabischen Krater bei Fatmas Schwester und deren indischem Mann, einem sympathischen Paar, mit dem es sich gut diskutieren ließ. Fasziniert und ungestört betrachtete ich das Treiben in den nahe gelegenen Marktstraßen, während ich bei einem indischen Geldwechsler unter dem Sonnendach vor seinem engen Laden saß. Ein alter Araber hockte auf der Schwelle, vor sich einen Kasten voller Maria-Theresia-Taler. Um ihn herum drängten sich bunte Gestalten, Taler kaufend und verkaufend. Der Alte reichte dem Inder einen leeren Kasten, in dem dieser meine silbernen Taler in Türmchen aufbaute und mit der Hand prüfend darüberstrich, bevor er mir dafür Rupien gab. Das indische Geld war damals noch in Aden gültig. Indien war zwar schon im Jahr davor (1947) von Großbritannien unabhängig geworden, aber im Commonwealth geblieben, so daß die indische Rupie noch mit dem englischen Pfund korrespondierte.

Da der Großeinkauf von Stoffen Fatmas und Baschirs Angelegenheit war, konnte ich frei über meine Zeit verfügen und auch über ein Auto der jemenitischen Regierung. Es war heiß in Aden. Die Straßen ohne Schatten, erbarmungslos der Sonne ausgesetzt. Die rötlich-schwarzen Felsen strahlten die Wärme wieder, und draußen im Khormakser blendete der Sand in der Wüste. Das Meer glitzerte hart, und das Wasser war warm wie das Land und wie die Luft.

Spätestens um sechs Uhr (Tagesanbruch) stand ich auf, um noch vor der größten Tageshitze die vielen recht besorgten Briefe aus Hamburg, der Schweiz und aus Ägypten zu beantworten, die sich während der Revolutionszeit bei Saleh in Aden angesammelt hatten. Meine Mutter informierte mich über die Familie und die politischen Vorgänge in Deutschland.

Aber ihre wichtigste Frage war, wie es mir während der Revolution ergangen sei. Ich konnte sie beruhigen, denn ich war in keiner Weise, weder durch den 25-Tage-König noch jetzt durch Imam Ahmed, in eine mißliche Lage geraten.

In Aden war die britische Kolonialgesellschaft ebenfalls höchst interessiert, einiges über die Vorgänge und Verhältnisse im Jemen zu erfahren und über meine Rolle als Frau in einem Männerland. Eine Woche in Aden war reizvoll, aber dann kehrte ich gerne wieder nach Taiz zurück.

Von Anfang an hatte es mich gereizt, das gewaltige Sabormassiv, das die Welt von Taiz nach Süden abriegelte, zu ersteigen. Der Aufstieg war Europäern meist verweigert worden, denn alles Wandern und Reisen im Lande bedurfte einer königlichen Erlaubnis. Im März hatte ich die Situation genutzt: Der Gegenkönig war gestürzt worden und der Kronprinz noch nicht als neuer König und Imam in Taiz eingezogen; so gab es niemanden, der mich an diesem Ausflug hindern konnte.

Eine europäische Frau war bisher noch nie auf dem Sabor gewesen. Ich machte mich morgens in Begleitung eines königlichen Stallburschen auf den Weg. Ali ging voraus, und ich ritt mit meinem Muli, zum Klettern bestens geeignet, hinterher.

Die Hänge waren bis weit hinauf ausschließlich mit Qat bepflanzt, Büschen oder kurzgeschnittenen Bäumen mit kleinen, spitzen, dunkelgrünen Blättern. Ich nahm einige davon in den Mund und zerkaute sie, weil ich wissen wollte, wie diese begehrten, berauschenden Blätter schmeckten. Sie waren sehr bitter und zogen mir den Mund zusammen; so spuckte ich sie schnell wieder aus.

Wir kletterten auf einem breiten Seitenausläufer des Sabor zwischen den hohen Mauern der Terrassen von Dorf zu Dorf weiter hinauf.

Je höher wir kamen, um so mehr grünte und blühte es an den Terrassenmauern. Zwischen den Steinen leuchteten weiße Lilien; Ranken wilder Rosen engten den Pfad ein. Hier oben herrschte kein Tropenklima.

Die Dörfer auf den Felsvorsprüngen, aus dem rötlich-grauen oder gelblichen Gestein des Sabor gebaut, wirkten wie mittelalterliche Festungen, überragt von den weißen Kuppeln der Moscheen.

Wir waren nie alleine, immer begleitet von einigen Bergbauern, die uns – von Dorf zu Dorf sich ablösend – den Weg zeigten und darauf achteten, daß der Hakima nichts geschah. Die Frauen, in indigoblauen Kleidern, langen engen Hosen, schwarze und rote Tücher um den Kopf gewunden und Silberschmuck um Hals und Arme, schauten uns von den Feldmauern nach. Zahllose Kinder liefen voraus, neugierig, vorwitzig und gleichzeitig scheu.

In etwa 2.500 Metern Höhe wuchs kein Qat mehr, dafür auf den Terrassenfeldern zartgrüner junger Weizen.

Am Mittag erreichten wir den Grat. Das letzte Dorf befand sich am Rande eines alten Kraters, der für Felder terrassiert worden war und von daher an ein Amphitheater erinnerte. Beim höchstgelegenen Haus sah ich ein großes Wasserbecken zum Auffangen von Regen für Trinkwasser.

Während Ali mit dem Muli zu einer wohlverdienten Rast zurückblieb, führte mich ein alter Mann das letzte Stück zum Gipfel, 3.007 Meter über dem Meeresspiegel, hinauf.

Ich war völlig überrascht, dort oben eine mächtige Burgruine vorzufinden. Die Mauern waren aus riesigen Steinquadern gebaut, und das Tor war noch vollständig intakt. Es erinnerte mich in Form und Anlage an das griechische Löwentor in Mykene. Die Burg stammt aus vorislamischer Zeit, ja schon vorchristlicher Zeit, wie mir der Amil Sabor, bei dem ich später zu Gast war, bestätigte. Ich war tief beeindruckt von diesen Zeugen alter Kultur. Hier im Jemen herrschten einst die Minäer, denen im 10. Jahrhundert vor Christus die Sabäer folgten, deren prominenteste Herrscherin die legendäre Königin Belkis, die Königin von Saba, gewesen war. Es bestanden Handelsbeziehungen vom Orient bis zum Okzident, von Indien bis zum Ägypten der Pharaonen, nach Griechenland und Rom. Die uralte Weihrauchstraße (schon 3000 v. Chr.) führte vom Hafen Quanan an der Küste Arabiens ca. 3.400 Kilometer bis nach Petra im Norden. Aus der Zeit der Königin von Saba stammen die Überreste des Staudamms bei Marib im Osten des Jemen. Um die Ruinen herrlicher Tempel aus der Blütezeit des Jemen, damals Arabia felix genannt, bemühen sich Archäologen aus aller Welt. Auch die Nabatäer und Himjariten hinterließen Spuren ihrer Kultur. Und sie alle beherrschten bereits die Kunst der Bewässerung ihrer Felder, ob auf Terrassen, an steilen Berghängen, auf Hochflächen oder in Tälern. Auch heute noch ist die Bewässerungskunst die Grundlage der jemenitischen Ökonomie.

Bei meinen späteren Ausflügen erzählten mir die Bergbauern, daß ein einstiger Burgherr jede Nacht eine neue Frau geheiratet habe. Darum trage der Gipfel den Namen „Djebel Arrus", Hochzeitsberg. Nach der Liebesnacht ließ der feine Herr die Frauen über die 1.000 Meter hohe, fast senkrecht abfallende Bergwand hinunterstürzen.

Jetzt hatten Paviane die Burgruine eingenommen, und ein Adler schwebte darüber. Inmitten der gewaltigen Mauerreste blühte auf dem Gipfel eine einzelne Blume wie eine leuchtende Kerze.

Beim Abstieg lag die Landschaft im golddurchwobenen Licht der Spätnachmittagssonne. Als es dämmerte, faßte mich ein Junge am Arm und führte mich durch das Geröll des steilen Strombettes, das zugleich der Weg war. Er begleitete mich so lange, bis ich weiter unten mein Muli besteigen konnte. Ali ging mit einer Laterne voraus und murmelte unaufhörlich vor sich hin, um die bösen Geister zu bannen. Von Zeit zu Zeit rief er ein wenig lauter: „Allah, Allah", wie es alle Männer taten, wenn sie ein Haus betreten, damit die Frauen, die leibhaftigen Djinis (Geister) der Verführung männlicher Sinne, ihnen aus dem Wege gingen. Von Taiz herauf ertönten Trommelwirbel: Das war der Zapfenstreich. Wir setzten uns in Trab und kamen gerade noch durch das Stadttor, bevor es geschlossen wurde.

Stillschschweigend gewährte mir später Imam Ahmed die Freiheit, an Feiertagen in der näheren und weiteren Umgebung von Taiz umherzuwandern oder nach heißen Tagen in der nächtlichen Kühle bis nach Torschluß auszureiten. Ich wurde dann auch mitten in der Nacht wieder eingelassen.

In Sana'a dagegen mußten nach der Revolution die Europäer um acht Uhr abends in den Häusern sein. Keinesfalls durften sie die Nacht bei anderen Europäern verbringen. Stets und ständig lagerten ein oder zwei Askaris in ihren Hauseingängen und begleiteten sie außerhalb überallhin.

Mit meinem Muli, wegen seines glänzenden schwarzen Fells „der Seidige" genannt, unternahm ich viel. Am Sattel hingen rechts und links Korb und Bündel mit Proviant für den ganzen Tag und meine Malutensilien. Gerne ritt und kletterte ich im Wadi Sine, das tief in den Sabor einschnitt. Am Rande von Kaffeeplantagen und Gemüsegärten, im Schatten hoher, ausladender Mangobäume saß ich stundenlang beim Zeichnen und Aquarellieren von Pflanzen, deren Blüten sich mit dem Sonnenlicht wendeten.

Ich bemühte mich, die Pflanzen und Blüten nach botanischer Art darzustellen und, wenn möglich, sie auch zu pressen, um sie zu trocknen. Die jemenitische Flora war damals weitgehend unerforscht. Deshalb überließ ich meine Sammlung später dem Schweizer Botaniker Peter Bally für das Genfer Herbarium.

Verbrachte ich einen freien Tag an der Birka (Wasserbecken) im Tal Oseiferah, erlebte ich dort ein Vogelparadies. Die Tiere wurden angelockt durch die ganzjährig bewässerten Felder, auf denen drei Ernten jährlich heranwuchsen. Da waren unter anderem Webervögel, im Hochsommer Kolibris und während unserer nördlichen Winterzeit schwarze und weiße Störche zu sehen. Im Wadi Sine unterbrachen um die Mittagszeit die Paviane die Stille, um sich eine Mahlzeit aus den Gemüsegärten zu holen. Die Älteste führte sie, paßte auf und bestimmte den Abmarsch für alle.

Die Frauen, die auf den Feldern arbeiteten, brachten mir meistens quisi, ein erfrischendes Getränk aus den Hülsen der Kaffeebohnen, und ein Stück von ihren Brotfladen. Kam ich an einen Brunnen, wurde mir Wasser gereicht.

Ich fühlte mich als Nazarenerin hier freundlich angenommen und hatte bei meinem Umherstreifen nie das Gefühl, daß mir irgend jemand etwas antun könnte. Im Gegenteil: Die Männer und Frauen waren – wie auch die Führer und Treiber der Kamelkarawanen, denen ich nicht selten bei meinen Ausritten in den Sommernächten begegnete – offen und freundlich.

Es herrschte auch keine Gefahr, daß ich mich im Gelände verirrte. Da war mein Muli der sicherste Gefährte. Wenn ich ihm die Zügel ließ, drehte er sofort um und trat den Rückweg nach Taiz an, denn er kannte sich in der Gegend aus. Mein Pferd dagegen, das, wie im Jemen üblich, mit einer scharfen Kandare geritten wurde, fand keinen Weg alleine und war für langes Klettern nicht geeignet.

In der Natur zu sein ist für mich eine Notwendigkeit. Nach einem anstrengenden Tag gab es nichts Erholsameres, als dem Spiel der Wolken zuzuschauen oder dem Kreisen eines Raubvogels, die Abenddämmerung zu genießen, die Stille der Nacht aufnehmend, wenn lautlose Kamelkarawanen an mir vorbeizogen. Es war immer wieder ein Erlebnis.

Die Begegnung mit der Landbevölkerung hatte zur Folge, daß mehr Patienten aus den Bergdörfern zu mir kamen. Da manche von ihnen einer längeren Behandlung bedurften, benützte ich einen kleinen, leeren Raum neben meinem Behandlungszimmer als Krankenzimmer. Es blieb unverschlossen, und die Leute wußten bald, daß sie jederzeit einen Patienten dort hineinbringen konnten, auch wenn ich nicht im Haus war.

Der Kranke wurde ja von seiner Familie begleitet und versorgt, was allen selbstverständlich war. Ich brauchte mich nur um die Behandlung zu kümmern.

Mein Minihospital blieb nie leer.

Es gab in Taiz ein altes Hospital, in dem die Askaris von einem einheimischen Arzt mit Volksmedizin und Malariamedikamenten behandelt wurden. Ansonsten wollte niemand dort hinein, außer den Ärmsten, die eine tägliche Schale Hirsebrei bekamen. Für Frauen gab es an der Rückseite zwischen hohen Mauern einen Unterschlupf mit fensterlosen Zellen, die so niedrig waren, daß ich hineinkriechen mußte, um sie zu sehen. Nicht einmal in Lehrbüchern hatte ich solche von Syphilis und Lepra zerfressenen Elendsbilder gesehen. Diese Kranken lagen auf dem gestampften Boden, kaum von Lumpen bedeckt, und warteten auf den Tod, der sie vom Elend erlösen würde. Meine Bemühungen, diese grauenhafte Situation der Frauen zu verändern, scheiterten alle am passiven Widerstand des Verwalters. Diese aussichtslosen Zustände, die ich nicht ändern konnte, belasteten mich. Ich konnte nur hoffen, daß das neue Hospital, von Cimbro geplant und schon im Bau, eine Verbesserung bringen würde. Aber das Bauen wurde so oft unterbrochen, daß es erst einige Jahre nach meiner Zeit fertiggestellt worden ist und dann allerdings modernste Einrichtung erhalten haben soll.

Die Spuren herkömmlicher einheimischer Behandlungsweise fand ich bei fast allen Erwachsenen, manchmal auch schon bei Kindern. So entdeckte ich bei einem fünfjährigen Prinzen, Enkel des Imam Ahmed, frische Brandwunden unter dem Rippenbogen, die die Behandlung mit einem glühenden Stück Eisen hinterlassen hatten. Er war ein ängstliches Kind. Darum sollte ihm der Djini – böse Geist – ausgetrieben werden. Ich nehme an, daß die Angst vor dem Brennen andere Ängste des kleinen Prinzen verdrängt hat. Bei den Erwachsenen fand ich vor allem Brandnarben entlang dem Rückgrat und auf dem Rücken große runde Flekken vom Einritzen der Haut zum Blutschröpfen mit einem Rinderhorn.

Da ich Haremsärztin war, wurde von mir erwartet, daß ich jederzeit erreichbar und bereit war, sofort in den Palast oder das Haus eines Hofbeamten zu kommen, wenn ein Bote geschickt wurde.

Ob bei Tag oder Nacht, nie wußte ich, für wen und warum ich geholt wurde. Kleinigkeiten, Langeweile und auch der Wunsch, sich bemerkbar zu machen, veranlaßten die Patientinnen, zu unmöglichen Zeiten meinen Besuch zu verlangen. Auch hofften sie, durch Krankheit irgend etwas beim König durchzusetzen. Ich mußte dann wegen vorgetäuschter Gallenblasen- oder Nierenschmerzen hineilen.

Ein Dutzend Frauen stand um die vermeintliche Patientin herum und lamentierte mit ihr im Chor. Die eine brachte eine Wärmflasche, die andere kalte Getränke, die dritte hielt der Patientin den Kopf und preßte ihre Schläfen, die vierte knetete eifrig die Leber- oder Nierengegend. Vier weitere Frauen massierten Arme und Beine, und die übrigen rannten aufgeregt herein und hinaus, machten unnütze Handreichungen und seufzten. Ich saß dann daneben und bewunderte die Standhaftigkeit der Patientin bei dieser lebhaften Bearbeitung.

Es passierte mir, daß ich in diesem Wirrwarr den Puls fühlte und dann feststellte, daß es nicht der Arm der Patientin war, den ich hielt, sondern der einer der vielen anderen Frauen. Ich mußte ausharren, bis die Patientin endlich schlief. Denn sobald ich die wahre Sachlage erkannt hatte, verabreichte ich ein Schlafmittel, um sowohl der Patientin Genüge zu tun als auch den anderen Frauen ihre Nachtruhe zu verschaffen. Nicht selten erschien plötzlich der Imam, erkundigte sich nach der Patientin und drückte mir ein Schlafmittel für sie in die Hand. Er hatte für seinen Hofstaat ein Medikamentenmagazin, aus dem er beliebig wählen konnte, egal, ob das Remedium angebracht war oder nicht.

Dort, wo ich wirklich zeitig hätte gerufen werden sollen – bei Geburten, die sich länger als normal hinzogen –, wurde ich erst geholt, wenn es zu spät war und ich das Kind nur noch tot zur Welt bringen konnte. In einem anderen Fall rief mich der Ehemann rechtzeitig. Ich hätte noch eine Zangengeburt machen können, aber da stürzte die Mutter der jungen Frau herein, warf sich erst über ihre Tochter und verfluchte uns; dann griff sie nach meiner Tasche mit den Instrumenten, um sie aus dem Fenster zu schmeißen. Ich konnte sie ihr gerade noch entreißen und mußte das Haus unverrichteter Dinge verlassen. Der Mann war verzweifelt, denn die Frau starb mit dem Kind zusammen. Ihre Mutter aber war fest davon überzeugt, eine gotteslästerliche Tat verhindert zu haben. Es war bedrückend für mich, zu wissen, daß Mutter und Kind hätten überleben können, und es dauerte seine Zeit, bis ich das verkraftet hatte.

Ein Haus, in das ich gerne ging, war das von Abdurahim, gegenüber dem meinen. Nachdem ich seine Frau von Amöbenruhr und Anämie hatte kurieren können, entwickelte sich zwischen uns ein freundschaftliches Verhältnis, so daß ich auch einfach nur auf einen Kaffee hinüberging. Abdurahim war ein wohlhabender Kaufmann, der Kamelkarawanen in alle Richtungen durchs Land schickte. Eines

Abends ließ er mich dringend rufen. Einer seiner jungen Kameltreiber hatte unterwegs einen Lungenschuß abgekriegt. Ob die Ursache ein Unfall oder ein Streit war, habe ich nie erfahren. Jedenfalls brachten seine Kameraden ihn auf einer Bahre in Abdurahims Haus. Die Kugel konnte ich unterhalb des Schulterblattes nahe der Wirbelsäule ertasten. Es genügte ein kleiner Einschnitt, um sie herauszuholen. Bevor ich aber soweit war, sah ich im Licht der Handlaterne aus einer Mauernische einen schwarzen Skorpion hervorkriechen und seinen giftigen Stachel am langen Schwanz heben, um den Patienten in den Arm zu stechen. Ich schrie „Agrab" (Skorpion). Der Karawanenführer, der neben mir stand, zog blitzartig seinen Krummdolch und schnitt den Schwanz ab, spießte dann den Skorpion auf und warf ihn in das Feuerbecken.

Der Durchschuß hatte die Lunge kaum verletzt, so daß sie bald ausheilte. Sein Leben verdankte der Kameltreiber somit nicht nur mir, sondern der schnellen Reaktion des Karawanenführers. Der Skorpionstich wäre wahrscheinlich für einen Schnitt von mir gehalten worden, und mich hätte es entsetzt, daß meine kleine Operation zum Tode des Patienten geführt hätte.

Während des Ramadan wird von Sonnenaufgang bis Sonnenuntergang weder gegessen noch getrunken. Diesmal fiel der mohammedanische Fastenmonat in den Sommer. (Die Verschiebungen resultieren aus dem islamischen Kalender, dessen 345 Tage sich nach dem Mondlauf orientieren.) Die Stadt war wie ausgestorben. Jeder schlief oder ruhte, solange er konnte. Dafür herrschte die ganze Nacht über reges Leben. Verwaltungsbüros, Post und Telegraf waren nur nachts geöffnet. Auch die Hochzeit zweier Söhne mit zwei Schwestern aus vornehmen Familien wurde während des Ramadans vier Nächte lang gefeiert, Männer und Frauen getrennt. Ich hörte das Trillern der Frauen und Schießen der Männer, als die beiden Bräute von ihrem Elternhaus zu dem Haus ihres Schwiegervaters gebracht wurden.

Ein Diener holte mich dorthin. Ich wurde zwischen den am Boden sitzenden Besucherinnen zu einem Ehrenplatz neben den beiden Bräuten geführt. Beide saßen unbeweglich nebeneinander, mit untergeschlagenen Beinen auf einer gepolsterten Steinbank in kerzengerader Haltung, die eine Braut in weinrotem Samt, die andere in dunkelbraunem. Auf ihren Brüsten hingen an mehreren Ketten große Goldtaler und um den Hals vier Reihen Bernsteinketten. An die Kopftücher waren

Zinnien, Nelken und stark duftende Kräuterbüschel aus Taizer Gärten gesteckt; die schwarzen Zopftaschen waren mit Goldstickerei übersät, die durch die dünnen, einfarbigen Schleiertücher hindurchschimmerten. Die Bräute trugen silberne Ohrgehänge, Armreifen und Fingerringe mit großen Rubinen, die Fußgelenke waren umschlossen von Silberreifen mit feinen Verzierungen. Selbst die Zehen schmückten Ringe mit kleinen Silberkugeln. Neben jeder Braut lag ein Schwert, das Schwert des Bräutigams, dem sie von nun an gehörten.

Der Raum war so voll, daß zwischen den Besucherinnen kaum Platz blieb für die drei Wasserpfeifen und zum Tanze. Unweit von mir saß eine ältere Frau in feuerrotem Überwurf und spielte ununterbrochen auf einer kleinen, beidseitig bespannten Trommel in eindringlich sich immer wiederholenden Rhythmen, begleitet von einem hell und kurz tönenden Tamburin ihrer Nachbarin. Nach den Rhythmen tanzten nur zwei Frauen gleichzeitig auf engstem Raum, ohne sich zu berühren. Sie waren ganz und gar in den Tanz vertieft. Die nackten Füße, mit Schwarz und Henna verziert, bewegten sich in kleinen rhythmischen Schritten. Die Bewegungen der Körper waren sanft, sparsam und beherrscht. Die Tanzfiguren wurden endlos wiederholt. Je länger ich zusah, desto mehr geriet ich in den Bann von Rhythmus und Bewegung inmitten der festlich in Brokat und Seide gekleideten Frauen. Es war ein schönes Fest, das mir einen Einblick in private Feierlichkeiten vermittelte, zumal ich auch Zugang zu den Männern hatte und mit ihnen zusammen aß.

Mit dem Ende von Ramadan waren für Daniel und mich die nächtlichen Krankenbesuche und die Pflichtbesuche im Maqam vorbei. Zwei Monate später folgte das Pilgerfest, in Erinnerung an den Tag, an dem der Prophet Mohammed in Mekka einzog. Imam Ahmed kam zu Fuß vor die Stadt, wo das Volk versammelt war.

Er ging unter einem Baldachin aus Gold- und Silberbrokat, der von Leibdienern getragen wurde. Sein gesatteltes Pferd wurde hinter ihm geführt.

Prinz Badr, sein Sohn, der erst vor kurzem den Titel Saif al Islam, Schwert des Islam, erhalten hatte, folgte auf einem feurigen Araberhengst. Askaris ritten auf Kamelen voraus, andere folgten zu Pferde. Altertümliche Kanonen wurden abgefeuert. Dann leitete der König das Festgebet. Nach der Feier zog er hoch zu Roß zu seinem Palast zurück. Ein prächtiger Zug aus Tausendundeiner Nacht. Es störte niemanden, daß wir, Luigi und ich, als Nazarener beim Fest dabei waren. Luigi

Merucci war der italienische Kollege aus Hodeida, der wie Daniel vor dem Krieg von der italienischen Regierung in den Jemen gesandt worden war. Wenn es im Sommer unten am Roten Meer unerträglich heiß und schwül wurde, veranlaßte Daniel den Imam, Luigi für ein paar Wochen nach Taiz in das angenehme Gebirgsklima kommen zu lassen. So lernte ich ihn, einen Feingeist, groß und schlank, mit der Kultur eines echten Römers, bereits im ersten Jahr kennen. Er interessierte sich für mein Leben in Taiz, stieg, ebenso begeistert von Felsenlandschaft, Pflanzen und Tieren wie ich, mit mir auf den Sabor bis zur Burgruine auf dem Djebel Arrus; ritt mit hinaus nach Oseiferah, wo wir während des Ramadans viele Stunden an einem Becken zur Bewässerung der Felder, in dem wir auch schwimmen konnten, verbrachten. Er besuchte mich abends, bevor alle gemeinsam – auch Cimbro – bei Daniel zu Abend aßen und gesellig beisammen waren. Ganz bewußt ließ ich nur freundschaftliche Gefühle in meinem persönlichen Umgang mit allen zu – ein „Mehr" hätte mir als Frau sehr geschadet und jegliche Achtung und Selbständigkeit in diesem Land gefährdet.

Luigi fragte mich nach Leben und Erfahrungen der Kriegs- und Nachkriegsjahre, er wollte wissen, wie es mir persönlich ergangen war, wie ich alles erlebt hatte. „Ihr habt etwas durchgemacht", sagte er, „wovon wir, die während des Krieges hier waren, keine Ahnung haben. Das distanziert uns von unseren Heimatländern und von unseren Familien. Hinzu kommt, daß wir vom Imam keinen Heimaturlaub bekommen haben, um den Kontakt wiederzubeleben."

Unsere Gesprächsrunde wurde umfangreicher, durch die vielen Gäste des Königs, die im Gästehaus in Al Ordi wohnten und ungeduldig auf eine Audienz warteten. Es waren ausländische Diplomaten, Minister, Kaufleute, Unternehmer, Bankiers, Ingenieure, meist aus Ländern, die inzwischen ihre Kolonien in Asien und Afrika aufgegeben hatten. Sie alle erhofften, im Jemen einen neuen wirtschaftlichen Bereich zu finden. Der Imam ließ sie zwar kommen und Vorschläge sowie Pläne ausarbeiten. Doch erst nach vielen Wochen des Wartens erhielten sie die Antwort: Man werde zu gegebener Zeit darauf zurückkommen. Binnen weniger Stunden stand dann ein Auto mit der Ausreisegenehmigung des Königs zur sofortigen Rückreise bereit.

Eines Tages sagte Fatma: „Du brauchst mich nicht mehr." Nach den sieben gemeinsamen Monaten mit mir kannte sie mich gut. Sie hatte genau beobachtet, daß ich mit Patienten sprachlich und menschlich zurechtkam, und instinktiv gefühlt, daß ich sehr gut alleine leben konnte. Ein vertrauenswürdiger Diener genügte. Fatma war das Leben in Taiz allmählich zu eng, zu eingeschränkt. Sie hatte Sehnsucht nach ihrer Familie und dem freien und fröhlichen Umgang mit anderen Somali in Aden. So ließ ich sie ziehen.

Gegen Ende des Jahres häuften sich Weihnachts- und Neujahrsbriefe. Manche enthielten den Wunsch, daß mich an den Festtagen in dem so fremden Land nicht das Heimweh überkomme. Aber Heimwehgefühle hatte ich nicht, denn ich lebe immer hundertprozentig dort, wo ich bin. Es gab mehr als genug zu sehen, zu überdenken und mir zu eigen zu machen, um keinen Augenblick den Wunsch zu haben, woanders zu sein.

Im Mai 1948 war das britische Mandat für Palästina beendet und die Republik Israel proklamiert worden, mit der unvermeidlichen Folge des Krieges zwischen den Juden und Arabern in Palästina unter Beteiligung der angrenzenden arabischen Länder. Dieser Konflikt brodelte nach mehr als 47 Jahren immer noch. Nach der vorläufigen Beendigung der kriegerischen Auseinandersetzung 1949 holte der Imam einige junge palästinische Flüchtlinge als Übersetzer und Ingenieure ins Land.

Unsere kleine Gruppe stand bald in regem Kontakt mit ihnen. So erfuhren wir viel über das Kriegsgeschehen, die Entwicklung und Verhältnisse in Palästina vor und nach diesem Krieg. Es dauerte nicht lange, bis Abgesandte aus Israel in den Jemen kamen, um die hier seit Salomons Zeiten ansässigen Juden aufzurufen: Die Zeit ihrer Heimkehr nach Israel sei gekommen. Die Juden hatten bisher im Jemen ungestört in ihrer Religion, ihren alten Sitten und Gebräuchen in einem abgegrenzten Stadtteil wie in Sana'a oder abseits in einem Dorf wie bei Taiz gelebt. In der reichen Hauptstadt waren es Gold-, Silber- und Kupferschmiede, die kunstvolle Arbeiten anfertigten.

In Taiz gab es nur wenige von ihnen. Sie kamen jeden Morgen von ihrem kleinen Dorf hinter dem Festungsberg in die Stadt und arbeiteten in ihren offenen Werkstätten, wie ich von meinem Fenster aus sehen konnte. Äußerlich unterschieden sie sich von den Arabern nur durch eine schwarze Kappe und eine dünne Korkenzieherlocke, die typische Judenlocke an beiden Schläfen. Ihre Frauen, die ich im jüdischen Dorf kennenlernte, verschleierten sich dort nicht, sondern nur außerhalb ihres Ortes vor den Arabern. Sie trugen eine Art Mütze, die das Haar bedeckte, mit Reihen kleiner Perlen, die über die Stirn fielen.

Im Gegensatz zu den Arabern lehnten die Juden geburtshilfliche Eingriffe und Operationen nicht ab. So konnte ich bei einer dieser Frauen eine Zangengeburt vornehmen. Das Kind war nicht mehr zu retten, da sich die Nabelschnur mehrfach um seinen Hals gewickelt hatte. Aber die Mutter konnte ich der Familie erhalten.

Eines Morgens sah ich, daß die grünen Türen der jüdischen Werkstätten geschlossen blieben. Nun hatten sich auch die Taizer Juden dem von Sana'a und nördlich davon kommenden Treck der anderen Juden nach Aden angeschlossen, von wo der nach 2000 Jahren wieder gegründete Staat Israel ihre weitere Beförderung übernahm. Der Auszug der Kinder Israels, diesmal aus dem Jemen, hatte begonnen. Da Ägypten den Juden die Fahrt durch den Suezkanal untersagt hatte und die Umschiffung Afrikas zu langwierig gewesen wäre, wurden alle jemenitischen Juden von Aden aus mit Flugzeugen nach Israel geholt. In alten Zeiten sprach man von der Heimkehr der Juden auf Silberschwingen.

Nun fing ich an zu lesen: Geschichtliches, Philosophisches, Auseinandersetzungen mit Religionen, wozu meine jemenitische Umgebung geradezu aufforderte.

Luigi war wieder in Taiz, da Daniel zum ersten Mal Urlaub erhalten hatte. Luigi trieb mich an, meine privaten Interessen – wie Zeichnen und Malen – nicht zu vernachlässigen. Von sich sagte er, er sei ein alter Mann (mit 37 Jahren!). Die zwölf Jahre Jemen hätten sich ihm aufgelegt und ihn ausgelaugt. Der Chirurg Dr. Bozon war aus Hodeidah mit ihm gekommen, denn Prinz Badr hatte eine akute Appendizitis (Blinddarmentzündung). Vom Imam kam die Order, zu seinem Palast nach Salah zu kommen. Bozon brachte seine Instrumente mit, die zum Teil korrodiert waren von der Salzluft in Hodeidah. Ich half ihm mit meiner Ausrüstung. Der Empfangsraum im Palast in Salah wurde Operationsraum. Alles war Improvisation, wie ich sie während des Krieges in Hamburg und Anklam erlebt hatte. In einer Emaille-Schüssel wurden die Instrumente in brennendem Alkohol sterilisiert. Prinz Badr erschien wie ein armes Opfer im rosa Hemd. Luigi assistierte. Die Narkose war meine Sache. Bevor wir nach Salah fuhren, hatte ich noch eine manuelle Plazentalösung ausgeführt. Das ließen die Taizer Frauen zu. Aber alles, was mit Instrumenten zusammenhing, wurde immer wieder abgelehnt.

Dr. Bozon war ein sympathischer Franzose mittleren Alters, ruhig und in seiner Art überzeugend. Es machte Freude, nach langer Zeit mal wieder bei einer Operation zu assistieren.

Ein Telegramm informierte mich über die Ankunft Heinz Hansens in Aden. Er brachte ein Mikroskop aus Hamburg für mich mit. Ich ließ Daniel dem Imam schreiben, ob Hansen, den er aus der Vorkriegszeit persönlich kannte, nach Taiz kommen könnte.

Seine Antwort war: „La bas, ruchsa Aden!" Nein! Aber er gab mir eine Reiseerlaubnis nach Aden. Nach heftigem Regen konnte ich in einem Jeep in zwölf Stunden mit nach Aden fahren; von 1400 Metern Höhe fuhren wir auf Meereshöhe. Ich saß halb draußen, mit einem Bein auf dem Trittbrett, weil ich den Beifahrersitz mit einem kranken jungen Mann teilen mußte, den ich auch noch festhielt, damit er in seiner Kraftlosigkeit nicht auf den Fahrer kippte. Die Straße, mehr Treck, war nach dem massiven Regen vom Vortag in katastrophalem Zustand. Ein Streß die ganze Fahrt. Genau 24 Stunden später begann bei mir das Fieber. Zunächst war es noch schwankend, dann aber blieb es bei 41 Grad. Heinz Hansen brachte mich ins britische Hospital. Ich fiel von einer Bewußtlosigkeit in die nächste.

Irgendwann begriff ich, daß ich eine Malaria tropica maligna hatte, die damals zu 80 Prozent tödlich verlief. Die Chinin-Injektionen im Hospital hatten mich außerdem für einige Zeit taub gemacht. Als ich zwischendurch irgendwann aufwachte und die Augen aufmachte, schaute mich ein freundliches braunes Gesicht an. Es war Fatma. „Ich hörte, daß im Royal Air Force Hospital eine Lady aus Taiz liegt. Das konntest nur du sein!" Sie kam jeden Tag und sorgte für mich, wusch meine Wäsche und brachte mir Obst und Schokolade. „Du mußt essen und wieder kräftig werden!" Was sie mit ihrer tatkräftigen Hilfe auch erreichte.

Onkel Heinz, wie wir Cimbros Onkel nannten, besuchte mich täglich, selbst als ich bewußtlos war. Hansen hatte als einer der ersten deutschen Kaufleute von den Alliierten die Genehmigung für eine Geschäftsreise nach Aden und dem Jemen erhalten. Seine Anwesenheit war ein Glück für mich. Er schrieb ausführlich an seine Frau, mit der Bitte, alles meiner Mutter mitzuteilen. Es hatte mich voll getroffen. Ich gehörte zu den wenigen Menschen, die dieses mörderische Fieber überlebten.

Seltsam fern waren meine Familie und Freunde, beinahe wie auf der anderen Seite eines breiten Tales.

Daniel kam vom Urlaub in Italien erholt und sogar fröhlich zurück. Er fuhr, nachdem er mich gesehen hatte, am nächsten Tag nach Taiz hinauf, um Luigi und Bozon abzulösen, die hinunter nach Aden kamen. Luigi sagte: „Du bist noch nicht du selbst." Mein Vorstellungsvermögen war sehr schwach. Es gehörte wirklich ein starker Wille dazu, all das Ferne, gleichgültig und bedeutungslos Gewordene wieder heranzuholen und zu beleben.

Als ich später mit Daniel darüber sprach, meinte er: „Man hat gerade noch genug Geist, um zu wissen, daß man keinen hat." Er hatte gleiches selber durchgemacht.

Als es mir wieder besser ging, waren wir an einem Abend auf der Dachterrasse des neuen Crescent-Hotels; mit Tanzmusik unter dem Sternenhimmel. Ich erwartete einige fröhliche Stunden. Was mir aber begegnete, war schleichende Musik, kein Rhythmus. Vier Männer: Schalato, Cimbro, Bozon und Luigi, von denen nur Schalato tanzte. Luigi und Bozon tanzten prinzipiell nicht, und Cimbro tat das Knie weh; er sah aus, als ob Trauermusik ertönte, Bozon war in Gedanken versunken, und Luigi saß müde, ohne Freude da. Ich hatte den Eindruck, daß diese drei Männer wie ausgebrannt und ihre Seelen von Asche umhüllt waren. Ich aber wollte nach der Malaria wieder leben! In Taiz waren wir in unserer Runde so fröhlich und glücklich gewesen. Hatte ich nun durch meine Krankheit eine Flaute ausgelöst? Dieser Abend jedenfalls war lähmend und enttäuschend.

Onkel Heinz mußte weiter. Vor seiner Abreise sagte er zu mir: „Es ist deine Unberührbarkeit, die dir hier deine Position gibt", und Cimbro meinte: „Erstaunlich, wie Sie in allem die Grenzen erkennen."

Luigi machte mit meinem neuen Mikroskop Untersuchungen und fand, daß meine Malaria ausgestanden sei. Aber er hatte eine Amöbenruhr und eine Infektion mit Schitosoma mansoni, Bilharzia genannt, entdeckt. Die intensive medikamentöse Behandlung erzeugte bei mir eine Herz-Kreislauf-Krise. Ausgerechnet zu dieser Zeit mußte Luigi nach Taiz und Hodeidah zurückreisen. Ich sollte unbedingt mit und nicht wieder ins Hospital. Falls es mir unterwegs schlechterginge, würde Luigi helfen können. Außerdem sah er mich auch lieber in Daniels Behandlung. Das kühle Klima oben im Gebirge würde ebenfalls für mich viel besser sein als die feuchte Hitze in Aden.

Luigi packte alles ein, während ich auf dem Bett liegen mußte, damit ich bloß fit sein würde für die Fahrt. Er schimpfte dabei in seiner italienischen Art, und ich lachte und lachte. „Stirb nicht in Aden", drohte er. „Das gibt zu viele Schwierigkeiten: die Briten, die Jemeniten, die Ämter, die Polizei, die Obduktion! In Taiz gibt es keine Schwierigkeiten. Alles ist in einer Viertelstunde erledigt." – „La illah illa Allah und durch das Bab Musa hinaus aus der Stadt!" ergänzte ich immer noch lachend.

Am nächsten Morgen war ich instabil, und ich hatte nun doch ein wenig Angst vor der Fahrt. Luigi gab mir Herz und Kreislauf stützende Mittel, bevor wir um 5.30 Uhr in der Frühe abreisten, um vor der Hitze aus dem Sand fort und im Gebirge zu sein. Die jemenitische Vertretung in Aden hatte uns ihr bestes Auto zur Verfügung gestellt und einen sehr guten Fahrer, der auf dem rauhen Treck so sanft wie möglich fuhr. Um 12 Uhr gelangten wir zur jemenitschen Grenz- und Zollstation Rahida, wo wir eine lange Rast machten und bestens bewirtet wurden vom Zollgewaltigen, dessen Tochter meine erste Patientin gewesen war und mir bei meiner Einreise den Rubinring geschenkt hatte.

Luigi behandelte mich wie ein rohes Ei. Es ging mir auch gut während der Fahrt. Nur die letzten Stunden vor unserer Ankunft am Abend in Taiz bekam ich wieder Beschwerden und ließ mich gerne von Luigi überreden, direkt mit in Daniels Haus zu kommen, wo ich noch eine Weile in dessen Obhut blieb, während Luigi nach Hodeidah zurückkreisen mußte. Die kühle Gebirgsluft trug dazu bei, daß ich wieder zu vollen Kräften kam. „Seht sie an", sagte Daniel, „das mysteriöse Lächeln der Giocanda ist wieder da!" Und so ließ er mich nach „Walkie-Island" zurückkehren.

Wegen meiner Wanderfreudigkeit nannte Luigi mich „Walkie", und da er fand, daß meine Wohnung eine friedliche und gemütliche Insel war, hieß sie für alle „Walkie-Island".

Auf dem Markt wurde es schnell bekannt, daß ich wieder praktizierte. Daraufhin erschienen gleich die ersten Patienten, vor allem die Leute vom Land, und ich hatte wieder mehr als genug zu tun.

Während meiner Rekonvaleszenz hatte ich viel Zeit gehabt, alle möglichen Überlegungen und Betrachtungen anzustellen. Ich empfand mich anders, leichter und von dem bedrückenden Schatten früherer Jahre befreit. Zeit-Raum-Einsamkeit ließen mich alles viel tiefgreifender erleben, ließen mich nachdenken über mich, über das Leben, seine Grundzüge und Bedingungen, intensiver und an Erfahrung viel reicher als damals, als ich mich für den Weg entschied, auf dem ich mich jetzt befand.

Als ich in einem fremden Raum ganz unvermutet mein Gesicht im Spiegel sah, war ich erstaunt, denn so hatte ich mich noch nie gesehen. Ich erkannte, daß es notwendig ist, sein eigener Freund zu sein. Sein eigener Freund nicht nur in der Einsamkeit, sondern überall und ein Leben lang.

Daß das Einfache nicht das Leichtere ist, sondern daß „einfach zu sein" ein Maß an Erkenntnis und Reife verlangt, wurde mir gleichzeitig klar.

Durch die Diskussion mit Luigi hatte ich auch viel gelernt. Noch nie war ich so todernsten Augen begegnet wie den seinen, wenn wir über die Notwendigkeit unseres Berufes sprachen.

Bei all diesem Nachdenken und Überlegen kam ich zu dem Schluß, daß ich meine Taizer Lehrzeit beenden mußte. Wir alle fühlten uns auf die Dauer nicht gerade geborgen im Jemen. Das Leben war für Europäer sehr eingeengt, auch wenn ich persönlich stillschweigend manche Freiheiten und Annehmlichkeiten sowie die Sympathie der königlichen Familie und der Stadt- und Landleute erworben hatte. Immer standen mir Pferd und Muli zur Verfügung, kein Wachsoldat saß am Eingang meines Hauses, kein Askari begleitete mich mehr auf meinen Streifzügen in der näheren und weiteren Umgebung, und die Taizer Bevölkerung paßte ständig auf, daß mich niemand als Nazareni beleidigte.

Mir waren aber, ebenso wie den anderen Ärzten, in der Ausübung meines Berufes weitgehend die Hände gebunden: durch Glauben, Sitten und Gewohnheiten der Jemeniten, ebenso auch infolge von Intrigen am Hof, in die man schnell, ohne eigenes Dazutun, hineingezogen werden konnte.

Es wurde vorausgesetzt, daß wir Ärzte jederzeit für den Palast alles andere stehen- und liegenließen. Ich war Haremsärztin, Frauenärztin am königlichen Hof in Taiz und nur nebenbei für die Bevölkerung da. Für die Zeit aber, die ich ermöglichen konnte, war ich mit ganzem Herzen für diese Menschen im Einsatz.

Eine Weile war es sehr reizvoll, im Mittelalter zu leben, wie ich es mir als Kind gewünscht hatte: eine kleine Stadt, von hohen Mauern umgeben, Wehrtürme und eine Festung, Tore, die nachts geschlossen werden, Nachtwächter, deren Ruf durch die Stille klingt; Laternenbeleuchtung, ein bunter Markt, Boten, um einander Nachrichten zu senden, Pferde statt Autos; ein König in prunkvollen Gewändern mit einem bunten Hofstaat um sich und einem Leibneger, der den roten Baldachin über ihn hält; Festzüge mit Pfeifen und Trompeten, der König auf einem edlen Araberhengst, voraus eine Reitergarde, schöne Frauen in prächtigen Gewändern und reizende Dienerinnen, Intrigen und Liebesabenteuer in den dämmrigen Gängen der großen Häuser, würdevolle Amtshandlungen und geheime Bestechungen. Das alles hatte ich nun genau wie in den Märchen aus Tausendundeiner Nacht im Jemen erlebt.

Ich hatte auch Land und Leute, ihre Sitten und Gewohnheiten, ihre Denkart und ihre Sprache soweit kennengelernt, daß ich mich genügend vorbereitet fand, um in ein anderes arabisches Land zu gehen – in der Hoffnung, dort nun die wirklich notwendige ärztliche Aufgabe zu finden, wie ich sie mir wünschte. Ich machte den Freunden gegenüber daraus kein Geheimnis und streckte meine Fühler nach allen Seiten Arabiens aus.

Kritisch sah ich auch, wie es den einzelnen Menschen unserer Taizer Freundesgruppe erging. Nach vielen fehlgeschlagenen Versuchen hatten es Cimbro und inzwischen auch Schalato geschafft, daß der Imam ihre Kündigung annahm und sie nach Abian im damals noch britischen Protektorat Aden gehen ließ.

Daniel war aber vor allem Leibarzt des Imam Ahmed und mußte auch die Minister und Beamten am Hof vorrangig behandeln. In seinem Haus hatte er ein Labor eingerichtet, das ich mitbenutzen durfte und somit von Daniels langjährigen Erfahrungen profitieren konnte.

Schon nach meiner Ankunft 1948 hatte ich den Eindruck, daß Daniel an einem Punkt war, entweder im Jemen zu versanden oder sich aufzuraffen in neue Bahnen. Der Imam dachte aber nicht daran, ihn zu entlassen. Irgendwie brauchte er ihn, denn oft ließ er Daniel holen, nur um mit ihm über alles mögliche zu sprechen.

Daniels Verhältnis zum Imam war für uns Freunde sehr wichtig. Er konnte für uns manches durchsetzten oder auch verhindern, vor allem aber eine günstige Stimmung erzielen.

Für Luigi war es ebenso schwierig, aus dem Jemen fortzukommen, wie für Daniel. Außer der Ausreisegenehmigung wurde ihm zusätzlich die Auszahlung ausstehender Gehälter verweigert sowie die Übernahme der Kosten für die Rückreise nach Italien. Denn die italienische Regierung in Rom fühlte sich der Ärzte-Equipe der Vorkriegsregierung gegenüber in keiner Weise verpflichtet, um auch nur einen Übergang zu ermöglichen. Luigi war müde. Etwas in ihm war stumm geworden, dem Vergessen der Jahre anheimgefallen. Vielleicht hätte er diese Jahre sonst auch nicht überstanden.

Als er im Frühjahr 1950 von Hodeidah wieder nach Taiz hinaufkam, sah er erstaunlich jünger aus und wirkte anders. Seine Müdigkeit schien mir jetzt eine Durchgangsphase, unter der sich ein Wechsel vollzogen hatte. Und wirklich, er wollte nicht aus Bequemlichkeit und Angst vor Schwierigkeiten im Jemen so weitermachen wie bisher, sondern fortgehen und künftige Ungewißheit in Kauf nehmen. Nach Italien zu fahren hatte ihn mit Angst erfüllt, weil er dort in seiner Familie, nach all den Jahren, sich mehr als ein Fremder gefühlt hätte als sonstwo auf der Welt. Er fühlte sich beschämt gegenüber denen, die in Europa den Zweiten Weltkrieg mitgemacht hatten; das waren Erfahrungen und Erlebnisse, die ein anderes Denken zur Folge hatten. Daniels und seine Gespräche lägen um Jahre zurück, meinte er, so als wenn zwei Tote miteinander reden würden. Er wolle sich nun entscheiden.

Es war erfrischend, als John Hewitt von der Heuschreckenbekämpfung wieder einmal im Jemen erschien. Er berichtete mir über den Hadramaut in Süd-Arabien, im östlichen Aden-Protektorat gelegen. Dort würde für den Aufbau eines Gesundheitsdienstes eine Ärztin gewünscht. Das erschien mir eine passende Aufgabe, und ich bewarb mich sofort. 14 Tage später erhielt ich von Saleh in Aden, über den ich in dieser Angelegenheit meine Post leiten mußte, sowohl ein Telegramm aus Mukalla als auch einen Brief: „Dringend interessiert, Miss Hoeck eine Stellung anzubieten, Brief mit einzelnen Angaben folgt. Informieren Sie Hoeck schnellstmöglich. Britischer Agent."

Nachdem ich dann auch noch den Brief mit der definitiven Zusicherung und Vertragsgrundlage erhalten hatte, entschied ich mich für Mukalla, denn die geschilderte Arbeit reizte mich. Meine Antwort: „Definitely yes!" sandte einer der schwedischen Piloten (der kürzlich angeschafften jemenitischen Flugzeuge) für mich von Asmara in Eritrea ab.

Mein Entschluß war nun verbrieft.

Mit einer Rose aus Daniels Garten hinter dem Ohr, ging ich in der Vollmondnacht bei kühlem, singendem Ostwind in Gedanken an den Aufbruch beschwingt nach „Walkie-Island".

Ich war auch noch aus einem anderen Grund fröhlich, denn ich war seit kurzem meine Schulden los, sowohl in der Schweiz als auch bei Cimbro und Daniel, aus der Zeit ohne Gehalt. Ein holländischer Kaufmann hatte zwei Sack reinen jemenitischen Mokka für mich nach USA verkauft. Nun war ich frei für Neues.

Ende März 1950 schickte ich dem Imam meine Kündigung, die er annahm und ohne Verzögerung und Abzüge die Order erteilte: Gehalt bis zum letzten Tag, zwei Monate Urlaubsgeld, Auto nach Aden, Reise nach Europa. Das war beim Imam nicht selbstverständlich, sondern eine sehr großzügige Geste.

Luigi war wenig froh über mein Fortgehen und wurde für einen kurzen Moment wankelmütig. „Kannst du nicht bleiben, Walkie?" fragte er und fügte hinzu: „Wir sollten nicht fortgehen. Warum eigentlich? Nur wegen einiger Prinzipien?"

Ich antwortete ihm: „Ich habe noch Ideen und Ideale, die ich realisieren möchte, deshalb gehe ich!"

Als der LKW vor der Tür stand, sagte ich noch zu ihm: „Du bist ein Freund, der um mich besorgt ist und mich sehr gerne hat, das danke ich dir!" Für einen Augenblick verließ ich die notwendige Neutralität unserer aller Freundschaft und gab ihm zum Abschied einen Kuß, der uns beide leicht taumeln ließ.

Bei schwindendem Tageslicht ging die Fahrt endlich los. Alle Hügel und Gebirge waren schattierte Silhouetten. Mit dem erst spät aufsteigenden Mond erreichten wir Rahidah. Diesmal blieben wir über Nacht dort. Mit Tagesanbruch ging es weiter. Sie war dunstig, aber schön und anziehend, diese zart verschleierte Bergwelt.

Ich hatte keine Sehnsucht nach Europa. Es gab doch vieles, was die Menschen dort nicht verstehen würden, vor allen Dingen mich. Das erste Jahr in Arabien war wie eine lange interessante Reise, von der meine Briefe und Berichte ihnen daheim Freude brachten in ihrem von Politik, Not und Daseinskampf vermauerten Leben, so daß ich mich gefordert fühlte, meine Berichte fortzusetzen. Aber nach dem zweiten Jahr war ich dann wirklich draußen, weit weg, nicht nur für Familie und Freunde, sondern auch selbst.

Inzwischen war in Deutschland 1948 die Währungsreform durchgeführt, 1949 das Grundgesetz verfaßt worden und die Gründung der Bundesrepublik erfolgt. Aber einen deutschen Paß erhielt ich immer noch nicht – erst 1952. Über die Vorgänge in aller Welt hatte ich mich durch die amerikanische Zeitschrift Newsweek unterrichtet, die mir meine Schulfreundin Elsa aus den USA schickte, und aus dem „Corriere della Sera", den Daniels Mutter sandte, wobei ich allmählich etwas Italienisch erlernt hatte.

Meine Gedanken während der letzten Strecke durch Sand und Dünen auf der Fahrt nach Aden waren gelassen. Ich würde ja Arabien wiedersehen.

All meine Kisten konnte ich bei Salehs Geschäftsfreund in Aden-Krater unterstellen. Das Mikroskop und die chirurgischen Instrumente schloß er in seinem Safe ein. In Aden wohnte ich wieder in dem alten Marina-Hotel, freudig begrüßt von Abdulasis, dem Direktor, der mir gleich eine Einladung zum Lunch beim Gouverneur von Aden überreichte. Ich kannte den Gouverneur und seine Frau schon von ihrem Staatsbesuch beim Imam Ahmed in Taiz. Der Empfang war herzlich, aber seine Mitteilung niederschmetternd. „Ich erkläre Ihnen ganz offen die Situation", sagte er. Ich ahnte, was kommen würde. Ein Irrtum: Die Stelle sei schon vor mir an einen indischen Arzt vergeben worden, der bereits unterwegs nach Mukalla sei. Der Gouverneur sowie der Resident Adviser in Mukalla wollten mich trotzdem für das Qaiti-Sultanat haben. Die letzte Entscheidung aber hatte der Sultan.

Nun war ich in der Situation, die ich vermeiden wollte: aus dem Jemen fort, ohne des nächsten Schrittes sicher zu sein.

Telegramme gingen hin und her. Schließlich gab das Qaiti-Sultanat die Zustimmung, mit dem einen Unterschied: Ich sollte nicht in Mukalla arbeiten, sondern weiter inlands in Schibam im Hadramaut. Das war mir sogar lieber, denn an der Küste in Mukalla herrschte feuchtheißes Klima wie in Aden. Im Hochland – Schibam lag an die 1000 Meter hoch – war das Klima hingegen trocken und angenehm. Mit den Bürgern, Bauern und Beduinen würde ich bestimmt gut zurechtkommen und meine Ideen zu ihrem Nutzen und meiner Freude verwirklichen können.

Am 1. Mai lief die „Tripolitania" ein; man meldete, daß ich noch einen Kabinenplatz bekäme. Nun war die Welt für mich wieder in Ordnung. Um ein Uhr mittags wurde ich vom Kai hinübergebracht und ging an Bord. Das Schiff lichtete Anker und nahm Kurs auf Europa! Ich ging aus dem islamischen Jahr 1369 in die christliche Zeitrechnung 1950, um – gesundheitlich noch leicht angekratzt – Urlaub zu machen.

Europaurlaub

Nach Europa wollten auch die 70 Italiener, die in Massaua, dem Hafen von Eritrea, an Bord kamen und im obersten Ladedeck unseres kleinen Passagier- und Frachtschiffes untergebracht wurden und tagsüber auf dem Vorderschiff unter einem großen Sonnensegel lebten. Sie waren keine Urlauber wie ich, sondern Rückwanderer nach Italien, denn die italienische Kolonie Eritrea stand nach dem Krieg unter britischem Mandat und wurde später Äthiopien angegliedert. Mein niederländischer Tischnachbar auf dem Schiff meinte dazu nur, daß die Holländer bereits Indonesien hätten aufgeben müssen.

Auf der Fahrt durch den Suezkanal suchte ich zwischen dem Großen Bittersee und Ismailia mit dem Fernglas des Kapitäns die Küste ab und ortete auch das Bootshaus, wo ich Vetter Werner getroffen hatte, der dort im Gefangenenlager gewesen war. Es wurde dann bald dunkel. Wir mußten deshalb im Licht eines riesigen Scheinwerfers vor dem Bug, so groß wie eine Hütte, die restlichen Stunden bis Port Said fahren, wo wir Anker warfen, um Wasser und Öl zu tanken.

Nach Verlassen des Suezkanals und zwei Tagen Fahrt auf offener See tauchte der helle Küstenstreifen von Kreta auf.

Nach weiteren drei Tagen erreichte die „Tripolitania" Neapel.

Mein erster Schritt auf europäischem Boden brachte mich nichtsahnend mitten hinein in das Heilige Jahr, mit allen seinen Vergünstigungen in ganz Italien. Die bedeuteten u.a. 40 Prozent Ermäßigung auf sämtlichen öffentlichen Verkehrsmitteln – auch für die Eisenbahn.

Sofort nutzte ich diesen Glücksfall aus und fuhr nach Pompeji, um die Ruinen zu besuchen. Es war schon sehr spät am Abend, als ich in Rom ankam und an die Pforte des deutschen Ordens der Grauen Schwestern klopfte und um Übernachtung bat. Als die Oberin hörte, daß ich aus Arabien kam, fragte sie: „Waren Sie schon bei einer Heiligsprechung?" Und ohne zu zögern, fügte sie hinzu: „Morgen früh um sechs Uhr melden Sie sich hier an der Pforte." Sie winkte mir, ihr zu folgen, und führte mich in eine nüchterne Zelle. Alles war so schnell und diktatorisch vor sich gegangen, daß ich zwischen Wundern und Lachen meine Schlafstätte mit „Inschallah" begrüßte – im christlichen Europa.

Mit einer österreichischen Pilgerschar wurde ich am nächsten Tag im Bus nach St. Peter gefahren.

Papst Pius XII. wurde mit großem Pomp, begleitet von seiner Schweizer Garde und von Privilegierten des römischen Adels in alten Rittertrachten, in seinem Sessel zum Altar getragen. Die Menge brach in Begeisterung aus.

Dank der Bemühungen der Schwester Oberin kam ich mit zur Papst-Audienz, die wegen der großen Pilgerzahl im Dom stattfand. Hier sah ich Pius XII. von nahem: Ein großer, schlanker Mann mit markanten Gesichtszügen, über den ich während des Krieges vieles gehört und dann in Taiz in Daniels römischen Zeitungen gelesen hatte. Beeindruckt hat mich, wie er es beherrschte, gleichzeitig jedem, der mit ihm sprach, das Gefühl zu verleihen, ausschließlich auf ihn eingestellt zu sein.

In Rom lernte ich Luigis Familie kennen. Seine Brüder zeigten mir die engen, kleinen Gassen und Plätze, wo Touristen kaum hinkommen. Ich versuchte, das Leben Luigis mit all seinen Prägungen durch den Jemen den Geschwistern näherzubringen, und denke, daß es mir gelang. Nur der Vater brachte kein Verständnis für seinen ältesten Sohn auf.

Luigis Schwester Maria Pia begleitete mich zu Daniels Mutter und Schwester, die in einer dieser engen, ruhigen, fast dörflich anmutenden Gassen wohnten, unweit dieser großen Straßen voll brodelndem Verkehr, nahe einer Tiberbrücke. Daniel war dort aufgewachsen, wie er mir lebhaft geschildert hatte. Der intelligente Junge war „il principe", der Fürst, in seinem Viertel gewesen. Ich war froh, daß durch die Lektüre des „Corriere della Sera" in Taiz mein Italienisch einigermaßen für die Gespräche mit den Frauen ausreichte. Mit den anderen konnte ich englisch sprechen.

In Rom traf ich zwei aus der Taizer Besuchsrunde, Giulio, den Geologen, und Bruno, den Ingenieur. Sie waren für einige Monate Gäste des Imams gewesen – ohne Arbeitsvertrag!

Beide sagten mir, daß sie nach der Zeit im Jemen vieles mit anderen Augen zu sehen gelernt und Verständnisschwierigkeiten mit der Familie gehabt hätten.

Ich war gespannt, wie es wohl mir ergehen würde.

Um weiterreisen zu können, mußte ich kreuz und quer durch Rom fahren. Nicht nur für die Schweiz war ein Visum notwendig, sondern auch für die Bundesrepublik Deutschland, die 1950 noch nicht unabhängig war. So mußte ich eine Dienststelle der Alliierten aufsuchen und beweisen, daß ich zwar Deutsche sei, aber nur auf Urlaub kam. Nach einigem Zögern bekam ich eine Aufenthaltsgenehmigung für Deutschland von nur zwei Monaten, aber noch keinen deutschen Paß. Das Transitvisum für die Rückreise durch Italien zu erhalten war nicht weniger umständlich.

In Florenz genoß ich dennoch wie in Rom Kunst und Kultur und reiste dann in die Schweiz. In Luzern war es Emely Döpfner, die mich wieder als erste begrüßte und in ihrem Auto nach Kastanienbaum zum Johanneshof brachte. Ulrich hatte mir in den Jemen geschrieben, daß er eine Lebenspartnerin gefunden habe, eine Kollegin, Kriegerwitwe mit kleiner Tochter und einer sehr gutgehenden Praxis. Seine Eltern waren glücklich, als ich ihnen bestätigen konnte, daß Ulrich und ich aber weiterhin Freunde bleiben würden.

Es wurde wieder eine echte Erholungszeit, mit Schwimmen im See, Radfahrten entlang den Ufern und Wanderungen in den Bergen.

Meine Mutter war mir in die Schweiz entgegengereist. Eine leichte Spannung machte sich zwischen uns bemerkbar. Enttäuschung und Trauer darüber, daß ich nicht gleich nach Hamburg gekommen war, sondern erst in Italien und dann in der Schweiz Zwischenaufenthalte eingelegt hatte. Sie wollte auch nicht begreifen, daß ich so krank gewesen war und trotzdem an meinem Entschluß, noch weiter in Arabien zu arbeiten, festhielt. Sie hätte mich lieber in einer Praxis in Deutschland gesehen. Völlig unverständlich fand sie, daß ich mich von Ulrich distanziert hatte, um alleine und frei zu sein. Sie hatte unser Gespräch vor dem Tod meines Bruders über die Familie und Arabien doch nicht verstanden oder auch nicht verstehen wollen.

Gemeinsam fuhren wir dann nach Hause. Die Eisenbahnabteile waren gepflegt und nicht überfüllt – ganz anders als 1947!

Ich bemerkte, daß die deutschen Reisenden wieder solide angezogen waren, wenn auch weit entfernt von der modischen römischen Eleganz. In Hamburg erwarteten uns meine Schwester und ihre vier Kinder auf dem Bahnhof. Kaum waren wir ausgestiegen, bestürmten mich die Kinder mit Fragen, was mich freute. Während wir uns um das Gepäck kümmerten, eilten sie schon voraus und illuminierten unseren Garten vor dem Haus mit brennenden Kerzen am Weg entlang und mit

Lampions in den Büschen. Mitbewohner und Nachbarn kamen aus allen Richtungen zur Begrüßung.

Mein Wunsch, auf dem Dachboden zu schlafen, da ich keinen der immer noch im Haus lebenden 20 Bewohner beengen wollte – und mich selber auch nicht – war von Karin liebevoll erfüllt worden. Der alte, vergoldete Wandschirm aus Japan teilte einen gemütlichen Raum unter dem schrägen Dach vom übrigen Bodenraum ab, wo Wäsche getrocknet wurde.

Nach einer gründlichen Untersuchung im Tropenkrankenhaus mußte ich mich dort aufnehmen lassen, um noch einen Rest der Bilharziose zu bekämpfen. Bekämpfen war der richtige Ausdruck für die intravenöse Behandlung mit Tartarus stibiatus, Brechweinstein. Das bedeutete das Aus für meinen Urlaub in Hamburg. Die Spritze war eine volle Tagesarbeit, mehr Belastung durfte ich nicht auf mich nehmen.

Familie und Freunde belebten meinen Krankenhausaufenthalt durch ihre Besuche. Natürlich wurde ich nach meinem Leben im Jemen ausgefragt und gab gerne Antwort, wenn wirklich Interesse dahinterstand. Gegenüber oberflächlicher Sensationsneugier sparte ich aber meine Kräfte; mit dem Ergebnis, daß ich für einen Teil meiner Besucher und Besucherinnen zur Fremden wurde, da sie meinem neuen, anderen Denken und Handeln nicht folgen konnten oder wollten.

Als ich wieder aus dem Tropenkrankenhaus zurückkam, war ich nach diesen fürchterlichen Injektionen kaum noch in der Lage, die Treppe zu meinem Zimmer auf dem Dachboden hinaufzukommen. Zwischen meiner Mutter und mir hatte sich, nach einem langen Gespräch im Krankenhaus, die Spannung gelegt und das alte Vertrauensverhältnis glücklicherweise wiederhergestellt.

Mein Zustand besserte sich zusehends, und so konnte ich nach ein paar weiteren Wochen, kurz bevor mein Visum von den Alliierten für die Bundesrepublik ablief, zur Nachkur zu Paula und Georg in die Schweiz reisen und dort die Luzerner Musikfestwochen genießen.

Nach geruhsamer Rückreise durch Italien wollte ich nun endlich meine Arbeit im Hadramaut aufnehmen. In Neapel lag die „Diana" am Kai und wartete auf ihre Passagiere.

Das Mittelmeer war sehr bewegt. Zum erstenmal in meinem Leben wurde ich seekrank. Das lag nicht nur an Neptun, sondern auch an den Gerüchen dieses alten

Schiffes: Öl, Farbe, Teer, parfümierte Entlüftung; Küchen-, Klo-, Bohnerwachs-Mief und die verbrauchte Luft. Bei diesem Seegang blieben alle Bullaugen geschlossen, es war wirklich zuviel. Erholsam wurde die Fahrt erst im Suezkanal und im Roten Meer.

Nach 14 Reisetagen fuhr die „Diana" zwischen den schwarzbraunen Felsen von Aden und Little Aden ein und warf Anker. – Arabien hatte mich wieder!

Mukalla

Wenige Tage nach meiner Ankunft in Aden, wo ein Besuch den nächsten ablöste, ging es mit dem Flugzeug weiter in östlicher Richtung. Nach zwei Stunden Flugzeit tauchte in einer weiten Bucht eine Stadt auf. Ihre weißen Häuser standen dichtgedrängt auf einer kleinen Halbinsel und auf einem schmalen Saum zwischen blauem Meer und braungelbem Kliff: Mukalla, Hafen und Hauptstadt des Qaiti-Sultanats. 20 Kilometer östlich davon landeten wir auf einer breiten Sandfläche nahe dem Meer.

Ein Auto des Sultanats brachte mich zum Haus des britischen Beraters Colonel Boustead, der mich mit einem Willkommensbrief eingeladen hatte, sein Gast zu sein.

Den weiten Blick aus dem Gästezimmer über die Bucht voller kleiner Fischerboote und den westlich von der Stadt sich hinziehenden, von Kamelkarawanen belagerten Sandstrand zu genießen, war keine Zeit. Ich mußte dem Staatssekretär des Qaiti-Sultanats meinen Besuch abstatten.

Im Dar al Dola, dem großen, dreistöckigen Regierungsgebäude, wurde ich zu Scheich Sef, dem Staatssekretär, geführt, einem sympathischen älteren Mann im langen, weißen Gewand, mit weißem Kinnbart, der wie ein Strahlenkranz wirkte. Er sah mich aus freundlichen, wachen Augen mit listig-humorvollem Ausdruck an.

Scheich Sef war nicht vom Hadramaut, sondern kam von der paradiesischen Insel Sansibar. Seiner Abstammung nach war er Araber, wie der überwiegende Teil der Bevölkerung Sansibars. Durch Lastensegler, die seit ältesten Zeiten mit dem Monsun zwischen Ostasien und Ostafrika hin und her fuhren, bestand noch immer eine rege Verbindung zwischen der Insel und Arabien.

Von Scheich Sef erfuhr ich, daß Sultan Salah bin Ghalib al Qaiti zur Zeit in Heiderabad in Indien auf seinen Besitzungen weilte. Die Al Qaiti stammten aus dem Jemen und hatten sich mit Hilfe ihres indischen Reichtums im 19. Jahrhundert hier an der südarabischen Küste festgesetzt. Dabei war das Kathiri-Sultanat, Stamm aus Sana'a, immer mehr eingeengt und schließlich von den Al Qaiti umschlossen worden.

Da Prinz Auad seinen Vater vertrat, machte ich ihm meinen Besuch. Aussehen und Kleidung des Prinzen entsprachen mehr der Erscheinung eines indischen Maharadschas. Die Audienz dauerte nicht länger als nötig, um ohne Hast drei Tassen Tee zur zeremoniellen Begrüßung zu trinken, denn der junge Prinz war recht scheu in der Unterhaltung mit mir.

Mit den beiden indischen Arztkollegen gab es dagegen viel gemeinsamen Gesprächsstoff. Der ältere war vor 13 Jahren vom Sultan nach Mukalla geholt worden. Die Errichtung seines Hospitals, erst vor vier Jahren fertiggestellt, war sehr mühsam gewesen. In einem einzigen, unzureichenden Raum hatte er seine Arbeit aufnehmen müssen. Ich versuchte, so viel wie möglich über die Einstellung der Regierung zu seinem Hospital, dem bisher einzigen im Sultanat, zu erfahren. Ich wollte wissen, wie es um den Gesundheitsdienst im allgemeinen stand, um zu ertasten, was ich wohl weitab in Schibam an Ausrüstung und Unterstützung erwarten oder verlangen konnte. Ich spürte den guten Willen des Kollegen, begriff aber auch, daß der Etat für sein Hospital kaum ausreiche.

So oder so: Es lockte mich, aus fast nichts etwas zu machen, und ich war davon überzeugt, daß mir mein Wille, meine Zuversicht und mein in Taiz erworbener langer Atem helfen würden!

Einige Tage später lernte ich den einflußreichen Finanzsekretär kennen, einen klugen, stattlichen Inder aus Pakistan. Er musterte mich mit abschätzenden Blicken und teilte mir mit, er habe Order gegeben, mir meine Reisekosten zurückzuerstatten.

„So gerne wir Ihnen, weil es das erstemal ist, alles bezahlen würden", fuhr er fort, „so haben wir eines streichen müssen." Mit amüsiertem Lächeln, das sich auch auf den Gesichtern seiner Schreiber ausbreitete, fügte er hinzu: „Die Flasche Chiantiwein!" Unüberlegt hatte ich sie auf die Reiserechnung setzen lassen, obwohl mir doch klar gewesen sein mußte, daß ich wieder in ein mohammedanisches Land einreiste, in dem der Alkohol natürlich verboten war.

Dem Erziehungsminister Scheich Qaddal aus dem Sudan galt mein letzter Besuch, nachdem ich die Internatsschule für Beduinenmädchen kennengelernt hatte.

Während der durch den Zweiten Weltkrieg verursachten großen Hungersnot hatten die Beduinen ihre Waisen oder Halbwaisen an die Küste gebracht, wo es möglich war, sie zu ernähren.

So entstand eine Internatsschule, in die auch Kleinkinder und Babies aufgenommen wurden. Die zur Zeit ältesten Mädchen in der Schule waren inzwischen

14 oder 16 Jahre alt und sollten, wie schon andere vor ihnen, als Lehrerinnen eingesetzt werden.

Die Beduinenmädchen lebten ganz nach arabischer Sitte, lernten aber nicht nur den Koran auswendig, sondern auch Lesen, Schreiben, Rechnen, Singen, Gymnastik, diverse Handarbeiten, Haushalt sowie die Geschichte ihres Landes und etwas Weltgeschichte und Geographie. Mir gefielen die aufgeweckten und intelligenten Beduinenkinder, so daß ich gerne zwei von diesen Mädchen nach Schibam mitnehmen wollte, sobald sie ihre Klasse beendet hatten, um sie als Helferinnen für Frauen und Kinder auszubilden. Dafür brauchte ich Scheich Qaddals Zustimmung. Nach ausgiebigem Gespräch war er einverstanden und sagte zu, auch für ein angemessenes Gehalt für die beiden zu sorgen. Denn ein eigenes Budget für den Gesundheitsdienst in Schibam, der ja erst aufgebaut werden mußte, gab es noch nicht. Auch das war eines der Ziele, die ich erreichen wollte.

An diese amtlichen Besuche schlossen sich dann die privaten an. Einige der Kaufmannsfamilien in Mukalla ließen mich bitten, sie aufzusuchen. So kam ich im Herzen der Stadt in die Häuser der Basued und der Bahakim: Die Namen mit Ba wiesen darauf hin, daß ihre Träger aus der Provinz Duan im westlichen Gebiet des Hadramaut stammten. Abgesehen von ein paar medizinischen Fragen waren die Duani vor allem daran interessiert, mich kennenzulernen. Denn im Duan, der in meinen Betreuungsbereich fallen würde, lebten ihre Stammesfamilien. In Aden war ich gewarnt worden, daß die Hadramauten im allgemeinen, unter ihnen ganz besonders die Duani, schwierig seien. Ich habe aber in all den Jahren im Hadramaut nie diese Erfahrung teilen können. Die Frauen dieser Familien waren nicht scheu und hielten sich auch nicht im Hintergrund, als sie den Begrüßungstee brachten. Sie setzten sich dazu und nahmen munter an der Unterhaltung zwischen ihrem Mann und mir teil. Sie hinterließen nicht den Eindruck, in einer so begrenzten Welt zu leben wie die Taizerinnen. Ich durfte mich bei einem Mann auch nach seiner Frau erkundigen; hier wurde sie geachtet. Das wirkte sich auf mich aus, denn ich spürte, daß die Männer nicht nur meinen Beruf, sondern mich auch als Frau akzeptierten.

In Taiz war es viel schwieriger gewesen, die Achtung der Araber zu erwerben; nur unserer kleinen Freundesgruppe war es gelungen. Die meisten Europäer hatten dieses Glück nicht gehabt. Überhaupt unterschieden sich die Menschen hier in

Mukalla schon vom Typ her von den Nordjemeniten; sie waren offener und hatten einen Sinn für Humor, der den Taizern oftmals fehlte. Ich war überrascht über ihr Entgegenkommen. Die Regierung war nicht geprägt von der Willkür des Herrschers und erschien mir – vielleicht auch, weil ich mich jetzt ohne Dolmetscher verständigen konnte – viel unproblematischer. Nachdem ich die Duani-Familie in Mukalla kennengelernt hatte, konnte ich hoffen, daß die Schibamer ähnlich zugänglich sein würden. Der rege Kontakt der Hadramauter mit anderen orientalischen Ländern am Indischen Ozean hatte sie aufgeschlosssener gemacht als die Jemeniten, die meist mit den Ländern am Roten Meer in Beziehung standen. Dazu kam, daß der Jemen jahrhundertelang von den Türken beherrscht wurde. Außerdem konnte sich das fruchtbare Land, das bereits in der Antike als „Arabia felix" bezeichnet wurde, selbst ernähren, der Hadramaut aber nicht. Wenig Datteln gab es dort und viel Sand. Hadr al-Maud heißt: Der Tod lauert. Zum Erwerb des Lebensunterhalts für die Familie, zur Versorgung der Clans war das Land auf den Handel mit anderen Ländern angewiesen, so wie die Nomaden vom Verdienst ihrer Kamelkarawanen abhingen.

Niemand hatte etwas dagegen, daß die Minister des Sultans aus anderen Ländern kamen: der Staatssekretär aus Sansibar, der Finanzminister aus Pakistan, der Erziehungsminister aus dem Sudan und Ärzte aus Indien – alle waren willkommen.

Bei Colonel Boustead stieß ich auf Berichte und Bücher über die Geschichte des Hadramaut, die bis auf Noahs Zeit zurückgeführt wurde. Auch in der Bibliothek des Sultans fand ich Bücher über den Hadramaut und Schibam – 500 Jahre alte waren darunter.

Eine angenehme Unterbrechung dieser Studien und der amtlichen und privaten Besuche in der Stadt boten am Spätnachmittag weite Spaziergänge. Ich ging zum Westtor hinaus, zwischen den dort lagernden Kamelkarawanen hindurch, vorbei an den Fischern, die ihren Fang aus den Booten holten und ihre Netze ordneten, bis zum meilenlangen Strand. Scharen von Möwen waren da, kleine Sandläufer, unzählige Mengen weißer Krebse, die seitwärts laufend davonstoben, wenn sie meine Schritte spürten. In den hohen Wellen tauchten Delphine auf, regelmäßig wie eine Küstenwache. Im knietiefen Wasser badete ich vor den Brandungswellen, denn weiter draußen war man nicht sicher vor Haien.

In den Salzwassertümpeln, die die Flut zurückließ, suchten Flamingos nach Futter. Wenn die Sonne hinter den fernen Gebirgen sank und ihr rotgoldener Widerschein am Himmel sich im flachen Wasser der verlaufenden Wellen spiegelte, glitten einzelne Silberreiher niedrig darüber hin. Sie landeten in diesem Himmelsspiegel, standen einen Augenblick, bis sie mit ihren langen Schnäbeln einen Fang gemacht hatten, erhoben sich wieder mit einigen leichten Flügelschlägen und segelten davon. Schnell breitete sich dann die Nacht aus. In den brechenden und aufschlagenden Wellen begann das Meeresleuchten, und jeder Schritt, den ich im seichten Wasser machte, zog eine goldene Leuchtspur. Es war bezaubernd, unvergeßlich.

Die Zeit in Mukalla war nicht nur angenehm, sondern auch voller neuer Erfahrungen. Manchmal glaubte ich zu träumen oder bemerkte, daß ich vor mich hin sang – ein Zeichen des Wohlgefühls.

Endlich war es dann soweit, daß ich nach Schibam weiterreisen konnte. Denn inzwischen waren meine Kisten von Saleh und dem Kaufmann Khalil, der mein Mikroskop in seinem Safe verwahrt hatte, aus Aden mit einem der kleinen Küstenschiffe geschickt worden und bereits mit einem LKW auf dem Weg nach Schibam.

Schibam

Am letzten Novembertag des Jahres 1950 ging die Fahrt in einem geländegängigen Landrover in nördlicher Richtung über weites Ödland und dann auf enger, kurvenreicher Naturstraße aus Geröll, Sand und Lehm steil aufwärts zum Djoll, dem Hadramauter Hochland (bis 2180 Meter über dem Meeresspiegel). Der Fahrer erklärte mir, daß weder der Sultan noch die Regierung diese Straße (die Oststraße) vom Hadramaut zur Küste gebaut hätten, sondern die Familie Alkaff in Tarim. Seijid Abubakr bin Scheikh war der Initiator gewesen. Er hatte weder Mühe noch Geld gescheut, um mit den Beduinen, den Nomaden des Djoll, einig zu werden. Die Beduinen nämlich sahen im Bau dieser Straße eine Bedrohung für ihre Lebensgrundlage, eine Gefährdung der Kamelkarawanen. Trotz aller Anordnungen der Regierung sollten die Beduinen leider Recht behalten. Langfristig gesehen, wirkte sich die Straße zu Ungunsten der Warentransporte per Kamel aus. Auf halber Höhe hielten wir auf einem kleinen Felsabsatz. Nach wenigen Minuten umgab uns eine Schar Beduinen mit indigoblau bemalter Haut (gegen die Sonneneinstrahlung), um uns frische Kokosnüsse zu verkaufen, die sie mit einem Hieb ihres Messers öffneten. Die kühle Kokosmilch war ein wirklicher Genuß! Die Kokosschale mit dem Fruchtfleisch landete am Wegrand. Was hätten wohl meine Familie und Freunde in Hamburg dafür gegeben.

Nach der kurzen Unterbrechung folgte noch eine Reihe steiler Kurven, bis wir endlich auf dem Djoll waren, einem völlig kahlen und steinigen Hochland, schwarz verwittert und von Rinnen durchfurcht. Die Wasser der vom Monsun abhängigen heftigen Gewittergüsse, von keinen Pflanzen aufgehalten, fraßen sich immer mehr in die endlose Fläche ein und flossen, noch bevor sie versickern konnten, in die tief einschneidenden Wadis, durch die sie dann mit Urgewalt strömten.

Seit Jahrhunderten nutzten die Bauern mit Hilfe von Kanälen, Mauern, Dämmen und Schleusen dieses Wasser für ihre Felder und Feldterrassen. Auch das Trinkwasser wurde so gewonnen, was für mich als Ärztin für eine Provinz mit 50.000 Seelen und einer Stadt von etwa 5.000 Einwohnern von besonderem Interesse war.

Erst zwei Stunden nach Sonnenuntergang erreichten wir Räde al Ma'arah, ein einsames Wachhaus mit einigen Askaris zur Sicherung der Strecke. Es ging ein scharfer Wind und es war bitterkalt. Die Wachen und Fahrer legten sich zum Schlafen um das Feuer herum. So blieb mir nichts anderes übrig, als mich in dem winzigen Zimmer über der Wachstube mit meinen Decken auf eine Matte zu legen. Vor Sonnenaufgang brachen wir wieder auf. Meile um Meile ging es weiter über den öden Djoll. Um Mittag flimmerte die Luft über dem erhitzten Boden. Schließlich senkte sich der Weg in nördlicher Richtung in das Wadi Idm zwischen hohe, senkrechte Kliffe. Die Kargheit des Tales wurde ganz unvermittelt durch eine dichte Dattelpalmenanpflanzung unterbrochen, in der Sah, der erste Ort, lag. Danach kamen wieder nur Sand und Steine und wenig krüppeliges Gesträuch, bis das Wadi Idm in ein bedeutend größeres, über einen Kilometer breites Tal mündete.

Das war nun endlich das Wadi Hadramaut, mit dessen Namen auch das ganze Gebiet zwischen dem Meer und der innerarabischen Sandwüste bezeichnet wird. Dieses Wadi beginnt irgendwo westlich in der Wüste, ist viele Kilometer breit und durchschneidet den Djoll in seinem Verlauf von West nach Ost zwischen ca. 200 bis 400 Meter steilen Kliffen. Je höher diese aufstiegen, um so enger wurde das Tal.

Nach Osten verloren sich ein paar Autospuren. Dort ging es nach Tarim, wo später Luigi – was ich damals allerdings noch nicht wissen konnte – den ärztlichen Dienst übernahm.

Wir bogen nach Westen ein, fuhren der Spätnachmittagssonne entgegen und kamen durch Seiyun, den Regierungssitz des Kathiri-Sultanats. Bis auf einen dicht zugebauten innerstädtischen Kern war Seiyun eine wunderschöne Gartenstadt mit Palmen um die hohen weißen Häuser hinter hohen weißen Mauern. Alles überragend der Palast des Sultans.

Es dämmerte schon, als wir nach weiterer Fahrt an ein breites, helles Sandbett mit Dattelpalmenanpflanzungen kamen, aus dem sich wie eine Insel der dunkle Umriß dichtgedrängter Häuser mit einigen erleuchteten Fenstern erhob: Schibam.

Jenseits des Sandbettes fuhren wir die steile Auffahrt zum offenstehenden Tor hinauf und hielten vor der Residenz des Naib, des Statthalters von Schibam und der Provinz. Ein schlanker, großer Mann kam mit einer Laterne die Eingangstreppe herunter. Es war Seiyid Mustafa al Sumed, der Stadtsekretär, der mich empfing. In einem der Amtsräume reichte er mir den Begrüßungstee. Dann führte er mich bis zur privaten Wohnung der jungen Frau des Naibs, die schon alles vorbereitet hatte: ein heißes Bad (das heißt, heißes Wasser über sich gießen), ein schmackhaftes Essen aus Ziegenfleisch, scharfen Saucen sowie Reis und ein bequemes Nachtlager in einem angenehm luftigen Raum.

An Schlafen war aber nicht zu denken, denn nach dem Essen erschienen einige Schibamer Frauen in leuchtendblauen Überwürfen, die sie schnell mitsamt dem schwarzen Gesichtsschleier abwarfen und mich in festlicher Kleidung fröhlich lachend begrüßten. Es entspann sich eine kurze, muntere Unterhaltung, nach der sie ebenso schnell und leise wieder entschwanden.

Beschwingt und leicht hatte ich das absolute Gefühl, dort zu sein, wo ich immer hin wollte!

Am Morgen war ich gespannt auf meine Arbeitsstätte. In Mukalla hatte mir der indische Seniorkollege erklärt, daß Schibam ein Außenposten mit einem Helfer sei. Er nannte es auf Englisch „dispensary", eine Ambulanz. Die Qaiti-Minister sprachen von „musteschfa", was im Arabischen Hospital bedeutet.

Nach dem Frühstück erschien ein alter Mann bei mir und stellte sich als Salim Abed vor, Diener und Pfleger des Hospitals. Dorthin wollte er mich jetzt gleich bringen.

Neben der Residenz des Naibs – dem Hussen al Naib – lag der Alte Hussen des Sultans, der alle Häuser der Stadt überragte. Salim Abed führte mich an den Amtsräumen des Kadi (Richter) vorbei in das zweite Stockwerk und durch eine reichgeschnitzte Tür auf einen langen, hohen Flur, an dessen beiden Enden sich je ein großes Fenster mit schön geschnitztem Gitterwerk befand.

Ein paar Patienten warteten bereits. Salim ließ mich in den Arbeitsraum eintreten. Was ich hier vorfand, war keinesfalls als Hospital zu bezeichnen und auch kaum als Ambulanz. Das zwar große und helle weiße Zimmer war durch hölzerne Wandschirme und Schränke aufgeteilt in Behandlungsraum, Apotheke und Warteraum. Die Einrichtung bestand aus einem einfachen Tisch für die Untersuchung und einer Bank für Patienten, einem Stuhl und einem Tisch zum Schreiben, auf dem auch Verbandszeug und Spritzen ihren Platz finden mußten – und jetzt noch mein Mikroskop. Die Apotheke bestand aus einem hochbeinigen Tisch mit zwei Borden darüber, in denen ich nur wenige Medikamente fand, entweder in Pulverform oder als Lösung in verkorkten Flaschen. Reichlich vorhanden war lediglich Abführsalz in einer Tonne unter dem Tisch. In den zwei Schränken befanden sich einige Salbentöpfe und mehrere Schüsseln. Hatte ich mehr erwartet? Nein.

Vor acht Jahren hatte ein indischer Kollege in Mukalla hier den Anfang zu einer kleinen Hilfsstation gelegt, die seitdem von einem Helfer mit Unterstützung des alten Salim Abed recht und schlecht geführt wurde. Der Mangel im Gesundheitsbudget war deutlich. Salim Abed war Analphabet, wie die allermeisten seiner Landsleute, erkannte aber die vorhandenen Medikamente am Geruch und Geschmack und maß die Pulver pro Dosis mit der Messerspitze ebenso genau ab wie der Helfer mit der Waage. Seine Spezialität war, Wunden zu verbinden.

Hinter dem Wandschirm der Apotheke kam Abdullah Johar, der Helfer, hervor und hieß mich willkommen. Er sollte mir eine gute Hilfe werden. Seine anfänglich recht lückenhaften Kenntnisse verbesserte er schnell, denn er lernte leicht und gerne und war dazu auch sehr geschickt, so daß er bald schon die einfachen Injektionen machen und die Präparate zum Mikroskopieren vorbereiten konnte.

Abdullah war einer der vielen Hadramauter aus Java. Sein Vater hatte ihn in die Heimat gesandt, als er zehn oder zwölf Jahre alt war, um sie kennenzulernen. Ein Onkel und ein väterlicher Freund sorgten für seine Erziehung. Sie schickten ihn in die Schule der Regierung und ließen ihn dann im Hospital lernen. Nach dem Ausbruch des Zweiten Weltkrieges mußte er für sich selbst sorgen, da vom Vater kein Geld mehr aus Java geschickt werden durfte. Es erging vielen so, daß sie plötzlich von ihrer Geldquelle abgeschnitten waren. Als dann noch Dürrejahre und Mißernten folgten, erlebte der Hadramaut schwere Hungersnöte, durch die unzählige Menschen starben. Die Beduinen erlitten am meisten.

An diesem Morgen kamen nur wenige Patienten. Es mußte sich erst herumsprechen, daß eine Ärztin da war. So hatte ich Zeit, mir Schibam bei Tage anzuschauen. Zuerst stieg ich auf das oberste Dach des achtstöckigen Hussens und schaute auf das Wadi, hier mehrere Kilometer breit.

Überall Sand, Sand und wenig Grün. Auf der Nord- und Südseite ragten etwa 200 Meter hohe senkrechte Felsenkliffe auf steilen Schotterhängen auf. Die enggedrängte Stadt Schibam – sie umfaßte etwa 500 Häuser und 4.000 Einwohner – lag inmitten des Wadi auf einer Insel, die aber nur von Wasser umströmt wurde, wenn Regenfluten kamen, was alle drei bis vier Jahre geschah. Die Häuser, aus sonnengetrockneten Lehmziegeln gebaut, waren fünf bis sechs Stockwerke hoch.

Die flachen Dächer von hohen Mauern umgeben, damit der Nachbar nicht hineinschauen konnte. Auf Höhe der oberen Stockwerke waren die Außenmauern wie auch die Dächer mit weißem Kalk beworfen, so daß die Stadt von oben gesehen wie eine Verschachtelung weißer Dächer aussah. Die schmalen Gassen dazwischen bildeten schattige Schluchten. Nur wo die kleine Moschee neben dem Hussen stand, waren die Häuser zurückgedrängt. Ihr Minarett war niedriger als der Hussen.

Ich ging mit Salim Abed eine Weile durch die engen Gassen. Mit Argwohn blickte ich zu der Vielzahl von kleinen Wasserspeiern an den Häusern hinauf. Salim Abed erklärte mir aber, daß aus diesen Röhren unter den Fenstern höchstens Teewasser auf mich herabträufeln könnte. Den Ausguß aus Küche und Bad fand ich zum Innenhof gerichtet. Da mir nicht nur die Behandlung der Patienten, sondern ebensosehr die Vorbeugung gegen Krankheiten ein selbstverständliches Anliegen war, gehörten auch Hygiene und Sauberkeit der Stadt zu meinen neuen Aufgaben. So sah ich mir die schmalen, offenen Rinnen in den Straßen genau an, die der Ableitung von Brauchwasser aus der Stadt dienten und in die Palmengärten zur Bewässerung liefen oder in den Sand. Damals waren noch keinerlei Chemikalien im Wasser, wie zum Beispiel Spülmittel. Salim zeigte mir dann hinter den Häusern die luftigen Schächte, unter denen sich der Kot von den Hocklatrinen, die es nur in den oberen Etagen gab, sammelte, getrennt von allem Flüssigen, das von der Toilette in Extra-Rinnen abfloß. So konnte der Kot in der trockenen, warmen Luft schnell hart werden. Als Fladen im Korb auf die Felder getragen, diente er als Dünger. Zur Reinigung benutzte man kein Papier, sondern kleine Steine und Wasser. Alle diese Einrichtungen waren seit Jahrhunderten dem sonnigen, heißen und trockenen Klima angepaßt.

Wir kamen zur großen Moschee, der Jama, weiß wie alle Moscheen im Hadramaut. Ihr Minarett mit Säulchen und Verzierungen sah aus wie vom Zuckerbäcker angefertigt und war keinesfalls so alt wie die Moschee selber. Wie Salim Abed mir gleich erzählte, war diese von Harun al-Raschid nach seinen eigenen Plänen erbaut worden. Diesem Kalifen, der 788 bis 809 in Bagdad herrschte, setzte die Märchensammlung „Alf Laila wa-Laila" (Tausendundeine Nacht) in über 60 Erzählungen ein unvergeßliches Denkmal: als Inbild des guten und gerechten Herrschers, der aber auch jähzornig und grausam sein konnte, sobald er seine Macht gefährdet sah.

Jede Moschee hatte ihren eigenen Brunnen für die vorgeschriebenen Waschungen. Aber zum Trinken war das Schibamer Wasser zu bitter. Trinkwasser mußte deshalb von Brunnen am Fuße der Kliffe geholt werden.

Gegenüber der Jama, im Schatten der Häuser, hockten Gemüseverkäufer am Boden und verkauften Zwiebeln, Tomaten, Karotten, Gurken, rote und grüne Pfefferschoten – alles nur in sehr kleinen Mengen als Zutaten zur Soße für den Reis aus Java. Es gab nicht genug Wasser zum Bewässern, und so waren die Felder entsprechend klein und die Ernten nicht üppig. Die Metzger verkauften auf niedrigen Steinbänken Ziegenfleisch. Jeder Käufer bekam von jedem Teil nur etwas, Fleisch wie Innereien, keiner konnte sich ein großes Bratenstück aussuchen. Brauchte ein Haushalt für eine Asuma, ein Festessen, mehr, dann wurde die eigene oder vom Bauern gekaufte Ziege geschlachtet. Den Genuß von Schweinefleisch verbietet der Koran. Schon in alten Zeiten wußte man, daß durch den Verzehr dieses Fleisches schwere Erkrankungen auftreten konnten, nicht aber von Ziegen, Schafen, Rindern, Geflügel. Heute weiß man, daß Schweinefleisch durch Trichinen eine Wurmerkrankung verursachen kann. Mohammed war bemüht, mit der Religion seinen Anhängern auch gesunde Lebensweise beizubringen, zu der ebenfalls die mehrmals täglich vorgeschriebenen Waschungen vor dem Gebet gehörten. Der Prophet schreibt aus hygienischen Gründen auch die Beschneidung der Knaben vor, was in so heißen Ländern mit viel Sand und Sandstürmen sehr sinnvoll ist, um Entzündungen und Vereiterungen vorzubeugen.

Bei den Frauen soll das Beschneiden der kleinen Labien dem gleichen Zweck dienen. Das Beschneiden der Klitoris war im Hadramaut, soweit ich dies beobachtete, nicht üblich. Über die Beschneidung der Mädchen als Babies wurde nicht gesprochen, die der Knaben dagegen war ein Festtag, der sie spätestens mit zehn Jahren in die Gemeinschaft der Männer aufnahm. Wenn ein Vater für seinen Sohn darum bat, diese im Hospital vorzunehmen, willigte ich ein, ließ sie aber von Abdullah Johar mit Assistenz von Salim Abed vornehmen. So konnte sich keiner der frommen Schriftgelehrten empören, daß eine Frau den Eingriff vorgenommen hatte. In den ersten Tagen führte ich aber mit Salim Abed noch nicht solche Gespräche. Er mußte erst lernen, daß eine Frau auch ein Arzt für Männer sein kann, völlig neutral und sachlich.

Er brachte mich durch Gassen, die sich zum Verwechseln ähnlich sahen, wieder zum Naib zurück. Bei dem wohnte ich noch einige Tage, bis ich ein eigenes

Haus außerhalb der Stadt in Sehel bekam. Es lag jenseits des breiten Sandbettes, zwischen Palmengärten unter dem Kliff.

Am Abend dieses Tages gab Hussein Lajim, ein Hadrami aus Singapur, eine Asuma für mich. Bei meiner Ankunft hatten mich Schibamer Frauen begrüßt. Jetzt waren es Schibamer Männer, die sich bei Hussein einfanden. Sie hatten alle einige Jahre in anderen Ländern gelebt, was sofort bei der Unterhaltung zu spüren war und mir Freude bereitete, konnte ich doch auf Verständnis für meine Arbeit hoffen.

Wenn der „Hospital" genannte Raum im Alten Hussen auch kein Hospital war, so stand mir doch immerhin ein größerer Raum zur Verfügung, in dem sich mit gutem Willen und Improvisation arbeiten ließ.

Ich mußte lernen, gleichzeitig Augen und Ohren überall zu haben und mehrere Dinge auf einmal zu tun. Abdullah und Salim mußten den Patienten meine Anweisungen ein dutzendmal wiederholen, bis der Patient nochmals bei mir erschien, die erhaltenen Auskünfte selber wiederholte, um sie von mir endgültig bestätigen zu lassen. Da es die Männer im allgemeinen nicht störte, zu mehreren auf einmal behandelt zu werden, ließ ich bis zu fünf zusammen herein. Schweigend und fast ein wenig schüchtern setzten sie sich auf die Bank oder hockten sich neben meinen Stuhl, wenn ich gerade beim Mikroskopieren war. Damit aber auch die Frauen an die Reihe kamen, wurde zwischendurch die Tür zum Flur, wo die Männer warteten, abgeriegelt. Dann erst konnten die Frauen und Kinder hinter den Schränken, die als Wandschirm dienten, hervorkommen.

Die Frauen waren nicht gewöhnt, von einer Fremden nach Namen, Familie und Wohnort gefragt zu werden. Sie schauten verwirrt und fragten Abdullah und Salim hinter dem Schleier: „Was sagt sie? Spricht sie arabisch?"

„Rede nur mit ihr", sagten Salim Abed und Abdullah, „sie versteht alles, was du sagst", und – noch etwas zögernd – schlug dann die jeweilige Frau ihren Schleier zurück und lächelte mich an.

„Sag mir, was dir fehlt Birka", munterte ich sie auf. Plötzlich nahm das Gesicht einen leidenden Ausdruck an, mit klagender, fast weinerlicher Stimme begann sie ihre Krankheit eindringlich zu schildern, und ehe ich mich versah, kniff sie kräftig in mein Knie. Das war die übliche Art, einem anderen zu erklären, wo und wie stark die Schmerzen seien. „Oh, Birka! Mein Knie ist gesund, zeige mir, wo es an deinem Knie schmerzt." Sie sah mich erstaunt an. Abdullah und Salim, unsichtbar hinter dem Apothekenbord, mußten erklären, bis die Frau begriff, daß ich auch ohne Handgreiflichkeiten alles verstand. „Birka! Morgen kommst du wieder und bringst eine große Flasche mit. Abdullah füllt dir dann Medizin ein." Am anderen Tag, als Birka auf ihre Medizin wartete, klärte sie die anderen Frauen darüber auf, daß man mit der Tabiba (Ärztin) gut reden könne, man dürfe sie nur nicht anfassen.

Die Frauen und Töchter aus den angesehenen und wohlhabenden Häusern kamen nicht in den Alten Hussen, weil er zwischen Regierungsgebäuden, Polizeiwache, Zollamt, Post und Telegrafenamt an dem großen Platz am einzigen Stadttor lag, wo den ganzen Tag ein Kommen und Gehen war.

Das gehörte sich nicht. Nur bei Dunkelheit gingen Frauen über den Platz, wobei ihnen ein Junge mit einer Laterne voranging.

Meine Hausbesuche kosteten mich viel Geduld. Die Frauen hatten viel Zeit, ich nicht. Ich konnte die Teezeremonie aber nicht ablehnen, besonders wenn ich zum ersten Mal in einem Haus einen Krankenbesuch machte. Auch wenn ich schon am selben Tag sechs Zeremonien in anderen Familien hinter mir hatte, durfte ich diesen Freundschafts- und Höflichkeitsbeweis nicht zurückweisen. Mit der Zeit lernten die Leute und wußten, daß ich nicht so viel Tee vertragen konnte.

Ich war erst einige Tage in Schibam, als Hussein Lajim und Naib Kherusi die Idee hatten, mich als einzige Frau zu einem Fußballspiel mitzunehmen.

Das war ein Staatsereignis, bei dem sich alle, die Rang und Würde hatten, trafen. Die beste Gelegenheit, zu sehen und gesehen zu werden. Ich lernte den noch jungen Kathiri-Sultan, der in Seiyun residierte, kennen und Seiyid Abubakr bin Scheikh Alkaff, dessen Sippe Tarim beherrschte. Außerdem begegnete ich dem Qaiti-Erziehungsminister Scheich Qadal wieder und wurde endlos vielen Seiyids und Scheichs vorgestellt. Welche Mannschaft siegte, weiß ich nicht mehr, aber daß diese Orientalen barfüßig mühelos und elegant spielten, das hatte mich beeindruckt.

Auf Wunsch des Kathiri-Sultanats wurde ich verpflichtet, in Seiyun und Tarim jede Woche einen Tag Sprechstunde für Frauen und Kinder abzuhalten. In beiden Städten befand sich eine Ambulanz; jede war in einem sauberen, weißen Gebäude mit ein oder zwei hellen, luftigen Räumen untergebracht. Allerdings mangelte es an Ausrüstung und Medikamenten. Es war immer schwierig gewesen, Ärzte zu bekommen und zu halten, weil keiner für die geringe Bezahlung so weit abseits leben wollte. In Seiyun arbeitete ein pakistanischer Arzt. Die Tarimer Ambulanz aber war verwaist. Ein Auto der Kathiri-Regierung holte mich am frühen Morgen. Für die Frauensprechstunde stellte der Sultan seinen Bungalow zur Verfügung. Die mit poliertem Kalk bedeckten Wände und Fußböden blitzten vor Sauberkeit – ich hätte mich geniert, mit Schuhen hineinzugehen. Der Diener Rachmah aus dem Haushalt des Sultans führte mich in das einzige Zimmer des kleinen Hauses, in dem ein eiserner Gartentisch und ein Stuhl aufgestellt waren. Fremde Raritäten hierzulande, wo man auf Matten oder Teppichen auf dem Boden saß.

Auf dem engen Flur und dem ummauerten Balkon warteten schon beim ersten Mal 34 schwarz verhüllte Frauen. Alle wollten auf einmal herein. Rachmah mußte mir helfen, die Frauen außerhalb des Zimmers warten und immer nur eine hereinzulassen. Die kauerten sich dann hinter den kleinen Tisch, um von den anderen Frauen, die sich auf dem Balkon drängten, nicht gesehen zu werden.

Da die Seiyuner Ambulanz auch nur über wenige Medikamente verfügte, war es schwierig, den Frauen etwas zu verschreiben, wovon sie auch Nutzen haben würden. Glücklicherweise kamen beim ersten Mal manche nur aus Neugierde. Nach Ende der Sprechstunde brachte mich Rachmah zum Haus von Seyid Abubakr bin Scheikh Alkaff, einem würdigen alten Herrn. Er war die meistgeachtete Persönlichkeit im Hadramaut; nicht nur, weil er wohltätig war. Seinen ganzen Einfluß hatte er eingesetzt, um im Hadramaut die Stammes- und Familienfehden zu beenden; lange vor meiner Zeit hatte der erste britische Ratgeber, Harold Ingrams, wie auch dessen Frau Doreen (als neutrale Dritte) wesentlich mit ihm zusammengewirkt.

Hussein Lajim hatte mir schon in Schibam, als er mir sein altes deutsches Gewehr zeigte, erzählt, daß er bis vor wenigen Jahren die Stadt nicht ohne diese Waffe verlassen konnte. Denn oft hatten Beduinen versucht, in Schibam einzudringen. Entzweite Familien zerstörten sich gegenseitig ihre Dattelpalmen und Felder. Nun war endlich Friede, und das Stadttor blieb auch nachts geöffnet.

„Salam aleikum", begrüßte mich Seyid Abubakr und fuhr fort:

„Wir freuen uns, daß du für unsere Frauen nach Seiyun und Tarim kommst. Für dich ist in diesem Haus immer ein Zimmer bereit, denn mein Haus sei dein Haus."

Das war aber noch nicht alles, was Seiyid Abubakr für mich tat. Er gab mir auch sein Pferd Zingabil, das der Futterknappheit wegen eine Kostbarkeit im Hadramaut war. Den zehnjährigen Sohn seines Dieners Aischur, der bisher das Pferd gepflegt hatte, beauftragte er, es nun bei mir in Schibam zu versorgen.

Auf den Praxistag in Seiyun folgte der Praxistag in Tarim. Diese Stadt war eine religiöse Hochburg mit 350 Moscheen und einer bedeutenden islamischen Bibliothek. Unter den etwa 10.000 Einwohnern überwogen die Seiyids, die Nachkommen des Propheten Mohammed, religiöse Adelige. Vor mehr als 600 Jahren waren die ersten Seiyids vom Irak in den Hadramaut eingewandert und hatten besonders im Kathiri-Sultanat großen Einfluß gewonnen.

Der Koran schreibt seinen Gläubigen vor, einen gewissen Teil ihres Vermögens für die Armen und Bedürftigen zu verwenden sowie für gemeinnützige Zwecke. So hatten die Alkaffs das kleine Tarim-Hospital erbaut, das sie aus ihren eigenen Mitteln erhielten. Sie kauften Medikamente, die frei an jeden Patienten abgegeben wurden, und bezahlten vor allem einen Arzt (Luigi war später für sie tätig). Ich wurde unterwegs oft aufgehalten und um einen Krankenbesuch gebeten, sobald die Leute erfuhren, daß die Tabiba durch ihre Gegend kam. Meist waren die Patienten schwer betroffen. Eine Frau war nach der Geburt nicht in der Lage, zu gehen oder zu stehen. Ich hatte Medikamente bei mir und hoffte, ihr damit etwas zu helfen. Nach Wochen fuhr ich wieder hin und war überrascht, daß sich die Frau wieder ganz normal bewegen konnte; eine so weitgehende Besserung hatte ich nicht erwartet. Eine andere Frau auf dem Wege war Aischa, die aber nicht so gut davonkam. Totenblaß und erschöpft, von Mutter und Schwester aufrecht gehalten, saß die junge Frau in der niedrigen Hütte. Als ich meine Hand ausstreckte, um ihren Puls zu fühlen, umklammerte Aischa meinen Arm: ein wortloses Flehen um Hilfe. Keinerlei Kraftreserven schienen mehr vorhanden. Ich mußte die Geburt mit Hilfe von Wehenmitteln aktivieren und beenden. Das Kind war tot. „Alhamdulillah", Gott sei gepriesen, murmelten die junge Frau und ihre Familie, und sie fügten hinzu: „Das erste Kind stirbt meistens."

Nicht genug der Leiden, zeigte sich doch im Verlauf von Wochen, daß durch die Sitzhaltung der lang anhaltende Druck des Kinderkopfes gegen das Schambein den Blasenausgang der Mutter unheilbar geschädigt hatte. Um Aischas Maß an Elend vollzumachen, trennte sich ihr Mann von ihr und gab sie ihren Eltern zurück.

Im Laufe der Jahre sah ich noch mehr Frauen, denen es wie ihr ergangen war. Im Unterschied zu den Taizer Frauen im Königreich Jemen, die in der Hocke gebaren, saßen die Hadramauterinnen von der ersten Wehe an auf dem Boden, aufrecht an die Wand gelehnt, und wurden bei allmählicher Erschöpfung von den helfenden Frauen aufrecht gehalten. Das ging oft über viele Tage so. Die Knie wurden ihnen gebeugt gehalten, Wasserlassen und Stuhlgang wurden ohne Aufstehen auf einer flachen Schüssel verrichtet.

Die Gebärenden waren völlig passiv, bewegten die Arme nicht selbst, ergaben sich ganz dem Erleiden der Geburtsschmerzen. So waren die Frauen, besonders die 14- bis 15jährigen Erstgebärenden, schnell erschöpft und die Wehen dann unzureichend. Diese passive Haltung wurde als normal empfunden. Welches Entsetzen kam da auf, als ich eine Patientin aufforderte, sich selbsttätig zu erheben und zur Förderung der Geburt ein wenig herumzugehen. Zwar half es dieser Frau sofort, fand aber keine Nachahmung bei anderen Frauen. Die einheimischen Hebammen machten keine Eingriffe, sie rührten das Kind erst an, wenn es vollständig geboren war und seinen ersten Schrei getan hatte. Bisher nicht an ärztliche Hilfe gewöhnt, stellten sich die Frauen auch nicht um. Nur in verzweifelten Fällen, dem Tod nahe, entschlossen sie sich, mich rufen zu lassen. Warum sollte die Fremde es besser wissen als die Hebammen und Großmütter, die es schon von ihren Großmüttern so übernommen hatten? Warum das Herkömmliche abändern? Hatte doch die Fremde nicht einmal selbst ein Kind geboren! Gegen solche Argumente konnte ich wenig ausrichten, ich mußte sie hinnehmen wie vieles in diesem Land.

Noch einen anderen Widerstand gab es: die weithin beeinflussende Auffassung der besonders frommen und fanatischen Seiyids.

„Seit wann ist es Brauch, daß unsere Frauen sich bei der Geburt helfen lassen?" Oder: „Es ist Allahs Wille, daß die Frauen mit Schmerzen alleine gebären sollen."

Meine regelmäßigen Sprechstunden in Seiyun und Tarim hörten nach einiger Zeit auf. Die Kathiri-Regierung konnte mir ihr einziges Auto auf Dauer nicht jede Woche zwei oder mehr Tage zur Verfügung stellen. Außerdem weigerte sich der Fahrer, mich in diesen beiden Städten bis spät in die Nacht von einem Hausbesuch zum anderen zu fahren, oft dazu noch ohne Mahlzeit. Ich konnte ihm das nicht verübeln. Es war ja auch für mich eine Überbelastung. Zudem störten diese Fahrten den gleichmäßigen Aufbau in Schibam und ließen mir keine Zeit für meine eigene Provinz. So war ich herzlich froh, als diese wöchentlichen Fahrten zum Nachbarstaat aufhörten.

Es war kurz vor Weihnachten, als ich aus der Stadt hinaus in mein Haus in Sehel einziehen konnte. Meine roten Läufer und buntbemalten Bücherkisten aus der Zeit in Taiz, eine dicke Baumwollmatratze in kornblumenblauem Bezug, in Schibam angefertigt, und drei bequeme Sessel von einem indischen Schreiner in Mukalla: Das war meine Einrichtung in einem meiner zwei Zimmer im zweiten Stock des Hauses. Jedes hatte einen großen Balkon davor, dessen hohe Mauern ebenso wie die Zimmerfenster mit geschnitztem Gitterwerk versehen waren. Ein Stockwerk tiefer lag die Küche mit einer Holzkohlenfeuerstelle und ein Zimmer für meinen Diener Abadi, einen 16jährigen Jungen von der Küste, und Aschur, den Pferdejungen. Jedes Stockwerk hatte ein eigenes Bad mit einer Hocklatrine und einem großen irdenen Wasserbehälter, aus dem man mit einem Becher das Wasser entnahm, um sich damit zu übergießen. Der Fußboden war mit einer wasserdichten geglätteten Schicht aus gebranntem Kalk und Eselmist bedeckt. Das Abwasser floß durch ein Loch in der Wand in eine Rinne ab. In dem trockenen, warmen Klima verdunstete es sofort. Im Erdgeschoß schließlich stand das Pferd von Seiyid Abubakr im Stall, in dem die Familie meines Vermieters vordem ihre Ziegen gehalten hatte.

Am Nachmittag des 24. Dezember hörte ich lautes Klopfen am Haustor. Hussein Lajim wünschte mich zu besuchen. Nun war es an mir, ihm in meinem Hause den Freundschaftstee zu reichen. Hussein war lebhaft wie immer. Er sagte eine Menge verständiger und netter Dinge und sah sich dabei in meinen Räumen um. „Du brauchst noch einiges. Ich habe einen Tisch und zwei Stühle. Schicke morgen deinen Diener zu mir, um sie abzuholen. Was wünschst du sonst noch? Sag es ohne Scheu, denn wir möchten, daß du hier bei uns glücklich bist."

Bevor er ging, sagte er noch: „Du hast doch mehrere Wochen Hausbesuche gemacht und bisher niemandem eine Rechnung gestellt. Das geht nicht, du mußt für deine Arbeit bezahlt werden, denn dein Gehalt von der Sultanats-Regierung ist dafür zuwenig. Wieviel denkst du zu berechnen? Ich rate dir, nimm für einen Besuch fünf Rupien (etwa vier Mark). Das kann jeder zahlen. Den Wohlhabenden rechnest du außerdem Medikamente, Injektionen, alles, was du für sie tust, reichlich an; dafür den Armen nichts und den Minderbemittelten nur den Besuch.

Das entspricht dem, was uns der Koran lehrt: Der Reiche soll für den Armen sorgen."

Kaum war Hussein fort, als es wieder am Haustor klopfte. Der Diener meines Patienten Said brachte mir mit Grüßen von seinem Herrn Kuchen, Obstkonserven und eine riesige Schachtel mit Süßigkeiten. Außerdem setzte er in der Küche einen Korb mit frischem Gemüse ab, das von Saids Brunnenoase, eine Stunde von Schibam entfernt, gebracht worden war. Da es nur in den kühlen Monaten möglich ist, ein wenig Gemüse zu ziehen, war dieses Geschenk eine Kostbarkeit. „Wir feiern unsere Feste, und du sollst auch deine feiern", meinten die Schibamer und bemühten sich, mir das Weihnachtsfest recht angenehm zu gestalten.

Das letzte Tageslicht und das Licht des Vollmondes kämpften um den Vorrang, als ich Zingabil sattelte und über den weichen, hellen Sand zwischen niedrigen Dattelpalmen hindurchritt. Als der Mondschein alleine herrschte, wirkte der Sand fast wie Schnee. Ich trabte zwischen den Palmen hinaus in die Mitte des Wadis. Vor den südöstlichen Talwänden lag ein zarter, vom Mond durchleuchteter Bodennebel. Schibam stand dunkel davor wie eine Festung.

Wieder vor der Stadt, galoppierte Zingabil ganz von alleine seinem Stall und Futter in Sehel zu.

Durch das hölzerne Gitterwerk des Flurfensters meines Hauses fiel das sanfte Licht einer Laterne auf den Eingang. Es war schön, in mein weißes Haus zurückzukommen. Aus der Küche kam der Duft von frischen arabischen Brotfladen. Abadu hockte am Boden und knetete und rollte den Teig für weitere Brote auf einem Brett. Ich nahm eine der Laternen und stieg hinauf in meine Wohnräume. Zum ersten Mal konnte ich mein eigenes Reich so recht genießen, und niemand störte mich. Meine Gedanken schweiften nach Europa zu meiner Familie und den Freunden – doch ohne Heimweh, ohne Sehnsucht. Fast kritisch verglich ich meinen und ihren Weihnachtsabend – es waren zwei Welten, die nur durch Gedanken miteinander verbunden waren.

Eine Woche später saß ich in der Silvesternacht auf meinem Balkon vor einem kleinen Feuer, das in einer irdenen Schale brannte. Ich hatte im ersten Monat mehr als 600 Männer, Frauen und Kinder behandelt, in Schibam, Seiyun, Tarim und unterwegs. Malaria, Amöbeninfektionen, Wurmerkrankungen, Bilharziose, Trachome vom ersten Anzeichen bis zur völligen Erblindung, rheumatische Beschwerden, Erkältungskrankheiten, leichte und schwere Mangelerscheinungen infolge nicht ausreichender oder falscher Ernährung vieler Patienten, Geburten mit zum Teil lebenslänglichen Folgen. Auch zu hoffnungslos Kranken, die seit Jahren dahinsiechten, war ich geführt worden.

Ich hatte tiefgreifende Einblicke gewonnen, konnte aber nach so kurzer Zeit noch nicht abschätzen, was die zahlreichsten und schwersten Übel und ihre Ursachen im Wadi Hadramaut waren.

Das größte Problem war die Beschaffung von Medikamenten. Ich hatte mir aus Aden auf eigene Kosten einige wichtige mitgebracht, die für einige Behandlungen sofort griffbereit sein müssen. Obwohl ich äußerst sparsam damit umging, sah ich mich doch bald genötigt, noch mehr Medikamente auf meine Rechnung aus Aden kommen zu lassen. Aus Mukalla kam nur ungenügender Nachschub, und nur selten erhielt ich Medikamente, die ich am dringendsten brauchte. Eines Vormittags hielt ein LKW vor dem Hussen. Der Fahrer kam heraufgeeilt: „Ich habe ein kleines Beduinenmädchen im Auto liegen. Sie fiel vor fünf Tagen vom Kamel und brach sich dabei ein Bein. Gestern kam ich zufällig vorbei und nahm sie mit. Kannst du etwas für sie tun?"

Am Ende unseres Flurs war ein leerer Raum, den ich für die Operation benutzen konnte. Der Fahrer trug die kleine Bachete dorthin und legte sie auf den gewöhnlichen Holztisch, der die ganze Einrichtung darstellte.

Ich öffnete den Notverband, den der Fahrer angelegt hatte: komplette und komplizierte Schienbeinfraktur. Das obere Ende ragte aus der Wunde heraus, die nur so von Maden wimmelte. Diese Maden aber hatten die Wunde von Eiter freigehalten. In Sekundenschnelle verschwanden alle in der Wunde. Ich konnte nur hoffen, daß die antibiotische Wirkung der Maden anhielt. Mit Abdullah und Salim Abed bereitete ich dann das Notwendigste vor. Es war unmöglich, irgend etwas auf längere Zeit von dem feinen Sandstaub, der überall eindrang, frei und steril zu halten, um immer für Notfälle gerüstet zu sein. Es fehlten uns jegliche Behälter für Watte, Gaze und Tücher. Auch besaßen wir keinen Dampf- oder Heißluftapparat zum Sterilisieren. Es gab keine Elektrizität. Die Fenster hatten wegen des warmen Klimas kein Glas. Wenigstens war es tagsüber durch die vielen Fenster und den Kalkanstrich des Raumes hell genug.

In einer der Fensternischen kniend, holte ich die notwendigsten Instrumente aus meiner Tasche hervor samt dazugehöriger Wanne. Salim Abed hatte inzwischen

Wasser und den Petroleumkocher aus dem Behandlungsraum geholt. Abdullah brachte unsere wenigen Schüsseln, seifte sie ab und brannte sie mit Spiritus aus, damit sie steril waren für Gazetupfer und Kompressen, die wir erst zuschneiden und kochen mußten. Glücklicherweise hatte ich in einem unserer Apothekenschränke Zahnarzt-Gipspulver entdeckt. Der indische Seniorarzt hatte hier reichlich davon deponiert, da er die Absicht gehabt hatte, den Schibamern Fertiggebisse zu liefern. Einen der Patienten schickte ich mit etwas Geld auf den Markt, billigen dünnen weißen Stoff zu kaufen. Er half dann auch noch, den Stoff in Streifen zu zerreißen.

Salim Abed zeigte ich, wie man die Stoffstreifen mit Gips bestreute und zu Binden aufrollt. Inzwischen hatten die Instrumente lange genug gekocht. Ich goß vorsichtig das heiße Wasser in zwei Schüsseln, damit Abdullah und ich für die Operation unsere Hände waschen konnten. Handschuhe gab es keine. Die Wanne mit den Instrumenten stellte ich in Ermangelung eines Tisches auf die Kiste, in der meine Sachen aus Aden gekommen waren. Salim mußte sich daneben stellen, um die Fliegen zu verjagen. „Aber faß nicht mit deiner Hand hinein. Und du, Abdullah, nachdem du deine Hände und Arme gründlich gewaschen hast, faß nichts mehr an außer dem was ich dir in die Hand gebe."

Bachete hatte während der ganzen Zeit ruhig auf dem Tisch gelegen. Sie schien keine Angst zu haben, obwohl alles neu für sie war. Der Fahrer stand neben ihr. Ich hatte ihn gebeten, dazubleiben und das Kind zu halten.

Das kleine Beduinenmädchen steckte nur in einem indigoblauen Kittel, den ein Ledergürtel zusammenhielt. Ihre Haut war bronzebraun, das schwarze Haar kurzgeschnitten und struppig, die Zähne weiß und blitzend. Ihre großen dunklen Kinderaugen musterten uns und folgten allem, was wir taten. Erst als ich ihr eine Lokalanästhesie verabreichte, schrie sie auf: „Du nimmst mir mein Bein, du nimmst mir mein Bein." Der Fahrer hielt das Mädchen und vermittelte ihr, was ich vorhatte, denn sie war viel zu aufgeregt, um mich zu verstehen. Erst als sie sich beruhigt hatte, konnte ich anfangen. Inschallah! Meine beiden Helfer waren gespannt, denn es war für sie die erste Operation, die sie sahen und bei der sie außerdem mitmachen mußten.

„Abdullah, halte den Haken mit der rechten Hand. Mit der linken gibst du mir von den Gazeläppchen. Du mußt beim Operieren eine leichte Hand haben und mit dem Instrument fühlen!"

Es ging auf Mittag zu und wurde recht warm. „Fliegen, Fliegen! Salim Abed! Sieh, hier, paß auf, daß sie sich nicht auf die Wunde setzen! Sie krabbeln in mein Hosenbein! Versuch sie herauszuschütteln! Wisch mir den Schweiß aus dem Gesicht, damit er nicht in die Wunde tropft!"

Der Tisch war niedrig, so daß ich gebückt arbeiten mußte. Ich spürte es allmählich im Rücken. Der einzige Stuhl des Behandlungszimmers war zu niedrig, eine zweite Kiste hatten wir nicht.

Der Fahrer und Salim Abed mußten kräftig an dem Bein ziehen, damit ich das Schienbein reparieren konnte, was gut gelang. Prüfen konnte ich es nur, indem ich die Bruchstelle mit einer Sonde durch die Wunde abtastete. Ein Röntgengerät gab es weit und breit nicht. Da die Knochenhaut des oberen Schienbeinendes grau und trocken ausgesehen hatte, mußte ich damit rechnen, daß das betroffene Stück absterben würde. Wie weit konnte sich neuer Knochen bilden? Ich mußte abwarten. Nachdem das Bein mit den selbstgemachten Binden eingegipst war, machte ich noch ein Fenster über die Wunde, damit sie Luft hatte zum Heilen und täglich frisch abgedeckt werden konnte. Naib Kherusi gestattete mir, einen leerstehenden Raum im Alten Hussen für unsere Kranken zu benutzen. Dorthin trugen wir Bachete. Der alte Salim Abed und Abdullah kümmerten sich um sie. Ihre Eltern waren verstorben, und ihre Geschwister hatten nicht mitkommen können. Das Kind fürchtete sich nicht, allein zu sein. Am Tage rutschte sie in eine der Fensternischen und schaute hinaus. In der Nacht wickelte sie sich in ein großes Tuch, das ihr der Fahrer gelassen hatte. Der ganze Operationsvorgang dürfte einem europäischen Arzt den Magen umdrehen. Ich stellte mir Ulrich vor und all die Professoren aus meiner Ausbildungszeit. Was die wohl gesagt hätten?

Diese und andere Gedanken und Bilder gingen mir in der Silvesternacht durch den Sinn. Ich war glücklich, glücklich auch, im Hadramaut zu sein, wo ich endlich vielseitig arbeiten konnte; so, wie ich es mir gewünscht hatte, anders als im Königreich Jemen.

Mein Feuer brannte aus. Der abnehmende Mond beschien die weißen Wände meines Balkons, durch dessen geschnitzte Fenstergitter gerade noch das helle Sandbett des Tales und die dunklen Kliffe erkennbar waren. Was würde noch alles auf mich zukommen?

Allmählich wurde ich in die nähere und weitere Umgebung für noch mehr Krankenbesuche geholt. Im Sehel konnte ich sie zu Fuß machen, im nächsten Dorf mit dem Pferd und ab und zu auch auf einem Kamel. Waren die Ansiedlungen und einzelnen Häuser in den Brunnenoasen aber weiter entfernt, wurde von den Angehörigen, wenn zufällig ein LKW in Schibam war, der Fahrer gebeten, mich gegen Bezahlung dorthin zu bringen. Um die Fahrt besser auszuwerten, nahm der jeweilige Fahrer gegen geringes Entgelt noch andere Fahrgäste und Fracht mit, die unterwegs ausgeladen wurden. Oder er fuhr, während ich bei den Kranken war, weiter zu einigen anderen Orten. Ich mußte warten, bis er wiederkam. Wenn ich dann soweit war, daß ich nach Schibam zurückfahren konnte, hieß es nicht selten: „Der Fahrer ist noch beim Nachbarn, für den er eine Nachricht hat. Setz dich, ruhe dich aus und trinke Tee!" Wenn dann endlich der Fahrer kam, setzte er sich zum Hausherrn, seinen Brüdern oder Söhnen und stopfte sich eine Wasserpfeife, die ich ihm gönnte, denn er hatte noch eine anstrengende Fahrt im Dunkeln durch unwegsames Gelände vor sich. „Bist du fertig?" fragte ich nach einer Weile. „Noch einen Augenblick", sagte dann meistens der Hausherr, „erst das Abendessen. Es ist gleich fertig. Ich kann dich nicht ziehen lassen, ohne dir eine Mahlzeit zu geben. Das ist unsere Sitte." Da konnte ich nichts mehr einwenden. Also erst essen! Ich war als Kind schon sehr geduldig gewesen – im Orient war das ein großes Plus für mich. Irgendwann würden wir wieder in Schibam sein, und nach dem Essen konnte mir der Hausherr meine Fragen nach Familie, Land und Leuten beantworten.

Die Arbeit in Schibam hatte sich gut eingespielt, als es im Januar eine Unterbrechung gab. Scheich Omar Basued, einer der Duani in Mukalla, der mich dort kennengelernt hatte, bat dringend um meinen Besuch bei den Frauen und Kindern seiner Familie im Wadi Duan. Zwei Tage intensiver Vorbereitung, um für meine Schibamer Patienten vorzusorgen. Dann packte ich Medikamente und Instrumente ein, ließ Wasser, Essen, Geschirr, Töpfe für unterwegs und Matratze und Decken zum Übernachten mitnehmen.

Nach Sitte und Brauch mußte ich meinen Diener dabei haben, damit er persönlich für mich sorgte, wo und bei wem immer ich gastfreundlich aufgenommen würde.

Gingen meine Fahrten sonst talab nach Osten bis Tarim, so fuhr ich dieses Mal in einem LKW westlich talaufwärts auf rauher, kurvenreicher Straße. An der Festung Horah vorbei ging es in das weite Mündungsgebiet des Duan bis Jahi. Hier war die Autofahrt für mich zu Ende. Den weiteren Weg legte ich auf dem Rücken eines Kamels zurück. Ich saß auf mehreren Decken zwischen den rechts und links hängenden Kisten, die Füße auf dem Hals des Tieres. Nach und nach fand ich die bequemste Stellung heraus und schaukelte, von einem Beduinen geführt, für Stunden gleichmäßig dahin. Ab und zu drehte sich der Beduine besorgt nach mir um, um sich zu versichern, ob ich auch noch oben saß und mich vor den tief herunterhängenden dornigen Zweigen der großen Ilb-Bäume (Zyziphus spina christi = Christusdorn) zu warnen, deren es im Wadi Duan reichlich gab.

Es war bereits Nacht, als wir bei den Basueds in Lejerat ankamen. Die Brüder Scheich Omrs, die alle zusammen in dem großen Haus wohnten, begrüßten mich, als ob wir uns schon kannten. Omr mußte ihnen wohl ausführlich von mir geschrieben haben. Wie ich im Laufe der Jahre feststellte, waren alle Hadrami und Duani sehr heimat- und familiengebunden. Sie benachrichtigten sich in ihren Briefen über alle Vorgänge im Detail, zum Beispiel auch darüber, welche Tabletten ich verordnet hatte, wie sie aussahen und schmeckten, wie viele zu nehmen seien und so weiter. Vor dem Schlafengehen gab es noch ein Empfangsessen, das die jüngeren Brüder in dem Raum der Männer ausrichteten. Eine große runde Strohmatte wurde auf den Boden gelegt, ein Reisberg in der Mitte aufgehäuft und gebratenes Hammelfleisch darauf gelegt. Dazu gab es eine Schüssel mit Brühe. Der älteste Bruder zog ein langes Messer aus dem Gürtel, schnitt das Fleisch vom Knochen und gab jedem von uns einen Teil. Wir setzten uns alle um die Matte auf den Boden und griffen mit Appetit in den Reisberg. Jeder machte sich eine Kuhle im Berg, goß Brühe hinein und mischte sie mit dem Reis. Das Essen ist – wie das Schlafen – dem Araber eine heilige Handlung, bei der man niemanden stört. So warteten die Männer mit allen Fragen und Anliegen, bis das Mahl vorbei war und wir beim Tee saßen.

Die Reste der Mahlzeit räumten wieder die jüngsten Brüder weg. Ich gewahrte keinen Diener außer meinem Abadi. Die Familie versorgte sich selber.

In den folgenden Tagen lernte ich aus Beobachtungen und Unterhaltungen, daß alle Duani sehr einfach und konservativ lebten. Die Frauen kochten – es gab fast immer das gleiche, Reis mit Sauce und getrockneten Sardinen von der Küste – und arbeiteten draußen auf den Terrassenfeldern zwischen hohen Palmenhainen.

Eine Palme liefert im Jahr 100 bis 200 Pfund Datteln. Diese wurden aber von den Männern geerntet.

Es war der Wunsch jedes Duani, Dattelpalmen zu besitzen, nicht nur weil sie gewinnbringend waren, sondern um durch den Besitz auch nur einer Palme in der Heimat verwurzelt zu bleiben. Wo immer sie auch im Ausland waren – zumeist in Eritrea und Äthiopien – kamen die Duani im Sommer zur reichlichen Ernte der Datteln und der Hirse nach Hause. Im Winter waren die Frauen alleine bei der Feldarbeit. Nur ein paar ältere Männer, keine Diener, halfen bei der schweren Arbeit.

Von früh morgens bis spät in den Nachmittag hinein behandelte ich die Frauen und Kinder des Hauses, wobei ich in die Wohnungen der Brüder kam, ein einziges Zimmer, wo sie mit Frau und Kindern lebten. Auffallend war die reichliche Verarbeitung des festen Ilb-Baumholzes: Schnitzereien an Flurtüren, an Fenstern, schweren Truhen und Alkoven, in denen Matratzen und Decken für die Nacht aufbewahrt wurden. Die Zimmerdecken zwischen den kräftigen Balken bestanden aus kunstvoll gelegten Palmrispen. Große Teller aus silbrigem Metall und andere aus chinesischem Porzellan zierten die lehmfarbenen Wände. In einer Ecke hingen Zinn- und Messingkannen mit dicken Bäuchen und dünnen, langen Hälsen. In ihnen wurde ein Getränk aus Kaffeebohnen und mit Ingwer gewürzten Kaffeehülsen hergestellt. Zur Erfrischung während der Arbeit wurde mir dieses Getränk in kleinen Porzellanschalen gereicht.

Mit den Duani-Frauen und ihren Kindern kam ich ziemlich flink voran. „Bin ich fertig?" fragten sie, denn sie mußten wieder an ihre Arbeit. Bevor die Frauen ihre kleine Wohnung verließen, zogen sie anstelle eines Schleiers eine schwarze Maske, den Nasenrücken silbern bestickt, vor das Gesicht und ein orangefarbenes Tuch über das kurzgeschnittene Haar und um die Schultern. Ihre schwarzen Kittelkleider, ärmellos, mit rot-gelb-grünem Einsatz über der Brust, reichten vorne gerade unter die Knie und hinten bis an die Fersen, ähnlich wie bei den Beduinenfrauen. Ihre ganze Tracht war auf das Praktische ausgerichtet. Trotz des breiten, schweren Silbergürtels und der kunstvoll gearbeiteten Armreifen war wenig Grazie in dieser Duani-Kleidung, dafür viel Originalität.

Das zeitraubende feine Zopfgeflecht der Hadramauterin und ihr langes, elegant fließendes, nachschleppendes Kleid, draußen im feinen Sand ihre Fußspuren verwischend, wäre nicht geeignet gewesen für die Frauen im Duan, auf den steinigen Pfaden und bei der Feldarbeit.

Nach der ärztlichen Versorgung wollte ich mich am Nachmittag bei einem Spaziergang erholen. Einer der Brüder begleitete mich auf den Pfaden über Dämme, entlang der Kanäle und Gräben, die der Bewässerung dienten. Unter den Palmen wuchs noch etwas Gras, obwohl es im Spätsommer zum letzten Mal geregnet hatte. Der übrige Boden aber war kahl und trocken wie die Kliffe und Hänge zu beiden Seiten. Mein Begleiter erklärte mir, daß der Regen, der im Tal niederfällt, nicht so ergiebig sei wie die Gewittergüsse oben auf dem Djoll, bei denen es auch Hagelschlossen, groß wie eine Faust, gebe. Das Wadi Duan sei der Abfluß für ein weites Gebiet des kahlen Hochlandes. So stürze sechs Stunden nach einem Gewitter auf dem Djoll eine gewaltige Flut durch das Tal. Damit der Boden nicht fortgeschwemmt würde, sei alles bebaubare Land terrassiert und jede Erdstufe mit einer Steinmauer aus dem Geröll des Flußbettes befestigt. Jede Ortsgemeinde habe ihren großen Zuführungskanal. Die Bewässerung und Bepflanzung erfolgte in Gemeinschaftsarbeit, wobei einem Deichaufseher die Erhaltung und Regelung des ganzen Systems unterstand.

Der Duani führte mich durch das momentan trockene Flußbett zu einem Besuch beim Vater in einen anderen kleinen Ort. In dessen Haus angekommen, ließen mich die Männer mit einer Schar Frauen allein. Diese setzten sich um mich herum und wollten alles über meine Familie wissen, denn ihr eigener Lebensinhalt war ausschließlich durch die Familie bedingt. Später hielt ich nochmals eine Sprechstunde. Danach surrte mir der Kopf, denn ich war nach dem vielen Reden und Erklären erschöpft. Der Tag ging zur Neige. Als wir den Rückweg antraten, lag das Tal bereits im tiefen Schatten zwischen den dunklen Felswänden.

Ich ging langsam. Die Stille, die ich als Kind schon liebte, war wohltuend.

Nachdem ich sechs Tage lang jeden Morgen bis weit über Mittag mit der Behandlung der Frauen und Kinder beschäftigt gewesen war und nachmittags auch in anderen Orten Krankenbesuche gemacht hatte, packte ich wieder meine Sachen zusammen.

Alles wurde auf ein Kamel geladen, ich dazu. Während der Rückreise hatte ich genug Zeit, über den Duan und alles dort Erlebte nachzudenken, und kam zu dem Schluß, daß ich versuchen müßte, in einem Turnus von zwei Monaten dorthin zu kommen. Vor allem ging es mir um die Frauen, die nicht aus dem Tal herauskamen.

Die Männer lebten in der Winterzeit meist auswärts; zwar nicht im Ausland, jedoch in Mukalla und Aden, wo sie ärztliche Hilfe finden konnten.

Mein Hauptproblem war und blieb der Transport. Ein eigenes Auto für das Hospital war zunächst nicht in Sicht. Als dann endlich ein britischer Rotary-Club einen Bedford-Kleinlaster für den Hadramaut spendete, wurde der auf beide Sultanate verteilt: einen Monat für das Schibam Hospital, den nächsten für das in Seiyun. Nur wenn der pakistanische Arzt in Seiyun jedes dritte Jahr Heimaturlaub hatte, konnte ich vollständig über das Auto verfügen, allerdings mußte ich Seiyun während dieser Zeit ärztlich versorgen. So vergingen zwei Jahre, bevor ich wieder ins Wadi Duan kam.

Es war Juli, als mich ein Eilbote mit dem Dienstwagen (LKW) des Duan Naib Bazurrah holte. Am Stadttor von Schibam nahmen wir noch einige Mitreisenden auf. Sie erwiesen sich als sehr nützlich, da wir einige Male steckenblieben, weil das Sandmeer und die Piste infolge von Regenfluten in Schlamm verwandelt worden waren. So kamen wir nur langsam voran und verbrachten die Nacht in der Festung Horah, einem mächtigen, fensterlosen Klotz. Ich konnte draußen auf einem der Dächer schlafen, die südlichen Sternenbilder, Skorpion und Kreuz des Südens, über mir. Die Weiterreise erwies sich als ebenso beschwerlich. Endlich in Jani angelangt, ging es von dort auf der Weststraße (zwischen Wadi Hadramaut und Mukalla) steil hinauf auf den Djoll, um zu dem einzigen Fußpfad zu gelangen, der ins obere Wadi Duan hinabführte. Die Naturstraße hinauf zum Djoll war äußerst steil und hatte gefährliche Haarnadelkurven, durch die ein LKW nur mit Vor- und-zurück-Manövern am bröckeligen Rand des Abgrunds hinaufkam. Um den Fahrer nicht durch meine Spannung zu irritieren, stieg ich aus. Auch die anderen Mitfahrer zogen das vor. Unter mir üppig grünende Felder und Palmen im Nebental des Duan. Über mir nackte hohe Felsnadeln, die eines Tages ins Tal stürzen würden, wie andere, die schon unten lagen.

Auf dem Djoll waren wir nur noch vom endlos steinigen Hochland umgeben. Abseits der Piste gelangten wir zu einem kleinen Wachturm, auch Wegzeichen, und entdeckten, daß hier der Pfad ins Tal ging. In einer steinigen, gerölligen Regenerosionsrinne begann der Abstieg. Dann führte der Pfad hoch über dem Tal an der Kliffwand entlang und über einen steilen Schotterhang in vielen Serpentinen hinab ins Tal nach Mösna. Dort fand ich den Duan Naib Bazurrah erschöpft von einem heftigen Malaria-Anfall vor. Außer ihm lagen sieben Kinder der Familie mit Malaria darnieder. Während mehrerer Regenfluten hatten sich reichlich Mükken entwickelt, und so gab es im Tal noch mehr Kranke. Es waren schon viele an der gefährlichen Art der Malaria tropica, die ich ja auch gehabt hatte, gestorben. Am Vormittag ging ein kurzer Gewitterregen nieder. Schon nach einer Viertelstunde stürzte das Wasser über die 150 Meter hohen Kliffkanten ins Tal. Die ungezählten Wasserfälle versiegten aber ebenso schnell wie der Regen. Das Wasser wurde durch die Gräben und Deiche über die Felder geleitet, aber es reichte nicht zu einer Flut. Das Strombett blieb trocken. Am Nachmittag jedoch – ich war gerade unterwegs zu einem trockenen Ort – hallten laute Rufe durch das Tal, die eine Flut ankündigten. So hatte das morgendliche Gewitter doch unerwartete Folgen. Jetzt, nach sechs Stunden, kam die Flut herangerauscht. Ich war auf dem Deich eines großen Zuführungskanals, als die wirbelnde, schäumende, unaufhaltsam vorwärtsstürzende Welle ankam. Das Wasser stieg schnell auf Manneshöhe. Ein noch gewaltigeres Rauschen drang von der Welle im Strombett herüber. Ein feuchtwarmer, erdiger Geruch erfüllte die Luft. Es war ein seltsames Schauspiel, in einem Wüstenland so viel Wasser zu sehen. Doch die nackten Kliffe und Schotterhänge ließen mich die Kargheit dieses Landes nicht vergessen. Nach einigen Stunden war das Flutbett wieder leer. Die Felder und Palmen aber waren reichlicher bewässert als am Morgen.

Die Fahrten talauf und talab, meine Ritte in die Umgebung und in Nebentäler Schibams gaben mir, neben der Arbeit im Alten Hussen, täglich Gelegenheit, Erfahrungen zu sammeln und eine immer klarere Vorstellung darüber zu gewinnen, was eine Ärztin auf solch einem vorgeschobenen Posten alleine mit einheimischen und noch ungelernten Helfern tun kann. Es war dabei notwendig, die Grenzen der eigenen Kraft zu erproben und auch zu erkennen, wo angesichts der Gegebenheiten des Landes Begrenzungen des Möglichen lagen.

Ein Hospital aufzubauen und das Zutrauen der Bevölkerung durch unsere Tätigkeit zu erwerben, war weiterhin mein Ziel. Dafür mußte ich auch die Regierung des Qaiti-Sultanats gewinnen, um die notwendige Ausrüstung und Geld für den Hospitalbau zu erhalten. Wie bisher wurde Schibam nur als Außenstation des Krankenhauses in Mukalla geführt, das selbst nicht über ausreichend Medikamente verfügte. Ich legte Listen an, schrieb unzählige Briefe, in der Hoffnung, das Notwendigste zu bekommen.

In meinem Schreiben an die Qaiti-Regierung und an pharmazeutische Firmen in Deutschland, England, Amerika und der Schweiz rief ich um Hilfe. Die Firmen schickten auch wirklich Medikamente; mehrere nur eine Sendung, andere ließen nach zwei- oder dreimaliger Zusendung nichts mehr von sich hören; wieder andere versorgten mich jahrelang mit großzügigen Sendungen, besonders mit Medikamenten gegen Tropenkrankheiten. Dafür erwarteten sie allerdings von mir Berichte über Anwendung und Erfolg. Weder das Wort noch die Organisation „Entwicklungshilfe" existierten im zerbombten Europa, das selbst noch mit den Nachwehen des Zweiten Weltkrieges zu tun hatte.

Ich stand allein da, ohne Rückendeckung; mit einem kleinen Gehalt, aber mit dem großen Willen, die Not zu verringern.

Den Schibamern gegenüber machte ich kein Hehl aus unserer Armut. Ein junger Mann, der gerade aus dem Ausland zurückgekommen und unser Patient im Hussen war, schenkte uns die ersten fünf Flaschen mit Penizillin, die er aus Aden kommen ließ. Die Armen bekamen es unentgeltlich, den Wohlhabenden erklärte ich, wie Hussein Lajim mir geraten hatte, daß sie bezahlen müßten, um weiteres Penizillin einkaufen zu können. So konnte ich bei jeder Bestellung aus Aden die Anzahl der Flaschen mehr als verdoppeln. Dies war mir besonders wichtig, weil ich nach jeder Operation einen zusätzlichen Penizillinstoß gab. Denn die primitiven Bedingungen im Alten Hussen konnten leicht Komplikationen hervorrufen. Denen wollte ich vorbeugen.

Trotz weiterer Geschenke einiger weniger Besucher des Hadramaut, denen unser improvisiertes Hospital Eindruck machte, und der zahlreichen Bestellungen, die ich auf eigene Rechnung kommen ließ, reichten die Medikamente noch lange nicht. Es gab zu viele Arme, besonders in den entfernten Nebentälern, wie auch die Beduinen vom Djoll.

Als ich einige Tage nach Aden flog, um nach Medikamenten zu suchen, traf ich viele Schibamer, die dort lebten. Sie luden mich zu sich ein und dankten mir für meine Arbeit, besonders auch für die Behandlung der Schuljungen. Ich antwortete ihnen: „Das ist alles sehr schön und gut. Aber ich kann bald nicht mehr weitermachen, denn ich habe keine Medikamente mehr!"

Sie lächelten höflich, ich fuhr ins Hotel Marina zurück. Drei Tage später erschien der alte Mohammed Baobeid bei mir und sagte: „Wir Schibamer in Aden haben unter uns 3.000 Schilling (umgerechnet etwa 1.800 DM) gesammelt. Mein Sohn wird dir das Geld in seinem Büro geben. Unser Auto steht zu deiner Verfügung. Wann willst du die Medikamente einkaufen? Wir möchten, daß du sie gleich mit nach Schibam nimmst, damit du weiterarbeiten kannst."

Der junge Baobeid gab mir das Geld, ohne eine Quittung zu verlangen. Auch nach dem Einkauf fragte niemand nach der Rechnung, niemand prüfte Kisten und Pakete. Baobeid nahm sie in Empfang und schickte sie umgehend nach Schibam.

Araber sind vorsichtig. Aber wenn sie einem anderen Menschen vertrauen, tun sie es ganz. Ein Wort ist ein Wort, da braucht es keine Quittung und Unterschrift. Es war die größte Spende der Schibamer für meine Arbeit, der weitere folgten. Sie kamen den Menschen in ihrer Heimatstadt zugute. Es bedeutete eine Hilfe, auch wenn wir nie genug hatten, da die Zahl der Patienten stetig wuchs. Im ersten Jahr zählte ich mehr als 3.000. Da jeder Patient durchschnittlich dreimal ins Hospital kam, hatten wir mehr als 9.000 Behandlungen im Jahr. Größte Schwierigkeiten mache es mir, genügend Nahtmaterial für Operationen zu bekommen. So mußte Halima mit ihrem Dammriß dritten Grades fünf Monate auf die Operation warten. Es hätte noch länger gedauert, wenn nicht zufälligerweise ein Pilot im Hussen aufgetaucht wäre. Er reiste mit seinem Jeep durch den Hadramaut, um das Land nicht nur aus der Vogelperspektive zu sehen. So erfuhr er von meinen Problemen und erreichte tatsächlich, daß ich Nahtmaterial bekam. Endlich konnte Halima operiert werden. Dazu brauchte ich aber noch eine Frau zur Hilfe, denn die Beduinenmädchen aus dem Internat in Mukalla waren noch nicht da, und Abdullah durfte als Mann natürlich nicht assistieren. Meine Rettung war die Engländerin Molly. Die gelernte Rot-Kreuz-Schwester hielt sich mit ihrem Mann, der für den Heuschreckenabwehrdienst arbeitete, in Seiyun auf. Wir verabredeten einen Termin, zu dem ich Halima kommen ließ. Zusammen mit ihrer Schwester und Mutter brachte ich sie im Alten Hussen unter, wo ich in drei verschiedenen Stockwerken einen leeren Raum nach dem anderen erobert hatte. Molly brachte noch eine medizinisch völlig ungelernte Holländerin mit. Mir war jede helfende Hand willkommen.

Da der gewöhnliche Holztisch – mein Operationstisch – keine Beinstützen besaß, mußte jede der beiden Frauen ein Bein halten und Molly mir zusätzlich mit der einen Hand assistieren. Hilfreich erwies sich auch, daß meine Umzugskiste inzwischen vom Schreiner zu einem Instrumententisch umgebaut worden war. Salim Abed hatte in einer Abstellkammer ein großes Foto des Sultans – unter Glas – gefunden. Nun lag die Scheibe auf dem neuen Kisten-Tisch. Wir konnten meine Instrumente handgerecht ausbreiten.

Salim Abed, seines Alters wegen für neutral genug gehalten, wedelte wieder, wie bei Bachete, die Fliegen fort.

Nachdem ich Halima eine intravenöse Operations-Narkose verabreicht hatte, setzte ich Abdullah neben sie, um ihren Kopf zu halten und ihre Atmung zu beobachten.

Da die Frauen aber verlangt hatten, daß er die Operation nicht sähe, verschwand Abdullah unter dem großen Schleiertuch, das Halima über dem Kopf hatte, und schlief Kopf an Kopf mit ihr bald ein. Die intravenöse Narkose mußte ich dreimal wiederholen, denn die Operation eines Dammrisses ist gleich nach der Geburt einfacher als fünf Monate später.

„Inschallah!" Mit der Hilfe von Molly und der Holländerin ging es gut, und das Operationsgebiet sah dann am Schluß ganz normal aus. Abdullah und Salim trugen die noch schlafende Halima einen Stock höher in den Raum, wo Mutter und Schwester warteten.

Ich hatte mich mit dem genauen Studium des Handbuchs von Professor Martius auf diese Operation vorbereitet. Es war nicht gerade aufmunternd, darin zu lesen, daß solche Operationen beim ersten Mal meist nur teilweise hielten und mehrere Nachoperationen nötig sein würden. Als sich dann zeigte, daß tatsächlich einige Fäden nicht gehalten hatten, mußte ich nach zehn Tagen eine Korrektur vornehmen, was in dem Fall keine große Angelegenheit war. Molly war nicht mehr in Seiyun. So mußten Mutter und Schwester je ein Bein Halimas halten. Um die Operation nicht zu sehen, hüllte die Mutter ihren Kopf mit Halimas Bein zusammen in ihr großes schwarzes Tuch ein. Die Schwester starrte die ganze Zeit zur Decke hinauf. Alles verlief schnell und glatt. Nach vier Wochen war Halima geheilt, und ich konnte sie nach Hause entlassen. Zwei Jahre später erfuhr ich, daß Halima ein weiteres gesundes Kind ohne Komplikationen geboren hatte.

Die kleine Bachete war noch bei uns im Hussen. Inzwischen war die große Wunde über dem Schienbein bis auf eine Fistel, durch die von Zeit zu Zeit Knochensplitter zum Vorschein kamen, abgeheilt, ein sichtbares Zeichen für den Abbau des toten Bruchendes. Wieviel neuer Knochen mochte sich wohl schon gebildet haben? Ich tastete beim Verbandwechsel vorsichtig mit einer Sonde. Es schien sich ganz allmählich eine Brücke zu bilden. Solange aber Splitter zum Vorschein kamen, war der Prozeß nicht beendet. Die Muskulatur des Beines wurde durch Bachetes rutschende Fortbewegungsart aktiv gehalten, auch die Durchblutung wurde dadurch gefördert und die Ernährung des Knochens. Bachete war wirklich geduldig und immer fröhlich. Ihr einziges Kleid zerschliß durch das Herumrutschen auf dem Boden. Abdullah und seine Freunde sammelten Geld und ließen ihr ein neues Kleid nähen. Es war nicht indigoblau wie das alte, sondern hell und bunt nach Schibamer Art. Bachete zog es über den zerlöcherten alten Kittel; den gab sie nicht her, denn sie war ein Beduinenkind und keine Schibami!

Besonders in den ersten Monaten wurde ich zu Besuchen in Schibam talauf, talab zu den Schwerstkranken geholt. Einige siechten seit Jahren dahin. Andere waren seit einigen Monaten krank oder, wie Aischa, erst seit kurzem, aber unheilbar leidend. Einigen konnte ich helfen oder ihnen doch Linderung bringen. War es operativ möglich, gab es immer eine kürzere oder längere Zeit der Spannung für mich, bis ich sehen konnte, wie es ausging. Besonders spannungsreich waren Notfälle. Da galt es, keine Zeit zu verlieren. Es war praktisch unmöglich, diese Patienten per Flugzeug, das nur einmal wöchentlich kam und bei Sandsturm oder sonst schlechter Sicht nicht landete, in das Krankenhaus nach Aden zu schicken. Schon die rauhe Fahrt zum Flugplatz hätte eine große Gefahr dargestellt, die eine tödliche Verzögerung bedeuten konnte.

Vor jeder Operation machte ich dem Patienten und seiner Familie klar, wie die Überlebenschance prozentual sein würde. Ihren Entschluß kommentierten sie schlicht mit „Inschallah".

Ganz Schibam nahm Anteil an den Operationen, Männer wie Frauen, denn die Angehörigen machten kein Geheimnis daraus. Außerdem konnte jeder auf dem großen Platz zwischen dem Stadttor und dem Alten Hussen sehen, wenn ein Schwerkranker gebracht wurde.

Immer wieder wurde ich mit der Frage konfrontiert: „Wird er leben?" Hatte es sich um einen Darmverschluß gehandelt, war meine Antwort: „Wenn der Darm wieder anfängt zu arbeiten..." Dann konnte es passieren, daß mir jemand laut über den Platz zurief: „Er hat Stuhlgang gehabt! Er wird leben!" Das ging dann durch die ganze Stadt. War eine Frau die Patientin, so war man zurückhaltender. Die Männer blieben stumm, die Frauen besprachen sich aber in ihrem Kreis.

In den besonders strapaziösen ersten Monaten war ich froh, wenn es mal einen Freitag gab, den ich ganz für mich hatte. Keine Listen, keine Hilferufe an pharmazeutische Firmen schreiben zu müssen, kein Patient in einer bedenklichen Lage, war das ein Aufatmen!

Um zwischendurch abzuschalten, sattelte ich Zingabil und ritt auf dem Kamelpfad nach Seiyun. Zingabil hatte nichts dagegen, denn er bekam in einer der Oasen eine Extraration Frischfutter. Wenn wir beide nach drei Stunden in Seiyun angekommen waren, machte ich dort Besuche. Bei Arthur Watts und Hornsby, Berater der Sultanatsregierung, wurde es außerdem eine musikalische Freude. Watts holte dann seine Geige oder Flöte hervor und spielte für mich. Hornsby, Neuseeländer, besaß eine große Sammlung von Grammophonplatten. Der romantische Innenhof des Seiyuner Sommerhauses, das sie bewohnten, hatte eine besonders gute Akustik; Sternenhimmel, Mondschein und das leise Rauschen der Dattelpalmen vom Garten her! Mit beiden Männern ergaben sich immer anregende Gespräche. Als europäische Frau hatte ich die Möglichkeit, mir die Art meines Umgangs mit Menschen, vor allem Männern, auszusuchen. Niemals besuchte ich deshalb einen einzelnen Mann, von dem ich fürchten mußte, bedrängt zu werden. Ich zog es vor, mit allen auf freundschaftlicher Basis zu verkehren, und das wurde als selbstverständlich respektiert.

Vor Mitternacht ritt ich bei Mondschein vergnügt und angeregt zurück nach Schibam. Der Kamelpfad war als hellere Linie im Sand zu erkennen, an der in größeren Abständen weiße Segayas standen (von einer Kuppel geschützte Trinkwasserbecken), die mir anzeigten, daß ich mich noch auf der rechten Spur befand. War die Nacht sehr dunkel, fand sich auf den Balkonen des Seiyuner Sommerhauses bei Watts und Hornsby immer ein Schlafplatz für mich, Matratze und Decke oder Tuch genügten. Mit Tagesanbruch sattelte ich dann Zingabil und war pünktlich zurück in Schibam.

Wenn ich am frühen Morgen von Sehel in die Stadt kam, saßen Abdullah Johar und Salim Abed schon auf den Stufen vor dem Hussen, in Gesellschaft einiger Männer, die bereits warteten, um mich rechtzeitig um einen Hausbesuch zu bitten.

Darunter befand sich oft ein Vertreter eines entfernt lebenden Stammes, von dem einige Angehörige mit Frauen und Kindern in sein Haus gekommen waren, um dort von mir behandelt zu werden. Es fanden sich auch Beduinen ein, die mit ihren Kamelkarawanen unterwegs waren und länger vor der Stadt im Sand lagerten. Bevor diese Patienten aber Schibam verließen, verlangte ihr Vertreter, daß ich ein schriftliches „ruchsa", eine Abreisegenehmigung, gab. Sie bestätigte, daß die Behandlung als abgeschlossen galt und niemand mir etwas schuldig blieb.

Mit Abdullah und dem alten Salim Abed alleine konnte ich bald nicht mehr auskommen. Vor allem für die Frauen fehlten mir Hilfen. Endlich kamen die mir längst versprochenen Schwestern Fatma und Nur aus der Beduinen-Internatsschule in Mukalla. Sie kamen gerne, ohne Zwang.

Vorher sprach ich noch mit Hussein Lajim: „Hussein, diese Mädchen kommen, um mir zu helfen, ja, eigentlich, um euren Frauen und Kindern zu helfen. Sie sind Beduinen von guter Herkunft. Ich weiß, daß die Schibamer mißtrauisch sind gegenüber Mädchen mit Schulbildung und einem Beruf, die noch dazu ohne Familie hier sein werden. Du mußt mir helfen, daß die beiden Helferinnen in einer angesehenen Familie unterkommen, denn ich wünsche, daß sie geachtet werden." Hussein sicherte mir zu: „Ich werde mit meiner Schwester sprechen. Sie ist Witwe." Und wirklich, die Frau sorgte mütterlich für sie und führte beide in den Kreis ihrer Familie und Freundinnen ein.

Ich sprach von den Mädchen als meinen Töchtern und redete auch jede mit „Jah Binti" an, das „o meine Tochter" heißt. Dadurch wurde jedem deutlich, daß Fatma und Nur unter meinem persönlichen Schutz standen und entsprechend geachtet werden mußten. Sie selber wußten sich glücklicherweise auch den Sitten und Gebräuchen anzupassen, die besonders in Schibam streng gehalten wurden.

Die Schibamer Frauen und Männer hatten mit Spannung diese ersten Mädchen erwartet. Sie befürchteten, sie könnten unter den jungen Frauen, die ja alle Analphabetinnen waren und bleiben sollten, revolutionierend wirken. Die Männer waren der Meinung: Wenn unsere Frauen und Töchter schreiben und lesen können, dann wollen sie etwas zu lesen haben. Aus dem Gelesenen entwickeln sie Vorstellungen, Wünsche und Ansprüche, und zuletzt wollen sie dann auch in die Welt hinaus wie wir Männer. Jetzt sind wir wohlhabend, aber dann könnten wir das bald nicht mehr bezahlen. Jetzt können wir gut für die ganze Familie sorgen, dann aber nicht mehr.

Fatma und Nur hatten aber nicht die Absicht, für Schulbildung zu werben, obwohl sie sich ihrer eigenen freuten.

Das anfängliche Mißtrauen und Zögern ihnen gegenüber wandelte sich bald in Anerkennung um. Von Abdullah und Salim Abed wurden die Mädchen mit Freuden aufgenommen. Auf jeden Fall waren die beiden eine hilfreiche und angenehme Vergrößerung unserer Hospitalfamilie.

Fatma und Nur verschleierten sich nicht vor Abdullah und Salim. Das Zusammengehörigkeitsgefühl meiner Helfer untereinander wie auch das zwischen ihnen und mir war stark.

Meine Helfer hatten noch viel zu lernen. So begann ich Fatma, Nur und Abdullah die Grundlagen für unsere Arbeit zu vermitteln. Sie mußten etwas über den Bau des menschlichen Körpers und seine Funktionen wissen. Weiter mußten sie die Regeln und Vorschriften für die erste Hilfe bei Unfällen kennen, auch lernen, wie man Wunden von Kamelbissen und die (selteneren) Schlangenbisse und Stiche von Skorpionen behandelt. Meine Helfer sollten aber auch einige der häufigsten Krankheiten erkennen und auch behandeln, wie zum Beispiel Malaria-Fieber und Trachom, eine weitverbreitete Augenkrankheit. Abdullah lernte, die zahlreichen Arten von Wurminfektionen mit dem Mikroskop zu untersuchen. Sie mußten alle mit der Zeit so weit kommen, daß sie in meiner Abwesenheit auch selbständig etwas für die Patienten tun, leichte Erkrankungen behandeln und schwere mildern konnten, bis ich zurückkam. Ebenso wichtig war es, daß sie begriffen, welche Ernährung richtig für Erwachsene wie auch für Kinder und Säuglinge war und wie sie aus den in ihrem Land vorhandenen Nahrungsmitteln zusammengestellt werden konnte. Behandlung mußte zugleich auch Aufklärung sein. Meine Helfer sollten den Patienten vermitteln können, wie Erkrankungen vorzubeugen ist, welche Maßnahmen im häuslichen und hygienischen Bereich ergriffen werden mußten, um Gefahrenherde auszuschalten. Ich machte ihnen zur Aufgabe, diese Kenntnisse nicht nur an Patienten weiterzugeben, sondern auch an ihren Freundeskreis und Bekannte. Es gab keine Medien, die der Informationsverbreitung dienten, keine Zeitung und kein Fernsehen. In der ganzen Stadt gab es lediglich zwei kleine Radioapparate. Sie wurden einzig für politische Nachrichten genutzt und mußten an eine Autobatterie angeschlossen werden.

Es war interessant, wie geschult und geübt das Gedächtnis der Frauen und Männer war, wie Wissensvermittlungen nicht durch Medien überdosiert, sondern mündlich zustande kamen. Gerne saßen sie – zumeist abends – in großen Gruppen zusammen und nutzten die Ruhe, ihr Wissen über familiäre, gesellschaftliche und wirtschaftliche Zusammenhänge mündlich weiterzugeben.

Ich war erstaunt und erfreut, wie aufnahmebereit Abdullah wie auch Fatma und Nur waren. Sie hatten in ihrer Schule gelernt zu lernen und waren verantwortungsbewußt. Der alte Salim saß dabei, wenn ich sie unterrichtete. Vieles war schwierig für ihn, aber für die praktischen Regeln der Ernährung und Reinlichkeit hatte er viel Sinn.

Wenn ich meinen Patienten immer wieder Ratschläge gab, rechnete ich fest damit, daß sie weitererzählt werden. Bereitwillig gab ich deshalb jedem Fragenden Auskunft. Das hat sich im Laufe der Jahre gelohnt.

Als ich einmal an einen von Schibam weit entfernten Ort kam, den ich noch nicht kannte, wurde ich in ein Haus eingeladen. Die Kurbi-Frau setzte sich mit ihrem kleinen Kind zu mir: „Sieh meinen Sohn an, findest du, daß er wohl aussieht?" fragte sie. Es war ein strammer kleiner Junge von einem halben Jahr. „Er bekommt nur Muttermilch und keine Ziegenmilch. Tabiba Schibam hat gesagt, daß dies das Beste sei für ein so kleines Kind. Die Frau von Ali al Nahedi hat mir das erzählt, und die hat es in Schibam gehört, als sie dort im Hospital war." Das Vertrauen der Kurbi, weit entfernt von Schibam, wurde gewonnen, als Bachete mit geradem und festgeheiltem Bein zu ihrem Stamm zurückgekehrt war.

Fatma und Nur gehörten zu einem Beduinenstamm im Gebiet des Kathiri-Sultanats. Deshalb wurden sie leider schon nach vier Monaten nach Seiyun geholt und dort als Lehrerinnen in der neu gegründeten Mädchenschule eingesetzt, nachdem sie der Direktor in allem, was sie bei mir gelernt und sich aufgeschrieben hatten, geprüft hatte. Sie konnten ihren Schülerinnen vieles über Gesundheit und Ernährung beibringen. Außerdem kümmerten sie sich um jede kranke Schülerin, behandelten diese vor allem gegen Trachom, denn je früher damit begonnen wurde, desto größer war die Aussicht auf Erfolg.

Nach wenigen Wochen kamen wieder zwei Mädchen aus der Beduinenschule in Mukalla zu uns, Chadiga und Selma. Da sie einige Jahre blieben, lernten diese beiden auch, mir bei Frauen zu assistieren. Das brachte für die Patientinnen und mich große Erleichterungen mit sich und verkürzte die Dauer der einzelnen Operationen.

Auch während der Visiten in der Stadt konnten sie mir viele Besuche abnehmen, indem sie Wunden weiterbehandelten und einfach Injektionen gaben. Ihre Berichterstattungen, ohne Über- oder Untertreibung, waren erstaunlich genau und verläßlich.

Mit der Zeit fand ich immer mehr Patienten, die an Lungentuberkulose erkrankt waren. Da konnten Chadiga und Selma auch die regelmäßigen Injektionen geben und den anderen Frauen immer wieder die zu beachtenden Hygienevorschriften erklären. Bei den Männern nahm mir Abdullah Entsprechendes ab und dann auch Al Hadar, den ich auf meine Anforderung hin als zweiten Helfer bekam und von Anfang an auch selber ausbildete. So saßen beim Unterricht nun fünf Schüler vor mir und Salim Abed. Ihr Interesse und ihre Lern- und Merkfähigkeit waren eine Freude. Ich ließ sie alle mit durchs Mikroskop sehen, wenn es einen typischen Befund gab. Vieles prägte sich ihnen aber auch so ganz nebenbei durch das tägliche Zusehen bei meiner Arbeit ein.

Während der Jahre, die Chadiga und Selma bei mir waren, heirateten beide modern eingestellte junge Männer. Der eine war Vertreter der Fluglinie in den Hadramaut und der andere Hospitalhelfer, der in einer Beduinenschule für Jungen in Mukalla gewesen war. Beide Frauen arbeiteten nach ihrer Heirat weiter, obwohl sie bald ein Baby bekamen. Sie hielten sich an das, was sie gelernt hatten. Die Geburten verliefen glatt, ihre Babies strahlten vor Gesundheit, so daß nun auch andere Frauen fragten: „Was macht ihr mit euren Babies, daß sie so wohl und kräftig sind?" Übrigens waren Chadiga und Selma vor ihrer Hochzeit zu mir gekommen. „Du bist hier unsere Mutter und anstelle unseres Stammes verantwortlich", sagten sie und fragten mich um Erlaubnis für ihre Heirat. Entscheidend für meine Antwort war mir die Zuneigung von Braut und Bräutigam. Beide Paare haben sich nie getrennt.

Mit meinen Helfern konnte ich über vieles sprechen und mit ihnen meine Sorgen um Patienten teilen. Aber ich war doch für sie immer die „Tabiba". Dabei wünschte ich mir, auch einmal mit jemandem frei über Berufliches und Persönliches reden zu können. Das jedoch konnte ich nur im langwierigen Briefaustausch mit Luigi und Daniel.

Im März schrieb mir Luigi, daß er Daniel vertreten müßte, der wegen starker Depressionen nach Asmara gebracht worden war. Etwas später erhielt ich ein Telegramm von Luigi: „Heute ab Mukalla nach Tarim." Wollte er etwa das Alkaff-

Hospital übernehmen? Zwei Tage später standen das kleine gelbe Alkaff-Auto vor dem Hussen und Luigi in der Ambulanz! Wir strahlten beide über das Wiedersehen. Er war eingeladen worden, weil er sich für Tarim interessiert gezeigt hatte, und wollte natürlich von mir wissen, welche Erfahrungen ich in Tarim gemacht hatte. Nur ein paar Stunden war Luigi bei mir, er mußte ja noch weiter. Unser Gespräch drehte sich hauptsächlich um Tarim: ja oder nein?

Die Freude, uns zu sehen, und die Möglichkeit, daß Luigi auch in den Hadramaut kommen könnte, war groß und bedurfte eigentlich nicht vieler Worte.

Nach zwei Tagen kam Luigi nochmals und sagte mir, er habe Bedingungen gestellt, nun müßten die Alkaffs entscheiden.

Wenig später kam ein Brief aus Aden, daß es wahrscheinlich klappe. Es wurde immer spannender. Schließlich kam das Telegramm: „Ich komme." Am nächsten Tag landete er mit dem wöchentlichen Flugzeug im Wadi Hadramaut, wo er von einem Auto der Alkaffs abgeholt wurde.

Es war natürlich klar, daß Luigi zuerst zu mir kam, denn Schibam lag zwischen dem Flugplatz im Osten und Tarim im Westen. Am Abend konnte er allerdings nicht länger in Tarim auf sich warten lassen. Kurzentschlossen stieg ich mit ihm in das kleine offene General-Motors-Auto, das noch vor dem Krieg in Einzelteilen auf Kamelen über den Djoll heraufgebracht worden war.

Es war eine unvergeßliche Nachtfahrt. Der alte Wagen streikte mehrmals auf der Strecke – mal mit Reifenpanne und mal mit Motordefekt. Der Fahrer verschwand unter der Motorhaube oder unter dem Wagen, während wir im Fond des offenen Wagens saßen und uns in den Armen hielten, mit der Gewißheit, nun im selben Tal leben zu können.

Am frühen Morgen schaffte es der alte Wagen ohne Panne, mich in drei Stunden wieder zurück nach Schibam zu bringen. Um 9 Uhr ging ich durchs Stadttor und setzte mich wie jeden Tag auf die Stufen vor dem Alten Hussen, um die Hausbesuche zu notieren. Salim Abed mußte sich die Reihenfolge merken; er war wie ein wandelndes Adreßbuch. Erst um 21 Uhr war dieser Arbeitstag zu Ende. Ich kroch auf dem Dach unter mein Moskitonetz in glücklicher Stimmung, aber auch froh, nun ohne die „sandflies" zu sein, die mich in der Sommernacht in Tarim mit ihren feinen Stichen im luftigen Bungalow von Seiyid Mahdar nicht in Ruhe gelassen hatten.

Schon eine Woche später packte Luigi das Sandfly-Fieber (Pappataci-Fieber). Er war gerade bei mir, um seine Sachen mit einem Alkaff-LKW vom Zoll in Schibam zu holen. Drei Tage plagte ihn ein sehr hohes Fieber. Hinterher war er wie zerschmettert, müde, ausgezehrt und depressiv für die folgenden zehn Tage. Ich hatte ihn glücklicherweise mit Chloromycetin zur Senkung des Fiebers behandeln können. Als die Temperatur wieder normal war, fuhr er nach Tarim. Das war ein harter Anfang für ihn.

Kaum zwei Wochen später packte auch mich dieses Fieber. Alle halbe Stunde wechselten Fatma und Nur das feuchte Laken, mit dem ich zugedeckt war, um mich zu kühlen. Naib Kherussi sandte einen Boten zu Luigi. Mitten in der Nacht kam er mit einem gemieteten LKW. Da es mir sehr schlecht ging, war es das beste, am Morgen mit ihm für eine weitere Behandlung nach Tarim zu fahren.

Dabei erinnerten wir uns an die Reise von Aden nach Taiz nach meiner Malaria tropica, als er mir verboten hatte, in Aden zu sterben. Als das Fieber überstanden war, mußte ich sehen, wie ich wieder nach Schibam kam. Es hatte Gewittersturm mit viel Regen gegeben. Die Fluten aus den Seitentälern schnitten den Weg nach Seiyun ab. Watts, der östlich von Tarim für die Sultanatsregierung unterwegs war, hatte versprochen, mich wieder nach Schibam zu befördern. Wir starteten um 8 Uhr. Er fuhr einen weiten Bogen durchs Gelände, um der vom Regenstrom zerwühlten Straße auszuweichen bis zum Hauptstrom, der aber schon wieder niedriger war und langsam floß. Dort mußte ich zu Fuß durch Matsch und Wasser waten, auch Abadi, ein Helfer, mit meiner Milchziege an seiner Seite und auf den Armen das Zicklein. Hornsby wartete schon auf der anderen Seite mit einem Landrover und brachte uns zu seinem Haus in Seiyun, wo ich erst mal eine Stunde schlief. Dann bekam ich Lunch und ein kleines Konzert in dem märchenhaften weißen, romantischen Innenhof mit seinen Arkaden und Galerien. Es war Abend geworden, als ich wieder in Schibam und in meinem Haus war.

Ich dachte an Luigi. Er hatte noch keinen passenden Diener gefunden, bzw. die bereits engagierten blieben nicht lange, da ihnen der Haushalt wegen der vielen europäischen Besucher zu turbulent war. Die Europäer kamen teilweise aus Seiyun oder mit dem wöchentlichen Flugzeug aus Aden und quartierten sich einfach bei Luigi in Tarim ein. Es gab ja keine Hotels. An Selbstversorgung dachten aber höchstens die Besucher aus Seiyun. Das änderte sich während der Jahre, die Luigi im Hadramaut war, nicht. Sein Haushalt wurde erst etwas ruhiger, als er anstelle eines Dieners eine Dienerin anstellte, eine einfache Frau, Witwe, die sich ihr Geld selber verdienen mußte. Sie konnte eine scharfe Zunge haben und sich gegen Besucher, die allzuviel verlangten, sehr gut durchsetzen.

Als ich meine Patienten in Schibam und in der Umgebung wieder versorgen konnte, war ich froh. Wenn dann noch Zeit blieb, mit Zingabil einen Ausritt zu unternehmen, war der Tag vollkommen. Das breite Sandbett zwischen meiner Wohnung in Sehel und der Stadt war ein Tummelplatz der Buben, bei denen auch Fußball beliebt war. Wenn ich vorbeiritt, stimmten sie einen Gesang mit dem Refrain an: „Al hossan al Tabiba", das Pferd der Tabiba. Die Männer trafen sich vor der Stadt und saßen in Kreisen im Sand, lebhaft miteinander redend. Bei Sonnenuntergang erhoben sie sich, und einer aus der Mitte stellte sich vor die Gruppe. Alle hatten die Gesichter nach Mekka gerichtet. Während sie das Abendgebet mit monoton singender Stimme sprachen, reckten sie die Arme hoch, um sich dann tief zu neigen, auf die Knie zu sinken und mit dem Kopf den Boden zu berühren. Dieses Ritual wiederholte sich mehrmals. Mit dem Einbruch der Nacht wurde es dann aber still vor der Stadt, nur Kamelkarawanen lagerten lautlos im Sand.

Gerne ritt ich bei Mondschein hinter den Friedhof hinaus zwischen die Dünen und weiten Sandflächen. Hier herrschte Stille, für mich so schön wie Musik, manchmal noch schöner. Der Friedhof war wie der bei Taiz nicht eingegrenzt, sondern ein offenes Feld mit einfachen Gräbern. Wie mir erklärt wurde, war es Sitte, den Toten sitzend zu beerdigen, damit er beim Jüngsten Gericht wach sein könne. Über den Sitzenden wurde dann lediglich Sand und Geröll gehäuft. Zwei unbehauene, unbeschriftete Natursteine auf dem Grab, nicht größer als ein Kopf, zeigten an, daß hier jemand beerdigt war. Eine Frau bekam drei Steine, da sie zum Eingang in die Ewigkeit zweier Sprecher bedurfte. Kinder bekamen nur einen Stein. In ihrer Unschuld schienen sie der Sprecher nicht zu bedürfen. Den Gräbern haftete nichts Künstliches an. Mit der Zeit ebneten sie sich von selber ein. Der Wind wehte Sand darüber, und alle Toten gehörten der Wüste.

Einmal, als ich wieder bei den Gräbern vorbeigeritten war, dachte ich: Seltsam, diese stete Sehnsucht, seinen eigenen Mittelpunkt zu finden, von dem alles aus- und zu dem alles hingeht. Die Mitte als etwas Ruhendes. Darum wohl das Streben nach ihr. Es sind aber nur Augenblicke im Leben, in denen wir ganz diese Mitte sind. Erst der Tod gewährt uns, ewig zu ruhen.

Es war noch nicht ein Jahr vergangen, als in Seiyun eine Diskussionrunde über Fragen des Gesundheitsdienstes zusammengerufen wurde. Vor allem sollte die Hospitalfrage im Wadi Hadramaut besprochen werden. Das Fazit war, daß vorerst nichts zu erwarten und man sich noch gar nicht einig sei, ob in Schibam gebaut werden sollte.

Im Mukalla war der Plan entwickelt worden, an das dortige Hospital eine Frauenabteilung anzubauen. Ich sollte diese übernehmen, nicht nur, um Frauen zu behandeln, sondern vor allem, um Mädchen und Frauen als Pflegerinnen beziehungsweise Helferinnen nach westlicher Art auszubilden. Doch ich war in keiner Weise bereit, mein Wadi zu verlassen.

Die angebotene Aufgabe war längst nicht so herausfordernd wie die dringend notwendige medizinische Versorgung in Schibam. Alle vorgeschlagenen Planungen entsprachen nicht meinen Vorstellungen und waren reine Theorie. Ich mußte hier den langen Atem behalten.

Luigis Anwesenheit im Hadramaut war trotz aller schwierigen Umstände nicht nur für uns privat schön, sondern bedeutete auch beruflich eine Erleichterung. Endlich konnte ich Krankheitsfälle fachlich eingehend besprechen und Luigi auch meine unmittelbaren Hospitalsorgen mitteilen. Wir unterstützten uns gegenseitig in unserer Arbeit. Luigi war internistisch eingestellt und baute sich ein größeres Labor auf. Ich erweiterte mit zunehmender Erfahrung meinen chirurgischen Bereich. Bei großen Notoperationen assistierte mir Luigi, aber auch bei besonders heiklen Operationen, wie der einer Hasenscharte, wo Lippenrot und Form wichtig waren, um das junge Mädchen oder auch den jungen Mann zu verheiraten. Für Luigis Assistenz nahm ich ihm im Hospital Fälle und die Behandlung der Frauen und Kinder ab, wenn ich in Tarim war.

Das schreibt sich jetzt so leicht und liest sich wie eine Selbstverständlichkeit, aber so einfach war das Zusammentreffen und Zusammenarbeiten nicht. Der Transport blieb für uns noch lange ein Problem. Schon ohne Aufenthalt dauerte die Fahrt gut drei Stunden für die ca. 60 Kilometer.

Es war Streß, als Arzt wie auch als Privatperson auf Gelegenheitstransporte angewiesen zu sein, die sich ja nicht uns anpaßten. Vielmehr mußten wir uns den

Gelegenheiten anpassen, die sich nicht notwendigerweise gerade dann ergaben, wenn wir sie brauchten oder wünschten.

In äußerst dringenden Fällen half, wer konnte, so Naib Kherussi, wenn er nicht in der Provinz herumreisen mußte. Es ging ja nicht nur um den Transport von Luigi und mir, sondern meistens um den der Patienten.

Die in Seiyun stationierten Engländer halfen ebenfalls, wenn sie konnten. Manchen stand aber ein Paragraph der Dienstordnung im Weg, über den sie nicht springen konnten. Als Luigi einmal dringend mich und meine Geburtshilfezange brauchte, durfte der Dienstwagen nicht gefahren werden. Die Frau und ihr Baby starben am nächsten Tag, und ein Seyid, der sich gegen jegliche Geburtshilfe empört hatte, äußerte sich zu diesem Fall: „Die Gebärende soll erdulden, was Allah ihr auferlegt hat." Da war sie wieder, die Grenze, die Situation, die ich als Europäerin, als Frau und Ärztin verarbeiten mußte. Alles in mir bäumte sich auf und fiel wieder zusammen, wenn ich um mich blickte und mir klarmachte, daß ich mit Menschen lebte, die das Leben nach anderen Werten beurteilten.

Eine Unterbrechung der täglichen Notwendigkeiten brachten die arabischen Feiertage am Ende des Fastenmonats Ramadan und das Pilgerfest. Abwechslungsreich gestalteten sich auch die in verschiedenen Gegenden stattfindenden Wallfahrten, die mit Jahrmärkten verbunden waren. Der Islam kennt zwar keine Heiligen, dafür wird aber das Wirken frommer und tugendhafter Männer geehrt. Alljährlich versammelten sich die Hadramauter an einem bestimmten Tag zum Gebet an den kuppelgeschmückten Grabstätten. Eine davon war Qain, westlich von Schibam.

Der ausgedehnte Jahrmarkt dort erschien mir als wichtiges gesellschaftliches Ereignis. Ich selber erstand von den Silberschmieden, die ihre Ware vor sich auf dem Erdboden ausgelegt hatten, einige der schweren Silberreifen, wie sie die Beduinenfrauen an den Armen und um die Fußgelenke trugen.

Die größte Wallfahrt im Wadi Hadramaut aber war die nach Gabr Hood, der Grabstätte des Propheten Hood (oder Huth), der dem altbiblischen Esra Jektan – Sohn des Eber – entsprechen soll. Luigi, der sehr schnell die Sympathie der Tarimer gewonnen hatte, und ich wurden gefragt, ob wir mit wollten. Hood lag östlich von Tarim und war drei Tagesreisen mit dem Kamel oder zu Fuß entfernt. Mit dem Brüderpaar Salah und Jamal-al-lel Alkaff starteten wir in einem kleinen Jeep nach Osten.

Allmählich wurde das Tal enger, die steilen Kliffe zu beiden Seiten wurden höher und höher. Nach einigen Stunden ließen wir bei der Festung Som den letzten Ort, die letzte Ansiedlung hinter uns. Das ganze Jahr über fuhr kein Auto weiter als bis hierher. Auch zur Wallfahrt waren es nur wenige Wagen, die die Beduinen vom Stamm der Manahil durchließen.

Die Beduinen waren wenig an der Prozession interessiert, dafür aber um so stärker am Kameltransport der Pilger und am Verkauf ihrer Ziegen, die für die Wallfahrer geschlachtet und gebraten wurden.

Noch vor der Grabstätte des Propheten Hood lag ein Dorf um einen Marktplatz, dessen Häuser nur während der Wallfahrtszeit bewohnt waren. Sie gehörten meist Seiyids aus Tarim und standen das Jahr über offen. In eines davon zogen wir ein. Es gehörte einem Onkel von Salah und Jamal-al-lel. Dieser war aus Angst vor den Beduinen nicht mitgekommen. Der Grund immer wieder auftretender Spannungen war, daß die Beduinen ihre Lebensart nicht aufgeben wollten. Sie kämpften darum, mit ihren Kamelkarawanen durch die Wüste zu wandern und ihr Leben unter freiem Himmel zu führen.

Als wir am späten Nachmittag in Hood eingetroffen waren, vertraten wir uns nach der stundenlangen Fahrt über die rauhe Piste erst einmal die Beine. Unten am Wasser herrschte reges Treiben. Männer und Knaben badeten in dem klaren Wasser des Stroms, und Beduinen tränkten ihre Kamele. Es dunkelte schon, als wir zurückkamen. Der Markt war von Laternen hell erleuchtet. Die Menge schob sich an den bunten Verkaufsständen vorbei. Dunkle Beduinengestalten standen inmitten ihrer Ziegenherden. Am Rande brannten Lagerfeuer. Eine Schar von Männern bildete ein großes Rechteck. Einige von ihnen stellten sich in die Mitte und begannen einen stundenlangen Gesang, in den die anderen mit einem Kehrreim auf den Propheten Hood einfielen. Dabei gingen die Männer im Rhythmus einige Schritte vor und zurück und machten dann einen angedeuteten Knicks. Am Ende tanzten alle um den Brunnen, immer schneller und schneller, voraus einige Haartänzer, Männer mit langem Haar, die den Kopf so zurückwarfen, daß ihr Haar in der Luft eine Acht beschrieb.

Als diese Schar abzog, begannen die Beduinen ihren Tanz, die Männer zusammen mit ihren unverschleierten Frauen. Sie stellten sich im Kreis auf, sangen und klatschten dazu in die Hände, während eine der Frauen mit schnellen, kleinen

Schritten rückwärts tanzte, gefolgt von einem Mann, der nach wenigen Runden vom nächsten abgelöst wurde. Die schnellen, leichten Bewegungen waren schön, der Rhythmus reizte, mitzutanzen.

Leider kam ein Soldat auf den Gedanken, den Beduinen den Tanz zu verbieten. Seiner Meinung nach würden sie sich dabei zu stark erregen, dann Streit anfangen und zu ihren Gewehren greifen. Das war aber Unsinn, denn der Tanz mit den Frauen war kein stimulierender Kampfrhythmus. Schließlich wurde das Verbot widerrufen, doch der Vorfall wies auf die latente Spannung zwischen Regierungssoldaten und Beduinen hin.

Am andern Morgen setzte sich um 7 Uhr die Prozession unter Führung des Mansabs von Ainat, des religiösen Führers und Friedensrichters, außerhalb des Ortes in Bewegung. Bunte Fahnen wurden vorausgetragen. Die Menge drängte sich heran, um sie zu berühren. Auch als Mansab ein rituelles Bad im Strom nahm, bevor er Hood betrat, drängten Männer und Knaben ihm nach, um ihn zu berühren.

Nach einer Weile hielt die Prozession am Marktbrunnen an. Im Chor wurde allen Propheten „Salam aleikum", Friede sei mit euch, zugerufen, bis hin zum Propheten Mohammed, dem letzten und größten unter ihnen. Es erstaunte und beeindruckte mich, daß als vorletzter Prophet Jesus von Nazareth genannt wurde.

Danach pilgerte der Zug zur Grabstätte des Propheten Hood. Hoch oben am Hang unter den Felsen strahlten weithin die weißen Kuppeln seiner Grabstätte vor den dunklen Felsen. Unter Gebeten stiegen die Wallfahrer die breite Treppe hinauf, wuschen sich an dem Wasserbecken und betraten eine Säulenhalle unter einem großen, überhängenden Stein.

Der Legende zufolge stellt dieser Stein das versteinerte weibliche Kamel Hoods dar. Dem Propheten, von seinen Feinden verfolgt, habe sich im Augenblick höchster Not der Felsen geöffnet, Hood eingelassen und sich hinter ihm wieder geschlossen. Sein treues Kamel habe sich davor niedergelegt, auf seinen Herrn gewartet und sei dabei versteinert.

Die Gläubigen zogen weiter hinauf, um den Propheten an seinem Grabmal zu ehren. Gegen Mittag waren Prozession und Gebet beendet. Der Ort leerte sich schnell. Am Nachmittag machten auch wir uns auf die Rückreise im Jeep und überholten die Wallfahrer, die auf Kamelen und Eseln reisten oder zu Fuß gingen.

Mit Singen und Lachen zogen die Leute dahin. Ein alter Seiyid ließ sich von seinen Dienern in einer Sänfte tragen.

Nach Eintritt der Nacht kamen wir an Nachtlagern vorbei. Auch hier ging es an den Feuern mit Singen und Lachen lustig zu. Weithin waren die Stimmen zwischen den Kliffwänden zu hören. Drei Tage später ritten die Tarimer Pilger auf ihren Kamelen in wildem Galopp durch das Stadttor bis zum Markt. Die Beduinen dagegen liefen leichtfüßig neben ihren Tieren her und führten sie, damit ihnen nichts geschah. Eine bunte Menge: würdevolle Seiyids, Dienerinnen in roten Überwürfen und schwarzen Kopftüchern, kleine Mädchen in farbenprächtigen Kleidern und schmuckbehängt. Das letzte Kamel kam sehr langsam und hochnäsig daher. Es trug einen breiten überdachten Sitz, in dem Kinder saßen, und schloß mit der leichten Last die Rückkehr der Pilger ab.

Das Leben der Kinder in diesem Land war nicht einfach. Viele mußten schon früh zum Familienunterhalt beitragen. Mädchen übernahmen bereits mit zehn Jahren eine Arbeit, wenn auch noch keine so schwere wie das Tragen der Wassersäcke. Häufig halfen sie im Haushalt wohlhabender Familien, führten deren kleine Kinder spazieren und paßten auf, wenn sie draußen spielten. Die Töchter der Familien durften, sobald sie zehn Jahre alt waren, nicht mehr das Haus verlassen. Sie wurden für die Ehe vorbereitet. So auch meine kleine Freundin Amina.

Als ich sie kennenlernte, war sie erst neun Jahre alt und durfte, wie die anderen Kinder, auch mit den Jungen noch unverschleiert außerhalb des Hauses spielen. Wenn mich die Kleine mit dem bezaubernden schwarzen Lockenkopf sah, lief sie auf mich zu, um mich zu begrüßen. Ihre lustigen und lebhaften Augen schauten mich dabei schelmisch an. Dann rannte sie lachend wieder zu den anderen Kindern.

Ich fragte ihren Vater, warum er die lebhafte und intelligente Tochter nicht lesen und schreiben lernen lasse, worauf ich wieder einmal zu hören bekam, daß die Ansprüche der Frauen sich dadurch erhöhen würden: „Jetzt sind wir wohlhabend, dann nicht mehr!"

Es gab eine Schule für Knaben. Amina aber durfte nur mit anderen kleinen Mädchen bei der blinden Modira (Lehrerin) Teile aus dem Koran auswendig lernen.

Zusammengedrängt saßen die Mädchen vor der Frau auf dem Boden und sprachen im Chor mit ihr die Verse. Damit sie den Rhythmus hielten, standen zwei größere Mädchen am mittleren Pfeiler, der die Decke des Raumes stützte, hielten sich daran fest und wiegten sich im Takt nach rechts und links. Jede überschaute dabei eine Hälfte des Zimmers. So gaben sie den Takt optisch vor. Trotzdem kamen die Kleineren, die Vierjährigen, nicht so schnell mit, kannten auch den Text nur bruchstückhaft. Die Größeren beeilten sich um so mehr und überschrien dabei die blinde Lehrerin. Eine Helferin brachte dann mit lauter Stimme die Mädchen zum Schweigen.

Dann lauschten alle wieder auf die Worte der Blinden. Die beiden Mädchen wiegten sich am Pfeiler im Rhythmus der Verse, der Chor der Kleinen fiel ein. Das wiederholte sich immer wieder, bis die Mädchen die Suren des Korans beherrschten.

Die Modira war als Kind infolge von Pocken erblindet. Darum war eine Ehe für sie nicht in Frage gekommen. Sie lernte bei einem Schriftkundigen Seite um Seite des Korans auswendig und gab ihrem Leben einen anderen Inhalt. Auf diese Weise war sie keine lästige Behinderte mehr. Ihr bescheidenes, von Allahs Worten erfülltes Wesen strahlte auf ihre Umgebung aus, auf die kleinen Mädchen, die bei ihr lernten, wie auf die Frauen, die sich jede Woche bei ihr versammelten, um von ihr den Koran zu hören, mit ihr die Verse zu sprechen und dann gemeinsam zu beten.

Ich machte der Modira den Vorschlag, auch für die Mädchen Schuluntersuchungen und Behandlungen einzuführen, wie ich sie bereits bei den Jungen vornahm. Leider blieb es bei einer einzigen Untersuchung, denn die Kinder begriffen nicht deren Sinn, und ihre Mütter und Väter meinten, es reiche doch aus, mich zu rufen, wenn die Mädchen wirklich krank seien. Den Sinn der Prävention und Früherkennung – zum Beispiel bei der Augenkrankheit Trachom, tuberkulösen Drüsen oder Rachitis – verstanden sie in bezug auf ihre Töchter nicht. Dagegen waren sie von der Einführung der Schuluntersuchungen und Behandlungen der Knaben begeistert. Da hatte der verständige Modir (Schulleiter) mich bei den Buben und ihren Eltern unterstützen können, die Jungen in Gruppen von zehn oder 20 einfach ins Hospital geschickt und dafür gesorgt, daß die Behandlungsbedürftigen regelmäßig kamen. Die blinde Koran-Lehrerin dagegen wurde zwar hoch geehrt, aber darüber hinaus nicht als Autorität angesehen.

In der kleinen Amina war nie ein anderer Wunsch geweckt worden, als das zu werden, was Mutter, Großmutter, Urgroßmutter waren: Mutter und Hausfrau. Sie war noch nicht ganz zehn Jahre alt, als sie ihre Eltern drängte, sie ganz im Haus zu lassen und vor Männern zu verschleiern, wie es üblich war. Für dienende Mädchen gehörte es sich ebenfalls, vom zehnten Jahr ab zumindest einen Zipfel ihres großen Kopftuches über Mund und Nase zu ziehen, so daß nur die Augen zu sehen waren.

Dem Brauch entsprechend wurden Amina die Haare so kurz geschnitten wie bei einem Jungen. Sie blieb im Haus, durfte nur mit nächsten Verwandten und Mädchen zusammensein, nicht einmal mehr mit verheirateten Frauen der Nachbarschaft. Sie lernte kochen, nähen, sticken. Mit gleichaltrigen Freundinnen übte sie auf einer kleinen, buntbemalten Trommel Tanzrhythmen und lernte, dazu alte Volksweisen – meist Balladen – zu singen. Als Aminas Haare wieder lang gewachsen waren – inzwischen war sie 14 Jahre alt geworden – wurden sie ihr eines Tages besonders fein geflochten und Hände und Füße schön reichlich mit Henna und Schwarz bemalt. Duftige neue Kleider wurden ihr angelegt und reicher Schmuck: ein goldener Halbmond auf der Brust, an einer Halskette drei kleine Silberdöschen, in denen Schriftstücke steckten, die böse Einflüsse bannen sollten, schwere Ohrringe, zahlreiche goldene Armreifen und Fingerringe mit bunten Steinen, um die Fußgelenke Reifen mit Glöckchen dran.

Es war Aminas Hochzeitstag, dem sie seit vier Jahren entgegengelebt hatte. Aber erst am Morgen war ihr das von ihren Eltern mitgeteilt worden, die schon seit langem mit der Familie des 17jährigen Bräutigams diese Ehe vereinbart hatten. So wollte es die uralte Sitte. Für die Entscheidung ausschlaggebend waren Ansehen und die Verhältnisse der beiden Familien, ihr finanzieller Stand, Gesundheit und, bei der Braut, die Aussicht auf Gebärfähigkeit. Zuneigung und Liebe sollten sich erst während der Ehe entwickeln. Ging sie schief, etwa wegen Krankheit, Kinderlosigkeit oder Abneigung, stand einer Scheidung nichts im Wege.

Das Brautgeld, das der Vater für seine Tochter erhielt, sollte dabei eigentlich eine gewisse Sicherung für die Tochter bilden, falls sie wieder ins Vaterhaus zurückkehren müßte. In Schibam blieben die Ehepartner aber meist zusammen. Außerdem hatte hier die Einehe Vorrang.

Festlich geschmückt und wunderschön aussehend, wurde Amina in der Nacht in das Haus ihres Bräutigams geholt und mit ihm vermählt. Drei Tage lang wurde nun im Haus der Schwiegereltern gefeiert. Dabei blieben die Frauen und Männer getrennt. Ein Festmahl folgte dem anderen. Bis spät in die Nacht drängten die Besucher herein. Zuerst der engere Verwandtenkreis, dann Nachbarn, befreundete Familien und nach und nach je ein Abgesandter aus jeder Schibamer Familie – Mann oder Frau.

Über 500 Gäste waren geladen, und am letzten Tag kamen die weniger Bemittelten zum Hochzeitsessen. Die jungen Männer der Familie hatten genug zu tun, die „Tafel", ein langes weißes Tuch auf dem Boden, immer wieder neu zu richten. Diener standen an der Tür mit einer Schüssel und einer Kanne mit Wasser bereit, um den Gästen vor und nach dem Essen die rechte Hand zu spülen. Für die Frauen, die getrennt speisten, waren natürlich Dienerinnen dafür zuständig. Der Hausherr und seine Söhne aßen nicht mit, sondern kümmerten sich darum, daß alle Gäste zu ihrem Recht kamen. Nur er besorgte das Aufschneiden des Fleisches, die Hausfrau waltete in der Küche.

Ich war zuerst bei den Männern, dann bei den Frauen und sah mir nachmittags fasziniert ihre Tänze an, die sich von den Taizern durchaus unterschieden. Sie dauerten bis weit über Mitternacht hinaus. Sogar in meiner Wohnung in Sehel konnte ich noch ihren monotonen Gesang und das rhythmische Schlagen auf die großen und kleinen Trommeln und Tamburine hören.

Amina, die nun auch noch mit einer Brautkrone aus bunten Perlen geschmückt, stumm und regungslos in all ihrer Pracht, auf einem seidenen Kissen saß, wurde gefeiert. Strahlend saß ihre Mutter neben ihr und fächerte ihr kühlende Luft zu. Wegen der Hitze im Raum und vor Anstrengung perlte dem Kind der Schweiß von der Stirn. Jede Stunde etwa durfte sie sich in ihrem neu ausgestatteten Brautgemach im fünften Stock bei offenen Balkontüren erholen. Eine Dienerin nahm ihr solange den schweren Schmuck ab und gab ihr kühles Wasser zu trinken.

Zwei Jahre später wurde Amina Mutter eines Sohnes. Erschöpft lag sie da, auf der Stirn einen großen schwarzen Fleck als Zeichen, daß sie ein Kind geboren hatte. Auf der Türschwelle lagen zerbrochene Eier. Das erinnerte mich an die Blutspritzer im Hauseingang bei Aminas Hochzeit. (Man gab es nicht zu, aber es hatte sicher mit alten vorislamischen Bräuchen zu tun.) Amina fragte mich, wie sie das Kind nähren und halten solle.

Ich riet ihr, das Baby zu stillen, solange es ging. Falls ihre Muttermilch nicht ausreichte, sollte sie Milchpulver, das ich im Hospital und auf dem Markt inzwischen eingeführt hatte, nach Vorschrift auflösen. Denn die einzige reichlich vorhandene Milch von Ziegen wie auch von Kamelen war höchst unbekömmlich für ein Baby. Aminas Großmutter war anderer Meinung und befahl, dem Baby Honig und Ziegenmilch zu geben. Die alte Frau hatte selbst 14 Kinder zur Welt gebracht, von denen allerdings nur vier am Leben geblieben waren – keine Seltenheit im Hadramaut. Luigi und ich hatten durch Befragungen festgestellt: 63 bis 65 Prozent aller Kinder starben bis zum dritten Lebensjahr, vor allem durch nicht kindgemäße Ernährung. Die alte Frau war gewiß erfahren, da ja auch noch ihre Töchter und Schwiegertöchter Kinder geboren hatten. Es war eben Allahs Wille, daß so viele Kinder starben.

Genauso wie sie Amina anwies, ihr Kind zu ernähren, war auch sie von ihrer Mutter und Großmutter angewiesen worden. Das Frauenleben hatte sich in seinen engsten Gebräuchen und Regeln wohl seit Jahrhunderten nicht geändert. Durch die hohe Rate der Kindersterblichkeit hielt sich jedoch die Bevölkerungszahl im Hadramaut einigermaßen im Gleichgewicht, wozu allerdings auch die Tatsache beitrug, daß viele Männer mit Familie im Ausland lebten. Auch Aminas Mann ging nach der Geburt seines Sohnes alleine nach Äthiopien, um seinen älteren Bruder im Handelsgeschäft seines Vaters abzulösen, damit dieser wieder ein bis zwei Jahre in Schibam mit seiner Frau und seinen Kindern leben konnte. Amina zog während der Zeit zu ihren Eltern und wohnte und lebte mit den Frauen ihrer Großfamilie zusammen. Mutter, Groß- und Urgroßmutter, Schwestern, Tanten, Schwiegertöchter und deren Kinder, alle lebten in wenigen Räumen. Das war nicht weiter schwierig, denn weder die Frauen noch die Männer lebten gerne alleine. Sie saßen bei Tage zusammen und richteten ihren Schlafplatz – eine Matratze oder nur eine Matte oder einen Ziegenhaarläufer – im selben Raum her. Die Diener bzw. die Dienerinnen schliefen auch hier, soweit sie nicht zu ihrer eigenen Familie gingen. Junge Paare konnten sich in eines der kleinen Zimmer im fünften oder sechsten Stockwerk zurückziehen. Außer der Bekleidung, dem Janbiah (Krummdolch) der Männer und eventuell noch einem Gewehr, dem täglichen Schmuck und dem Festschmuck der Frauen besaß niemand persönliche Dinge. Nicht einmal die Schlafmatratze gehörte nur einer bestimmten Person. Möbel, wie sie Europäer gewohnt sind, gab es nicht. Dem Klima entsprach es weit besser, auf dem Boden zu sitzen, zu liegen, zu schlafen, zu essen. Auch ich machte diese Erfahrung und nahm die Art zu wohnen weitgehend an. An den weißen Wänden hingen keine Bilder. Die geschnitzten Gitterwerke der Fenster wirkten durch ihre Schattengebung, und die kleinen Wandnischen dienten abends zum Aufstellen der Laternen oder Preßluftlampen. In der Mitte des Zimmers trugen viereckige Pfeiler auf geschnitzten Kapitellen die weißgekalkte Balkendecke. In einer Ecke befanden sich ein Absatz und ein kleiner Wandschrank mit allem Zubehör für die Teezeremonie. Der im Hadramaut übliche Buchari, eine Art Samowar, sehr schön geformt, war dabei das Wichtigste. Selbst die Beduinen nahmen solch einen Buchari mit sich, wenn sie mit ihren Kamelkarawanen über den Djoll zogen.

Weitgehend auf das Haus beschränkt, gestaltete sich auch das Leben für die wenigen europäischen Ehefrauen, die ihre Männer in die Abgeschiedenheit des Wadi Hadramaut begleiteten. Sie lernten kaum einheimische Familien kennen, besonders dann nicht, wenn der Mann keinen persönlichen Umgang mit der Bevölkerung wünschte, wie Fritz, ein Ingenieur in Seiyun. Seine fröhliche junge Frau kam einige Monate nach ihm an. In den vielen Jahren, die das Paar blieb, hatte Ursel außer mit ihren arabischen Putzhilfen kaum Kontakt mit der Bevölkerung.

Das Haus von Ursel und Fritz wurde zu einem Treffpunkt für die Europäer. In der Mehrzahl waren es Junggesellen, die sich in Seiyun aufhielten. Wenn sie von den mehr oder weniger langen und strapaziösen Fahrten im Wadi und in der Rub al Khali zurückkamen, besuchten sie gerne die junge Familie und waren dankbar für eine geruhsame Stunde, während Ursel ihre Gäste mit Leckereien und einem kühlen Trank verwöhnte. Den Hadramaut erlebte Ursel nur durch die Erzählungen ihrer Gäste und Ausfahrten mit Mann und Kindern.

Alleinstehend hatte ich es viel leichter, die Menschen, ihre Lebensweise und Glaubensinhalte kennenzulernen und freundschaftliche Kontakte zu mancher Familie zu entwickeln. Meine Gedankenwelt war eine andere als die arabische, was aber kein Hindernis dafür bot, füreinander Verständnis aufzubauen und Sympathie zu hegen.

Das begriff allmählich auch meine Mutter, die mich während der Wintermonate in Schibam besuchte. Onkel Heinz verhalf ihr zu einer Schiffspassage auf einem Frachtschiff von Bremen nach Aden, die sechs Wochen dauerte.

In Briefen an meine Schwester schilderte sie ihre Eindrücke: „Abends bei den verdammten Petroleumlampen läßt es sich schlecht lesen und schreiben, Eva ist dann auch müde und träufelt weise Lebensanschauungen auf mein geduldiges Haupt. Im ganzen bin ich zufrieden mit ihr. Sie ist munter und wirklich glücklich und zufrieden mit ihrer Arbeit hier und ihrer Art zu leben. Ich fühle mich auch schon ganz zu Hause."

„Wie freundlich und fröhlich sind diese Araber, und sie brauchen so wenig zum Leben. Die Beduinen, die das entbehrungsreichste Leben führen, haben ihre Fehler und Untugenden wie wir alle. Aber ich finde, der westliche Mensch hat keinen Grund, einen Wertmesser anzulegen und sich dann auf der Wertskala weit erhaben zu fühlen. Uns würde zu manchem der Mut, die Kraft und die Ausdauer fehlen, welche die Beduinen hier in ihrem Leben aufbringen müssen."

„Eva könnte vielleicht viel Geld verdienen, wenn sie darauf einginge, auch in ihrem Haus Leute zu behandeln, wie manche gerne wollen, weil sie sich einbilden, dann bessere Medizin zu bekommen. Aber sie verweist alle immer wieder aufs Hospital, um dieses absolut zum Mittelpunkt der Gesundheitspflege zu machen. Was sie haßt, ist oberflächliche Arbeit. Eva hat das Hospital ja schon erweitert, indem sie stationäre Patienten annimmt, nicht nur ambulante. Sie wirbt immer wieder um Spenden aus der Bevölkerung für Medikamente und Innenausstattung. Das Vertrauen zum Hospital ist schon gewachsen, und die Frequenz beachtlich."

„Sie haben kein Geld. Wenn Eva ginge, würde ihr ganzes improvisiertes Hospital wieder zerfallen und nur eine Dispensary bleiben, wie früher, zu der kein Mensch Vertrauen hat. Eva kämpft wie eine Löwin für ein neues Hospital in Schibam."

Meine Mutter war eine gute Beobachterin. Meine Pläne überstiegen die Finanzierungsmöglichkeiten des Qaiti Sultanats. Ich sah doch täglich, wo die Notwendigkeiten lagen. Im Bau eines neuen Hospitals in Schibam (einer Markt- und Zollstadt) und der Anschaffung eines Autos für die ärztliche Versorgung der Provinz und für Krankentransporte sah ich die wichtigste Aufgabe.

Während meiner Ritte und oft auch während der Spaziergänge mit meiner Mutter bei Sonnenuntergang ließ ich meinen Gedanken freien Lauf und schöpfte wieder Kraft für meinen Einsatz. Nicht nur für die Schibamer, sondern auch talauf, talab wurde das improvisierte Hospital im Alten Hussen immer mehr ein Begriff und erweckte zunehmend bei der Bevölkerung Vertrauen. Über jedes bißchen, das ich mit meinen Helfern zusammen verbessern konnte, freute sich die Stadt mit uns, denn unsere Arbeit war kein Geheimnis. Höchst willkommene Spenden sowohl von Schibamern als auch von pharmazeutischen Firmen und einzelnen Besuchern, die von der Arbeit im Alten Hussen beeindruckt waren, unterstützten uns. Kleine Schritte vorwärts: Alle Fenster unseres Operationsraumes wurden mit weißem Stoff bespannt – keine Fliegen, kein Sandstaub mehr. Dann zwei Kocher und in großen geschlossenen Aluminiumtöpfen das Verbandszeug und Tupfer, für Nachtoperationen noch Petromax-Lampen (Glühstrumpflampen mit Preßluft).

Salim Abed war inzwischen in der Lage, alles für eine Operation vorzubereiten, so daß ich nur die Instrumente aussuchen mußte, die er vorher auf den Kochern sterilisiert hatte. Nach der Operation räumte er alles innerhalb einer Stunde wieder auf und säuberte die Instrumente, so daß der improvisierte OP wieder benutzbar war.

Der erste, der von diesen Neuerungen profitierte, war ein Mann aus Bellele, einem hochgelegenen Seitental. Seit acht Tagen litt er an einem eingeklemmten Leistenbruch, der zu einem kompletten Darmverschluß geführt hatte. Nun kam er den ganzen Weg auf einem Esel geritten, begleitet von einem Freund. Eine größere Operation stand bevor, für die Luigis Assistenz nötig war. Denn auch mit dem Gesamtbefund des Patienenten stand es nicht zum Besten. Der Naib versprach, Luigi zu benachrichtigen und ihm sein Auto zu geben. Aber kein Auto, kein Luigi kam. Nur durch Zufall erhielt er meinen Brief mit 30 Stunden Verspätung. So operierte ich alleine mit Abdullah, der sich sehr gut anstellte. Die verschleierte Chadiga, meine „Beduinentochter", hielt die Hände des Patienten auf seiner Brust fest und redete beruhigend auf ihn ein, wenn er sich bewegen wollte, denn ich operierte in Lokalanästhesie. Der Leib war bereits stark aufgetrieben und das Gewebe schwammig, was die Operation erschwerte. Das befreite Darmstück hatte drei kleine Hämatome (Blutungen im Gewebe). Da es sich beim Freilegen und Berühren zusammengezogen hatte, machte ich keine Resektion, sondern übernähte die Hämatome in Längsrichtung. Der Patient erhielt anschließend Medikamente, die den Darm anregten, und Penizillin zur Vorbeugung gegen Infektionen.

Seine Mutter und seine Frau, die nachgekommen waren, pflegten ihn. Der Patient lag, wie er es gewohnt war, auf einem Ziegenhaarläufer, mit einem zweiten zugedeckt. Ein Bett kam für ihn nicht in Frage, da er, nicht daran gewöhnt, herausgefallen wäre. Die normale Darmtätigkeit kam nach zwölf Stunden wieder voll in Gang. Der aufgeblähte Leib nahm ab. Nach acht Tagen konnte ich die letzten Fäden ziehen und den Patienten einige Tage später nach Hause entlassen.

Kurz darauf operierte ich mit Luigi in Tarim ein anderthalbjähriges Mädchen wegen einer Geschwulst am Ellbogen. Da die Eltern es nicht aus dem Haus lassen wollten, führten wir die Operation dort auf dem Fußboden aus; etwas mühsam, aber auch das ging.

Meine Mutter kam natürlich mit nach Tarim zu Luigi. Die beiden mochten sich und freundeten sich an. Während Luigi und ich im Hospital waren oder Hausbesuche machten, packte meine Mutter, wie sie es fast täglich in Schibam tat, ihr Malzeug in einen Beutel und zog los, um sich Motive zu suchen. So hatte sie am Ende eine ganze Sammlung von Aquarellen zusammen, von denen nicht wenige die Stimmung und Atmosphäre im Wadi Hadramaut besser wiedergaben als manche Fotografie.

Im Februar wurde es allmählich zu heiß für meine Mutter. Wir nahmen Abschied nach einer schönen gemeinsamen Zeit, in der sie einen vollen Einblick in meine Arbeit, mein Leben im Hadramaut, besonders aber in Schibam, und bei den Nachmittagsbesuchen in entfernten Orten bekommen hatte. Nach anfänglicher Fremdheit gegenüber Land und Leuten und meiner Tätigkeit hatte sie Verständnis dafür entwickelt, daß ich nach der Zeit in Taiz wieder in die Wüste wollte.

Nach der Abreise meiner Mutter forderte ich das Sultanat heraus. Ich ging zum Kampf über. Um dem Tauziehen zwischen britischen Ratgebern und der Qaiti-Regierung ein Ende zu setzen, erklärte ich: „Entweder es wird in Schibam ein richtiges Hospital gebaut, oder ich gehe zurück nach Europa. Wenn ich gehe, wird der Arzt in Seiyun auch bald gehen, denn er würde überfordert sein, wenn er Schibam und die Provinz mitversorgen müßte!"

Gleichzeitig besprach ich mit den Schibamis, wo in der Stadt der geeignete Platz für ein Hospital wäre, und zeichnete dann mit einem von ihnen einen Plan. Bis zu meinem Europaurlaub im Juni 1952 waren noch einige Monate Zeit. Während sich in Mukalla die Gemüter erhitzten, ging meine Arbeit im Alten Hussen verstärkt weiter. Die Bevölkerung blieb jedoch beunruhigt, wartete aber zugleich mit orientalischer Geduld auf den Ausgang meines Ultimatums. Wünschen und Hoffen, sich für etwas einzusetzen, zugleich aber unabhängig zu sein, das war nicht leicht für mich. Gespräche mit den Schibamern über die kritische Lage halfen mir. Sie standen ganz auf meiner Seite.

Um einen Hospitalgrundriß und eine Bauberechnung zu erstellen, setzte ich mich mit einem jungen Schibamer zusammen, der sich in den örtlichen Bedingungen, in Hadramauter Baumaterialien und Bauweise gut auskannte. Wir mußten bereit sein, Gegenvorschläge nach Mukalla zu senden, denn der Regierungsbaumeister des Sultans wurde von dort heraufgeschickt.

Luigi verstand meine Lage am besten. So war es wohltuend, mit ihm über meine Sorgen zu sprechen. Das war allerdings nur möglich, wenn ich zum Operieren nach Tarim kam oder wenn Luigi, nachdem er mir bei großen Operationen in Schibam assistiert hatte, am nächsten frühen Morgen nicht gleich wieder nach Tarim fuhr. Oft war nicht einmal nach der Arbeit ein längeres Beisammensein möglich; manches Mal bin auch ich noch nachts zurückgefahren. Wir mußten uns die Zeit für private Stunden erkämpfen. Wenn es mal für zwei, drei Tage glückte, waren wir geradezu froh, wie Kinder an Festtagen.

Meine Operationsliste war inzwischen vielseitig: eine Reihe von eingeklemmten Leistenbrüchen, etliche darunter mit komplettem Darmverschluß, so daß eine Resektion notwendig war; Fußamputationen wegen Maduramykose, einer durch Dornenstich tief in den nackten Fuß eingeimpften Pilzerkrankung (Präparate davon schickte ich für die Studenten an das Tropeninstitut Hamburg). Fast jede Woche standen Augenlidoperationen nach abgeheiltem Trachom an. Besonders heikel war eine Tracheotomie (Luftröhrenschnitt) bei einem kleinen Jungen mit Diphtherie. Um ihn zu isolieren, pflegten ihn meine beiden Beduinenmädchen in meinem Haus. Mit einer Feder, die sie dem Huhn eines Nachbarn ausgerissen hatten, reinigten die Mädchen die Atmungskanüle des kleinen Patienten. Ein Beduine mit Kamelbiß, der den Unterarm zertrümmert hatte, gehörte auch zu meinen Patienten. Ein anderer hatte sich das Hüftgelenk ausgerenkt. Mein pakistanischer Kollege Dr. Ahmed holte mich nach Seiyun eines infizierten Schienbeinbruchs wegen. Ein kleiner Junge, von sehr weither gebracht, hatte einen massiven Rippenfellerguß, der das Herz nach rechts gedrängt hatte. Nasenoperationen wegen Polypen waren keineswegs selten. Brustamputationen standen an bei Frauen mit weit fortgeschrittenem Krebs, wie wir ihn in Europa schon lange nicht mehr sehen. Ich konnte sie von dem zerfallenden Gewebe befreien und die großen Wundflächen mit Hautläppchen bedecken, so daß sie noch eine erträgliche Lebenszeit hatten.

Sogenannte kleine operative Eingriffe, die ich oft durchzuführen hatte, wie bei Abszessen, Fisteln, äußerlichen kleinen Geschwulsten und anderen, machten unter den improvisierten Verhältnissen bei der Vorbereitung ebensoviel Mühe wie bei großen Operationen.

Manchmal stutze ich während der Arbeit einen Augenblick und schaue aus mir heraus – auf meine Hände, meine Füße – und wundere mich, daß ich das bin. Ich höre meine letzten Worte, aber dann ist da wieder irgendwas, das meine Aufmerksamkeit verlangt, und dieser staunende Moment gleitet davon.

Es gab aber chirurgische Fälle, die ich nicht operierte, nämlich dann, wenn sie chronischer Natur waren, wie Blasen-, Nieren- oder Gallensteine. Diese Patienten, die eine tiefe Vollnarkose durch einen Anästhesisten brauchten, schickte ich mit dem wöchentlichen Flugzeug nach Aden ins Krankenhaus. Jedesmal halfen Spenden aus dem Sozialfonds der Moschee oder aus der Bevölkerung. Salim Abed ließ ich dann in der Stadt sammeln. In solchen Fällen kam er oft schon nach etwa zwei Stunden zurück, strahlte und teilte mir mit: „Die Flugtickets für den Patienten und seine Begleitung sind gesichert!"

Ob Mann, ob Frau oder Kind, kein Kranker wurde ohne Begleitung aus der Familie auf die Reise ins Hospital geschickt. So hatten auch alle Patienten, die ich im Hussen unterbringen konnte, einen Familienangehörigen bei sich, der sie versorgte, kochte und pflegte. Das vereinfachte die Umstände im Alten Hussen für alle Beteiligten.

Besonderes Aufsehen erregte ein Pockenfall im nächsten Dorf. Alarm nach Aden. Von der Gesundheitsbehörde dort bekam ich Impfstoff, zog mit meinen Helfern auf Impfkampagne in das Dorf und setzte sie in Schibam fort. Dadurch kam es zu keinen weiteren Fällen im Wadi.

Kurz darauf gab es eine weitere Kampagne: diesmal gegen Bilharzia. Unser Helfer in Hota meldete, daß eine große Zahl von Schuljungen wahrscheinlich an dieser Infektion litt. Mit meinem Mikroskop bewaffnet fuhr ich sofort hin. Es sprach sich schnell herum, warum ich gekommen war, woraufhin außer den Buben auch noch Erwachsene kamen. Der ganze Ort schien betroffen zu sein. Merkwürdigerweise befanden sich keine Frauen und Mädchen unter ihnen. Das einzige

Wasserbecken des Ortes, der sein Trinkwasser aus Brunnen schöpfte, stand in der Moschee. Meine Helfer fanden nicht eine der Schnecken, die Zwischenwirt im Übertragungsablauf sind. Wo gab es noch andere Wasserbecken oder natürliche Teiche? „Habt ihr irgendwo, außer in der Moschee, gebadet?" fragte ich die Jungs. Da erzählten sie mir, daß ihr Ortsvorsteher mit allen Männern und Knaben nach der letzten Flut an der Agaba Al Scheich zum Baden war. Ich bat den Helfer von Hota, mich in einem Jeep dorthin zu fahren. Am Ende eines kleinen, rauhen Seitentales kletterten wir eine unwegsame Schlucht hinauf und standen ganz plötzlich vor einem kristallklaren kleinen, aber tiefen See, der bis auf den schmalen Pfad durch die senkrechte Felswand unzugänglich war. Ich konnte die Leute von Hota gut verstehen, daß sie den zweistündigen Fußmarsch auf sich nahmen, um in diesen klaren, kühlen See zu steigen. Doch ich hütete mich, auch nur die Hand in das Wasser zu halten, denn am Rande sah ich auf einigen Wasserpflanzen die kleinen weißen Schnecken, die als Zwischenwirt Bilharzia übertragen. Auch an den Felswänden fand ich sie, denn während der Flut hatte das Wasser zwei Meter höher gestanden. Als es dann absank, blieben viele der Schnecken dort oben hängen und vertrockneten. Die waren nicht mehr gefährlich, dienten aber als Beweis. Da Frauen und Mädchen solche Ausflüge nicht machen durften, wurde mir klar, warum nur die männliche Bevölkerung von Bilharzia befallen war. Durch die Männer von Hota und meine Helfer ließ ich so weit wie möglich verbreiten, daß das Wasser an der Agaba Al Scheich krank mache. Doch welcher Beduine, der vom öden Djoll mit seinen Kamelen die Agaba hinunterstieg, würde an dem kristallklaren Wasser vorbeigehen, ohne seinen Durst zu stillen?

Im Badebecken des Nachbarhauses war ich wochenlang fast jeden Mittag auf Jagd nach Mückenlarven und -puppen zur Bestimmung der Moskitoarten im Hadramaut. Luigi hatte mir gezeigt, wie das gemacht wird. Ich brachte ihm dann die Sammlungen, die er zusammen mit seinen nach London an das Britische Museum zur endgültigen Bestimmung der Spezies schickte.

Mitte Juni war es endlich geschafft: Ich hatte die Entscheidung erzwungen, das Hospital sollte gebaut werden! Ob meine Bauplanung angenommen würde, konnte ich erst nach meinem Europaurlaub erfahren, denn darüber waren sich die verschiedenen Parteien noch nicht einig. Jedenfalls wollte man nicht vor meiner

Rückkehr beginnen. Ich war, um das alles zu erfahren, mit einem LKW über den Djoll nach Mukalla hinuntergefahren. Nachdem dann auch noch ein neuer und günstiger Vertrag mit dem Qaiti-Sultanat abgeschlossen war, konnte ich beruhigt meinen Europaurlaub antreten.

In Aden ging ich gleich zu Salehs Haus. Es war ein Schock für mich, als ich von seinem Neffen erfuhr, daß Saleh vor einigen Tagen gestorben war. Er war für mich der Inbegriff der Anständigkeit des arabischen Großkaufmanns und der Würde des Mohammedaners, der sozial war und nach seinem Glauben lebte und handelte, gewesen.

Einen Tag später schiffte ich mich mit gutem Gewissen auf der „Valfiorita" ein. Meine Helfer würden in Schibam alles so zuverlässig tun, wie sie es gelernt hatten. Patienten, an denen große Behandlungen notwendig würden, könnten sie eventuell zu Luigi nach Tarim transportieren lassen. „Inschallah!" klang es in meinem Ohr.

Zuerst lief die „Valfiorita" Neapel an. In der wartenden Menge sah ich Daniel, der mein Telegramm erhalten und von Rom hierher gekommen war, so aufgeschlossen und fröhlich wie selten. Der Imam hatte ihm endlich Urlaub gegeben, und er schien sich von Taiz gut erholt zu haben. Da ich erst um Mitternacht zur Weiterreise an Bord zu sein brauchte, hatten wir ausreichend Zeit, miteinander über Taiz und Schibam zu sprechen, über unsere Wünsche, Hoffnungen und Pläne. Vertraut wie an den Abenden in seinem Haus in Taiz, schwang bei unseren Gesprächen eine Portion Nostalgie mit.

Ein sehr viel jüngerer Mann wartete auf mich, als die „Valfiorita" in Genua einlief, mein 16jähriger Neffe Jens. Wir reisten, wo und wie es uns gerade gefiel. In Mailand machten wir eine wichtige Zwischenstation. Ich brauchte Visa für Österreich, die Schweiz und auch für Deutschland, denn ich hatte immer noch keinen deutschen Paß. Wir waren mit Rucksäcken unterwegs, mal auf einem Dachboden, mal im Heu übernachtend oder in einer Pension. Nach diesem freien Herumstromern fiel es Jens nicht leicht, sich wieder in den Familienclan hineinzufinden. An die sichtbaren Trümmerspuren des Krieges in Deutschland mußte ich mich erst wieder gewöhnen, wie auch an die alliierten Besatzungsmächte.

In Hamburg setzte ich mich auf ein altes, großes Segelschiff im Hafen. Es war einfach schön, auf dem Deck zu sein und mich umzublicken: Überseeschiffe, dazwischen Hafenfähren, Barkassen, Schlepper – das Leben pulsierte wieder, wenn auch manche Werft noch ein Trümmerhaufen war.

Im Tropenkrankenhaus war ich diesmal nicht als Patientin, sondern als Kollegin, die interessante Präparate geschickt hatte und von der man einiges über die spezifischen Erkrankungen in arabischen Ländern erfahren konnte.

Ich hielt Vorträge über mein arabisches Leben und die ärztliche Erfahrung. Der Rundfunk holte mich für Interviews, Zeitungen und Zeitschriften brachten Artikel und Fotos; das alles entpuppte sich als Trubel, der mir nicht lag.

Obwohl man in Westdeutschland jetzt über die Zonengrenzen hinaus und sogar im Ausland Ferien machen konnte, auch der Wiederaufbau aus den Trümmern sowie das Wirtschaftswunder sichtbar waren, bestand noch immer ein riesiges Nachholbedürfnis. Man wollte den Horizont über die Landesgrenzen hinaus erweitern, von „draußen" hören; besonders von denen, die es gewagt hatten, in ein unbekanntes, fremdartiges Land zu gehen. Bei Diskussionen, die sich an meine Vorträge anschlossen, spürte ich den Hunger danach.

In diesem Urlaub traf ich zwischen Salzburg, Hamburg und Luzern viele Freunde. Intensiv nutzte ich meine Ferien auch für Kontakte mit den pharmazeutischen Firmen in Hamburg, Köln, Frankfurt und Mannheim, um von ihnen gezielt Medikamente zur Behandlung der häufigsten Erkrankungen im Hadramaut, besonders tropischer Infektionen, zu bekommen.

Presse und Radio – ich wurde in vielen Interviews befragt – halfen mir bei meinem Kampf um das Hospital in Schibam, beim Sammeln von Medikamentenspenden. Ich wunderte mich über den Erfolg. Da ich sonst eher zurückhaltend und lieber im stillen tätig bin, hatte mich hier die Notwendigkeit motiviert, den Medienrummel zu nutzen und das Positive daran zu entdecken.

Am Ende meines Deutschland-Urlaubs traf ich an der Schweizer Grenze meine Kollegin Helene Duhm, die mich Jahre später in Schibam ablösen sollte. Davon war aber jetzt noch gar keine Rede. Sie war derzeit intensiv mit Psychotherapie beschäftigt. In unserem Gespräch stellten wir übereinstimmend fest, daß die Wüste auch wie eine Psychotherapie wirken kann, und zwar im Hinblick auf die Selbstbesinnung. Wer nicht in der Wüste geboren und aufgewachsen ist wie die Araber, muß spezielle geistige Kräfte entwickeln, um durchzuhalten. Sonst zerstört die Wüste den Europäer, er resigniert, verliert sein Selbstvertrauen, verzweifelt, gibt auf oder geht ein. Ich habe das mehr als einmal miterlebt. – Von Helenes Domizil aus war es nur noch ein Sprung hinüber in die Schweiz zu Ulrichs Eltern, Paula und Georg. Ich wollte die drei letzten Wochen ausruhen und Kräfte sammeln. Es war Herbst geworden. Die friedliche Stille des Vierwaldstättersees, das leise Plätschern des Wassers, das goldgelbe Buchenlaub zwischen schwarzgrünen Tannen war wunderschön. Als ich über den See hinweg zum Bürgenstock sah, wünschte ich aber, die Felsen ohne all das Grün darauf sehen zu können, die Aufschichtung und Formen des Gesteins – eben das Elementare wie im Hadramaut. Ich fing an, mich auf die Rückreise zu freuen.

Die „Tripolitania" lag in Neapel und war mir schon bekannt. An Bord eine kleine, sehr vergnügte Gesellschaft. Der Kapitän und der Schiffsingenieur gesellten sich oft zu den Passagieren. Bei ihnen spürte ich ganz stark, daß ihr Interesse für Frauen eigentlich nur den Körper betraf. Ich lehnte mich innerlich dagegen auf. Das Zusammenleben auf dem Schiff während der 14 Tage rief mehr und mehr den Wunsch in mir hervor, wieder allein sein zu wollen.

Kaum in Aden gelandet, kamen zwei Schibami, um mich zu begrüßen. Dieser freundliche Empfang berührte mich sehr. Sie erzählten mir das Wichtigste, das sich während meiner Abwesenheit ereignet hatte.

Bei meiner Weiterreise erfuhr ich in Mukalla, daß ein Auto für Schibam und Seiyun bestellt worden war, aber erst in vier bis fünf Monaten lieferbar sei.

Während der LKW, mit dem ich über den Djoll reisen wollte, noch beladen wurde, saß ich am Zollhafen, wo immer Leben herrschte, aber niemals Hast, und sah dem Treiben zu. Zwei große arabische Lastensegler näherten sich von Osten, mit dem Wintermonsun von Asien nach Ostafrika segelnd. Vor Mukalla warfen sie Anker und brachten Datteln aus Basra und Teppiche aus Persien mit.

Mit anderen zusammen ließ ich mich hinüberrudern. Die Mannschaft sang im Takt dazu mit klangvollen Baßstimmen. Der Kapitän trug, wie seine Bootsleute, ein langes weißes Hemd bis zu den Füßen und einen weißen Turban. Er war zugleich auch Händler und breitete einen Teppich nach dem anderen vor uns aus. Ich kaufte auch einen, der gerade noch Platz fand auf dem vollbepackten LKW.

Endlich ging es los. Die rauhe Fahrt über den Djoll war mir lieber als der nur einstündige Flug ins Wadi hinauf. Aus der Vogelschau sah das steinige Hochland fast überall gleich aus, ein endloses Stück braunschwarzer Erdkruste ohne Leben darauf. Nur ab und zu war eine feine hellere Linie zu sehen – ein durch die Jahrhunderte ausgetretener Karawanenpfad. Es erschien nicht nur unverständlich, sondern auch unmöglich, daß Mensch und Tier immer wieder diese Öde in langen Märschen bezwangen, und noch erstaunlicher, daß die Beduinen hier auch lebten.

Im LKW fahrend über die steile Agaba der Oststraße, erreichten wir kurz nach Sonnenuntergang die freie Höhe des Djoll. Im Westen lag der braunrote Horizont, über dem der Abendstern stand. Nach einer weiteren Stunde machten wir Halt für die Nacht im Freien.

In 1200 Metern Höhe war es kalt. Ich hüllte mich in meine Tücher und nahm Platz am Feuer, das die anderen Mitfahrer schon entfacht hatten, um den Tee zu bereiten.

Allmählich wurde mir wohl und warm. Wir hatten Reis, Zwiebeln und Fisch fertiggekocht mitgenommen. Zum Schlafen wickelte ich mich dann noch in mehrere Decken ein und fühlte mich trotz des kalten Nachtwindes wohl.

In der Frühe stand der Halbmond über mir, der Sternenhimmel war klar und tief hinunter bis zum Horizont zu sehen. Im Osten verfärbte sich der Himmel. Allmählich wurde der rote Streifen heller und leuchtender, am Saum zartgelb und türkisgrün. Die Sterne verblaßten. In der stahlgrauen Ferne unter dem Horizont erkannte ich immer deutlicher Küste und Meer. Ein blendender Strahl schoß darüber hinaus, die Sonne stieg auf; der brennende Himmelssaum verglühte, verblaßte, wurde dunstige Ferne mit dem Meer. Nur eine weißgoldene Lichtbahn spiegelte sich auf dem Wasser bis zur Küste.

Wieder setzten wir uns ans Feuer. Der heiße Tee tat in der morgendlichen Kühle gut.

Bis die Mitfahrer fertig waren, ging ich zu Fuß auf dem Treck voran. Bald sah und hörte ich nichts mehr von den anderen und war alleine in der herrlichen Welt des Djoll. Der Wind sang in meinen Ohren, ich fühlte mich eins mit der Natur. Wie anders war dieses Hochland als vom Flugzeug aus gesehen. Auf jeder Reise, die ich später über den Djoll machte, lernte ich ihn besser und besser kennen; besonders, als ich die Fahrten endlich mit dem hospitaleigenen Auto, das ich mit Dr. Ahmed (in Seiyun) monatlich abwechselnd benutzte, in eigener Regie machen konnte. Ich nahm von da an im „weißen Elefanten", wie wir den Kleinlaster nannten, immer einen meiner Helfer mit und eine Kiste mit Medikamenten, um unterwegs die Beduinen behandeln zu können. Nicht ohne weiteres ließen sie sich Injektionen geben oder Wunden verbinden. Jede Tablette, jedes Pulver musterten sie eingehend, rochen und schmeckten daran. Immer noch einmal wollten sie meine Erklärungen und Anweisungen hören und brachten viele Zweifel vor, ehe sie überzeugt waren. Dann aber wurden aus vielen von ihnen treue Anhänger, die mich jedesmal, wenn sie mit ihren Karawanen nach Schibam kamen, freundschaftlich im Hospital aufsuchten, auch wenn sie gar nicht krank waren.

Einmal hielt uns ein Beduine auf der Weststraße an: „Komm mit zu meinem Bruder", sagte er zu mir. Der Mann saß in einer Schutzhütte, seine rechte Hand war prall geschwollen. Durch die schwielige Haut fand der Eiter keinen Ausweg und war schon an den Sehnen entlang hinaufgezogen bis zum Handgelenk. Ich wollte einen Einschnitt machen, damit der Eiter ablaufen konnte. Der junge Beduine schüttelte den Kopf. „Gib mir Em-Bi", forderte er. Er meinte die mit „M & B" bezeichneten Sulfonamid-Tabletten der Firma May und Baker, die auch bei den Beduinen bekannt waren, da die Händler auf dem Markt von Mukalla sie ihnen als Mittel gegen alles anlobten. „Du bist in Gefahr einer Vergiftung", erklärte ich. „Em-Bi", erwiderte er nur. „Em-Bi", rief sein Bruder. „Em-Bi", fielen im Chor Frauen und Kinder ein, die sich um uns gesammelt hatten. Ich gab ihm alle Tabletten, die ich bei mir hatte, schüttete sie vor ihm aus und erklärte: „Das reicht nicht, heilen kann nur eine Injektion." Sie ließen mich nicht weiterreden, sondern stimmten wieder und wieder im Chor „Em-Bi" an. Der Zustand der Hand und diese Dickköpfigkeit regten mich auf. „Es geht um deine Hand!" Nicht ohne ein leises, belustigtes Lachen über meine Erregung in ihren Augen, antwortete der Chor mit: „Em-Bi!" „Em-Bi!" rief nun auch ich ärgerlich und warf die leere Tablettendose auf den Boden, daß es laut knallte. Mein Helfer Al Hadar stand erschreckt und bewegungslos neben mir. Fahrer Arafan öffnete die Wagentür und ließ den Motor an, aus der alten Furcht der Seßhaften vor der kriegerischen Reizbarkeit der Beduinen, die blitzschnell mit dem Krummdolch sind und auch nicht zögern, scharf zu schießen. Die Beduinen aber verstanden mich sehr gut und reichten mir zum Abschied die Hände.

Bei der Rückreise saßen wir wieder in ihrer raucherfüllten Hütte beim gemeinsam zubereiteten Abendessen (der Patient war nicht mehr unter ihnen), während draußen der kalte Nachtwind über die Weiten strich. Man mußte sie gern haben, diese Menschen. Sie waren die Herren des Djoll, den ihnen damals auch keiner streitig machen wollte. Jenseits des Djolls, wo die Rub al Khali, das leere Viertel, liegt, streiten sich heute die arabische Regierung und Ölfirmen um den Boden.

In einem anderen Jahr konnte ich es einrichten, Soo'd, eine meiner „Beduinentöchter", mit auf die Fahrt über den Djoll zu nehmen, um dort oben ihre Heimat zu besuchen. Sie war vier Jahre alt, als sie wegen Hungersnot von ihrer Mutter in die Beduinenschule in Mukalla gebracht worden war. Es war jetzt Oktober. Im Sommer hatte es reichlich Regen gegeben, der sich in den flachen Senken gesammelt hatte, so daß es sich für die Beduinen gelohnt hatte, hier Weizen zu säen, der nun grünte. Die Ilb-Bäume hatten mehr und größere Blätter als sonst, und allerlei niedriges Gesträuch grünte. Dazwischen weideten Beduinenmädchen ihre Ziegenherden. Die jungen Hirtinnen, mit einer schwarzen Maske vor dem Gesicht, trugen rußgeschwärzte Kochtöpfe über den Kopf gestülpt, in die sie später die Milch hineinmelkten.

Die Felder dieser Senke gehörten Soo'ds Stamm. In den Geröllhalden kämpfte sich unser Auto durch bis zur Siedlung an natürlichen Teichen, in denen sich Regenwasser gesammelt hatte, das Trinkwasser für alle. Mit dem mußte sparsam umgegangen werden, denn keiner konnte ahnen, wann der nächste Regen fallen würde und wieviel. Die Häuser waren aus unbehauenen Steinen erbaut. Keiner schlief auf dem Dach wie in Schibam. Dazu war es selbst im Sommer nachts zu kalt.

Der Stammesführer empfing uns, und Soo'd wurde zu ihrer Mutter und ihren jüngeren Geschwistern gebracht. Sie fühlte sich gleich zu Hause. Von ihrer Mutter schien sie nie getrennt gelebt zu haben. Da bestand kein Fremdsein, keine Rührseligkeit wegen der Begegnung sowie der erneuten Trennung.

Diese Beduinen schienen sehr gegenwärtig zu leben und fähig, den Augenblick voll zu genießen – nur zu sein. Die Menschen hier oben waren einfach lebhafter und freudiger in ihrem Wesen, viel freier in ihrer Art. Genau dies erlebte ich an all meinen Beduinentöchtern. „Sie gehen leider dem Stamm verloren, wenn sie fort in die Schule kommen", sagte der Stammesführer zu mir, nicht zu Unrecht. Meine „Beduinentöchter" verlangten auch wirklich mehr von ihrem zukünftigen Mann. Sie konnten ihre Schuljahre nicht verleugnen, in denen sie eine andere geistige Entwicklung durchgemacht hatten als ihre Schwestern auf dem Djoll. Sie waren keine einfachen Ziegenhirtinnen mehr und wollten es auch einem Mann zuliebe nicht wieder werden. Sie heirateten deshalb Männer, die eine ähnliche oder gleiche Erziehung und Ausbildung hatten wie sie selber.

In der Abenddämmerung wanderte ich aus der Siedlung hinaus, vorbei an den Umfriedungen aus Dornengestrüpp zum Schutz der Ziegen bei Nacht, und folgte einem Kamelpfad über den Djoll. Bald sah ich nichts mehr von den Feldern und ahnte kaum noch die dunklen Umrisse der ins Gelände geschmiegten niedrigen Häuser. Immer mehr Sterne wurden sichtbar. Sie umgaben mich von allen Seiten, denn kein Dunst verschleierte hier auf dem ebenen Hochland den Horizont. Es war sehr verlockend, dem Pfad immer weiter in die funkelnde Weite und Stille der Nacht hinein zu folgen.

Ich hörte Stimmen und sah Laternen. Man hatte Bedenken, daß ich in der Dunkelheit vom Pfad abgekommen sei. Ich rief deshalb die Männer, und die Johi-Beduinen holten mich aus der Weite der Nacht und des Djoll in ihren geborgenen Kreis zurück. Ich selbst hatte keine Angst, mich in der Nacht zu verlaufen. Der südliche Sternenhimmel war mir in den Jahren so vertraut geworden wie früher beim Segeln der nördliche Sternenhimmel über dem Meer. Die Trampelpfade der Kamele konnte ich auch nachts unter meinen Füßen spüren.

Weder auf dem Djoll noch in den Wadis bestand die Gefahr, von Tieren – außer Insekten – bedroht zu werden. Auf dem Djoll gab es Gazellen und Steinböcke. Auf dem nackten Stein der Kliffe krochen große blaue und rote Eidechsen. Ungezählte Tauben mästeten sich in den reifen Kornfeldern.

Im Abend- und Morgendämmern schlugen Hasen ihre Haken zwischen den Feldern. Bei Nacht huschte vielleicht ein weißer Fuchs über den Weg, oder aus dem Dunkel glühten die grünen Augen einer Hyäne. In einem der Wadis sah ich auch Paviane wie bei Taiz.

Einmal im Jahr zogen über hundert Männer gemeinsam auf den Djoll und machten Treibjagd auf Steinböcke. In sabäischer Zeit soll der Steinbock ein Symbol des Mondgottes gewesen sein, da das gebogene Gehörn der Mondsichel ähnlich ist. Singend und tanzend kamen die Männer nach der Jagd mit drei bis vier erbeuteten Tieren zurück, angekündigt durch Hörnerblasen. Gruppen schwarz verhüllter Frauen und kleiner Mädchen in leuchtend bunten Festgewändern erwarteten sie. Das Fleisch wurde an die Armen verteilt. Wer das Gehörn bekam, habe ich nicht erfahren, aber an nicht wenigen Häusern im Hadramaut sah ich das Gehörn von Steinböcken oben auf den Ecken des Dachgemäuers angeschlagen.

Jede Reise über den Djoll war für mich wieder und wieder ein Erlebnis. Immer stärker war ich von seiner Großartigkeit überwältigt und verstand, warum hier die Heimat der Beduinen war.

Kaum in Schibam angekommen, erfuhr ich, daß Abdullah Johar ernstlich erkrankt war. Luigi hatte ihn schon besucht. Mir fehlte Abdullah bei der Arbeit sehr, besonders als Dr. Ahmed für sieben Monate Heimaturlaub bekommen hatte und ich das Seiyuner Hospital mitversorgen mußte. Mein Wunsch war es, mit Luigi Zeit zu haben, um in Ruhe zusammenzusein. In der momentanen Situation war es noch schwieriger als vorher. Luigi klagte, war deprimiert: „Ich kann nicht froh sein – ich bin müde, ich bin erschöpft." Es war wirklich nicht leicht, mit diesem negativ eingestellten Mann zu leben. Und dann bekam er, ausgerechnet während der heißesten Jahreszeit, noch drei Monate Urlaub. Nun war ich wieder der einzige Arzt im Wadi Hadramaut. Überall sollte ich gleichzeitig sein, von Schibam bis Seiyun, Tarim und den Orten dazwischen, und darüber hinaus im Westen und Osten des Wadis.

Wenn ich die Tagebücher dieser Monate nachlese, weiß ich nicht, wie ich das Hin und Her und Überall geschafft habe; nicht selten wurde ich bei aller Überlastung tagsüber auch noch nachts geholt. Im Hussen mußte ich Mobarak anlernen, der Abdullahs Arbeit übernehmen sollte. Abdullah kehrte nicht mehr nach Schibam zurück. Als er wieder gesund war, ging er nach Saudi-Arabien und eröffnete mit einem anderen Hadrami zusammen eine gutgehende Apotheke. Ab und zu telefonieren wir miteinander. Viele Jahre später besuchte er mich mit seiner Frau dann in Deutschland, und einer seiner Söhne schickte mir erst kürzlich islamische Literatur.

Vor seiner Abreise hatte mir Luigi seine Problempatienten nach Schibam geschickt, unter anderem eine erst kürzlich von uns operierte Frau. Ihre Familie brachte sie in einem Landhaus in Sehel ganz in meiner Nähe unter. Chadiga hatte Lulu schon in Tarim gepflegt, jetzt betreute sie sie weiter, wie auch einige andere Patientinnen aus entfernten Orten, die sich mit Angehörigen für die Dauer ihrer Behandlung in einigen Sommerhäusern eingenistet hatten. Wegen einer Fistel wurde beinahe eine Notoperation notwendig. Ohne Assistenz wollte ich sie aber nicht operieren. Die Familie mußte überzeugt werden, mit Lulu nach Aden ins Krankenhaus zu gehen. Als ich sie zum Flugplatz begleitete, geriet ich erstmals hinter rosa Gardinen. Hinter so verhängten Fenstern fuhren die Hadramauter Frauen durchs Land, zusätzlich trugen sie noch einen schwarzen Schleier vor dem Gesicht.

Ich hatte die junge Frau selber ins Auto getragen, ebenso ins Flugzeug. Wie sollte das auch ein Mann tun in diesem Land? Im Wagen war noch eine alte Frau, Om Maruf. Sie trat eine Pilgerreise nach Mekka an. Es war das erste Mal in ihrem Leben, daß sie aus Schibams Mauern herauskam und eine andere Wadi-Gegend sah. Sie reiste auch zum ersten Mal in einem Auto und in einem Flugzeug.

Während wir auf das Flugzeug warteten, kam Om Maruf aus dem Wagen heraus und ging zu einem nahen Feld, wo Frauen Hirse ernteten. Sie trugen breitrandige Strohhüte. Das war alles neu für die über 60jährige, und sie ging voller Freude auf die Frauen zu. Leider dauerte es nicht lange, bis ein männlicher Verwandter angeeilt kam - „Wohin?" - „Wieso?" - und Om Maruf wieder ins Auto geleitete hinter die rosa Gardinen. Dann erst war er beruhigt und ging zu den anderen Männern zurück.

Om Maruf war eine unter vielen Menschen, die ich für die Pilgerfahrt gegen Pocken und Cholera geimpft hatte. Halb Hadramaut schien zu pilgern. Viele wollten draußen bleiben und für die Familie in der Heimat Geld verdienen. Bis zum Vorjahr war die große Menge von Pilgern mit den kleinen Küstenschiffen von Mukalla aus gereist. Wer es sich nicht leisten konnte zu fliegen, fuhr jetzt auf LKWs durch die Wüste, nachdem ein mutiger Hadramauter mit seinem Jeep eine Piste zwischen dem Hadramaut und Saudi-Arabien erkundet hatte. Um der Sicherheit willen reisten fünf bis sechs LKWs mit eng zusammengedrängten Pilgern (Männer und Frauen natürlich getrennt) im Konvoi durch die Wüste. Bei einer Panne konnten sie sich dann gegenseitig helfen. Schibam war die letzte Station im Hadramaut und deshalb von der Weltgesundheitsorganisation zur verantwortlichen Impfstelle erklärt worden. Meine Helfer lernten, die Impfungen zu verabreichen. Schwieriger war es, die Pilger dreimal im Intervall zu impfen (einmal Pokken, zweimal Cholera), denn sie mußten solange vor der Stadt im Freien lagern, für den ebenfalls wartenden LKW, der sie gebracht hatte, bezahlen und außerdem für ihren Proviant sorgen.

Ich bestand darauf, alle Bescheinigungen, ohne die sie nicht nach Saudi-Arabien hineinkamen, selber zu unterzeichnen, um Mogeleien möglichst zu vermeiden. Nachdem ich einmal in Mukalla einen an Pocken erkrankten Pakistani im Hospital ankommen und sterben sah, wurde ich mit den Kontrollen in Schibam noch strenger und impfte mich und meine Mitarbeiter nochmals nach.

In diesem heißen Sommer begann endlich der Bau des neuen Hospitals. Als erstes mußten die Ruinen mehrerer kleiner Häuser abgetragen werden, um den notwendigen Platz dafür zu gewinnen. Das war alles Handarbeit. Die Ziegelbrocken wurden in Körben auf dem Kopf fortgetragen zur weiteren Verwendung.

Als dann Maurermeister Queran seine Arbeit begann, mußte ich so oft wie möglich hingehen, denn es gab immer Wichtiges zu besprechen; zum Beispiel, wo genau die Fenster und Türen eingepaßt werden sollten; wie hoch, wie breit sie sein sollten, um der Dynamik der Arbeit in den einzelnen Räumen der geplanten sechs eingeschossigen Pavillons zu entsprechen.

Das Bauen zog sich hin, denn die plattenartigen Lehmziegel wurden erst noch aus den mit Wasser aufgeweichten alten Ziegelbrocken der abgeräumten Ruinen geformt, mit Stroh vermischt und in Holzrahmen an der Sonne getrocknet. Ganz bewußt hatte ich mich dafür eingesetzt, daß das Baumaterial für das Hospital sowie seine Bauweise der Hadramauter Art entsprachen. Das war nicht nur die preiswerteste, sondern auch die praktischste, seit Jahrtausenden erprobte und dem Klima angepaßte Methode.

Nach ein paar Monaten wurde der Bau eingestellt, denn die Summe, die das Sultanat zur Verfügung gestellt hatte, war verbraucht. Nachdem die Schibamer davon erfahren hatten, setzte bei ihnen die Selbsthilfe ein. Sie hatten längst eingesehen, daß der Alte Hussen auf die Dauer als Hospital ungeeignet war. Sie bestanden aber darauf, daß die Gemeinden der Provinz auch zuschießen mußten, schließlich sei das Hospital ja für alle da. Bis es dann bezugsfertig war, verging noch eine längere Zeit. Im Alten Hussen bekam ich unerwartete Hilfe. Junge Schibamer, die schon im Ausland gewesen waren, kamen zu mir, um zu helfen und dabei zu lernen. Sie wollten keinerlei Bezahlung, ihre Arbeit war ehrenamtlich. Einer von ihnen konnte gut Englisch und ordnete neu angekommene Medikamente ein. Er studierte dabei ihre Anwendung und konnte sie nach meinen Anordnungen an die Patienten ausgeben.

Beobachtung und Gedächtnis der Hadrami und Beduinen waren bewundernswert. Als ich mit Fieber zu Hause bleiben mußte, kamen zwei dieser jungen Männer zu mir, setzten sich vor meinem Matratzenlager auf den Boden und beschrieben mir die Krankheitssymptome der Patienten so genau, daß ich daraus Diagnosen stellen und ihnen Anweisungen für die vorläufige Behandlung geben konnte.

Das Interesse breitete sich immer mehr aus. Rund um das Rote Meer war die Arbeit der Tabiba al Almania, wie sie mich nannten, bekannt geworden. Reporter und auch Privatleute fingen an, nach Schibam zu kommen. Ich hätte gerne darauf verzichtet, denn sie nahmen viel Zeit in Anspruch. Doch es gab nicht nur Neugierige und Artikelschreiber, sondern auch spendenfreudige Mitmenschen, für deren Gaben ich dankbar war und denen ich gerne meine freie Zeit zur Verfügung stellte.

Ein junger Kaufmann kam auf die Idee, in seinem Laden eine Art Apotheke aufzumachen, um die Medikamentenbeschaffung zu erleichtern. Er wollte nur fertige Medikamente führen, die viel gebraucht wurden, wie zum Beispiel solche gegen Malaria und andere Fieber oder gegen Mangelerkrankungen. Wir arbeiteten eine Liste aus, die erkennen ließ, was er über Rezepte von mir und was er ohne Rezept (wie z.B. Stärkungsmittel) verkaufen konnte. Ich riet ihm, Milchpulver für die Säuglinge einzuführen. Allmählich setzte sich dieser Verkauf durch und entlastete das magere Budget des Hospitals. Stück um Stück konnte ich dann notwendige Dinge anschaffen, unter anderem einen mit Petroleum geheizten Autoklav zum Sterilisieren von Operationstüchern und Verbandszeug, einige Laborapparate für das neue Hospital und ein paar Stühle und Hocker. Langsam sammelten sich immer mehr wichtige Utensilien an.

Ich brauchte nun einen Schreiber und Magazinverwalter. Da meldete sich Awed aus der Internatsschule bei Mukalla, nachdem er mit seiner Klasse Schibam und das alte Spital besucht hatte. Ich war froh, nicht mehr alle Schreibarbeiten alleine erledigen zu müssen, denn Awed konnte Englisch wie Arabisch; und für meine Helfer war es eine Erleichterung, daß er die Aufnahme der Patienten übernahm. Er machte dann auch mit mir zusammen die Jahresbestellung. Wir wälzten Kataloge und Preislisten, um mit dem Geld auszukommen.

Als ich in Richtung des Hospitalbaus eine dichte Staubwolke sah, wußte ich, daß sich Freiwillige eingefunden hatten, die die letzten Reste der Ruinen beseitigten. Unser Geld reichte nicht, diese Aufräumungsarbeit vor dem Neubau zu bezahlen. Ich hörte Singen und Lachen. Allerlei Zurufe gingen hin und her. Es war ein wahres Volksfest. Unser Maurer und seine Gesellen hieben mit ihren Hacken auf die Mauerstümpfe ein, daß die Brocken nur so flogen. Die Leute bildeten eine Kette bis zur Stadtmauer. Mit Gesang wurden die großen Stücke alter Lehmziegel von Hand zu Hand gereicht, bis der letzte Mann sie über die Mauer warf. Unten wurde dadurch der Weg erhöht. Der Rest fiel zwischen die Palmen und vermehrte ihren nahrhaften Boden. Zuschauende und Arbeitende wechselten sich ab. Es waren aber nicht nur die Handwerker und die Händler vom Markt gekommen, sondern auch die Lehrer und Schreiber, der Postbeamte und der Telegrafist, die Söhne wohlhabender Kaufleute und ihre Söhne. Hussein Lajim war mit dabei, die Baobeits und auch Schibams Naib. Natürlich fehlte unsere Hospital-Familie nicht. Meine „Beduinentöchter" durften allerdings nur von fern zusehen. Ich dagegen stellte mich selbst in die Kette, was allen Vergnügen bereitete, denn für eine Weile war der Kehrreim des Gesanges auf Tabiba abgestimmt.

Am Abend war es geschafft: Der Vorplatz unseres Hospitals war geebnet und sauber. Von außen waren die sechs einstöckigen Gebäude fertig. Der Naib übergab mir die Schlüssel. Für mich begann jetzt der spannendste Teil, die Einrichtung. Es fehlten noch Borde und Schränke, Arbeitstische und Bänke. All das mußten mir Maurer und Schreiner aus Lehm, Kistenholz, Knüppeln und Kalk einbauen. Der Zimmermann fertigte die Schranktüren, wofür er aus dem Alten Hussen die hölzernen Wandschirme und das wacklige Apothekenregal bekam.

Unser Maurermeister Queran besaß zwar ein Metermaß und eine Wasserwaage, aber das hinderte ihn nicht, immer noch nach alter Art mit Handspannen und Ellenlängen zu messen. Außerdem war ihm der Verwendungszweck der Einrichtung mitunter nicht klar. Deshalb mußte ich dabeisein, wenn er arbeitete. „In den Warteräumen machst du rundherum eine breite Sitzbank, so daß die Patienten darauf in gewohnt arabischer Art sitzen können. Neben die Tür kommt ein Bord hin, so hoch, daß du bequem im Stehen daran schreiben könntest, denn darauf sollen die Bücher liegen, in die die Namen der Patienten eingetragen werden." Auf diese Weise stellten wir den Raum fertig.

Nur die Einrichtung des Operationsraumes ließ ich mit Hilfe der Spendengelder eigens aus Europa kommen, was etwa ein Jahr in Anspruch nahm. Die hölzernen

Operations- und Instrumententische mußten endlich durch metallene ersetzt werden. Auch im OP und in dem dazugehörigen Sterilisationsraum ließ ich Borde und Wandschränke sowie Bänke einbauen. Nichts konnte reinlicher sein als diese gemauerte, unverrückbare mit Kalk verputzte Einrichtung.

Als Meister Queran alle Räume fertig und wir zusammen seine Arbeit besichtigt hatten, ging ich in bester Stimmung durch das sandige Bett des Wadi hinüber zu meinem Haus.

„Salah! Stell mir heißes Wasser ins Bad und koche mir eine Asuma! Das Hospital ist fertig! Ich muß das ganz alleine feiern, ohne Ablenkung von Besuchern, Gesprächen!"

Salah war ganz beglückt, daß er statt eines einfachen Abendessens ein Festmahl für mich richten konnte. Mit Genuß übergoß ich mich mit warmem Wasser und hatte das Gefühl, alle Sorgen und Nöte um den Hospitalbau wie Staub abzuspülen.

In einem festlich langen Gewand setzte ich mich am Abend hinaus auf die Dachterrasse. Strahlend stelle Salah die Speisen vor mich auf den Boden: in der Mitte Reis, gelb von Safran, gewürzt mit Kardamon, dazu eine scharfe Sauce und rundherum kleine Schalen mit Ziegenfleisch, auf sechserlei Arten zubereitet. Als Nachtisch gab es Melone, die mir ein Schibami aus seinem Garten gebracht hatte. Salah war zufrieden mit meinem Appetit, denn das war das beste Lob für ihn.

Nach einer Weile hörte ich dann, wie an jedem Abend, wenn er zu seiner Familie ging, das Geräusch des hölzernen Schlüssels im Haustürriegel. Die Laterne im Zimmer warf einen milden Schein durch die Tür. Nach einer Weile klangen aus einem entfernten Garten der eintönige Gesang eines Mannes und das Quietschen eines hölzernen Brunnenrades, unterbrochen vom Rauschen des Wassers, wenn es ausgegossen wurde, um die Felder zu bewässern. Das war die Art Musik, die ich liebte und jetzt suchte. Nur sie konnte die wundervolle Stille der Nacht vertiefen, so wie der Wind auf dem Djoll.

Nun war es soweit, daß wir übersiedeln konnten. Mit welcher Freude breiteten wir uns im Neubau aus. Statt auf dem wackligen, hochbeinigen Tisch brachte Al Hadar die Apotheke jetzt in einem eigenen Raum in vielen Schränken und Regalen unter. Awed zog mit seinen 150 Verwaltungsakten, die sich angesammelt hatten, in das geräumige Schreibzimmer. Im neuen Lager ordnete er Operationsmaterial und andere Ausrüstungen in die hohen Wandborde ein.

Meine „Beduinentöchter" kamen aus der Enge hinter den Schränken im Alten Hussen in den großen und hellen Behandlungsraum, wo die Frauen endlich ganz für sich sein konnten. Davor war mit einem eigenen Eingang das Wartezimmer für sie eingerichtet. Die Männer bekamen die gleichen Räumlichkeiten für sich auf der anderen Seite desselben Gebäudes. Hier war nun das Reich meines Helfers Ibrahim, der erst kürzlich zu unserer Hospital-Familie gekommen war.

Zwischen der Männer- und der Frauenseite wurde das Laboratorium eingerichtet. Salah, der Sohn des alten Salim Abed, der als Lehrling bei uns begonnen hatte, trug vorsichtig mein Mikroskop hinüber. Statt auf einer Tischecke kam es nun auf einem geräumigen Arbeitsplatz am Fenster zu stehen. Salah bin Salim, der von nun an mit mir im Labor arbeitete, kletterte auf die Wandtische und hängte die großen anatomischen Wandkarten auf: das menschliche Knochengerüst, die Muskulatur, die Organe und der Blutkreislauf zusammen mit dem Nervensystem. Außerdem brachten wir bunte Tafeln an mit Darstellungen des Infektionskreislaufes der Malaria zwischen Mücke und Mensch und der Bilharzia zwischen einer kleinen Schnecke und dem Menschen. Neben dem Mikroskopiertisch befestigten wir eine 500fache Vergrößerung vom Erreger der Amöben-Ruhr. Diese drei Krankheiten waren am weitesten verbreitet und forderten manches Leben. Darum war es notwendig, daß meine Helfer diese Darstellungen täglich vor Augen hatten.

In einer besonderen Nische stellte Salah bin Salim unsere kleine Sammlung von Präparaten in Gläsern mit Spiritus auf. Darunter befanden sich ein schwarzer Skorpion, klein, giftig, und eine hellgrau und braun gemusterte Giftschlange, eine Vipernart; auch diese zu kennen war wichtig. Über dem Arbeitstisch reihten sich an der Wand Gläser und Trichter, Meßbecher und Schalen, dazu Flaschen mit allerlei Chemikalien für die Herstellung mikroskopischer Präparate. In den Wandschränken verwahrten wir die empfindlichen Apparate, wie den zur Bestimmung des Blutfarbstoffes und den zur Messung des Blutdrucks, auch einen mit einer Taschenlampenbatterie versehenen Hals-Nasen-Ohren-Spiegel, den Augenspiegel und andere Geräte. Die allmählich über die Jahre mit Hilfe von Ersparnissen und Spenden erworbene Ausrüstung mußte im Hussen aus Platzmangel immer wieder verpackt werden. Aber nun war das Labor kein Hoffnungstraum mehr, sondern Wirklichkeit. Hier, zwischen den Behandlungsräumen, entwickelte sich das Zentrum der täglichen Arbeit. Oft waren wir alle im Labor versammelt: am Mikroskop und vor den Tafeln und Karten beim Unterricht oder bei Besprechungen der Patientenprobleme. Aber auch die Angelegenheiten unserer Hospital-Familie wurden hier geregelt. Wir waren nun 13 Angehörige: Helfer, meine Beduinenmädchen, Schreiber, Diener und ein Fahrer für das Hospital-Auto.

Sie waren alle zur Stelle, wenn es darauf ankam. Diese Einstellung setzte ich stillschweigend voraus. Dafür fuhr ich sie im „Elefanten" zu den Wallfahrten, Jahrmärkten und Steinbocktänzen der näheren und weiteren Umgebung.

Mit meinen Helfern sprach ich auch über meine ärztlichen Sorgen und Gedanken; das stärkte die menschliche Beziehung zwischen uns. Wir redeten Arabisch. Kein Übersetzer stand dazwischen, was für ein gutes Arbeitsverhältnis ausschlaggebend war. Das andere Zentrum des Hospitals wurde der Operationsraum.

Die letzte Operation führte ich im Alten Hussen noch zwischen Kisten, Paketen, Petroleum-Kühlschrank, Sterilisator und dem Arbeitstisch meines Schreibers Awed durch. Dieser schaute über seine Bücher und Akten hinweg interessiert zu, Mäuse huschten unter der Tür hindurch, von all den Paketen angezogen. Als die Frau, bei der ich eine Hauttransplantation auf eine ausgedehnte Kopfverletzung gemacht hatte, verbunden werden sollte, stieg Awed einfach auf den Tisch und hockte sich hinter die Frau, um sie mit seinen Knien zu stützen, während ich den Verband anlegte. Ihr Schleier war mit den langen Haaren in das Schwungrad einer Brunnenpumpe geraten. Sie wurde dadurch zu zwei Dritteln skalpiert. Mit Hautläppchen, die ich von den Oberschenkeln abschälte, konnte ich ihr helfen. Später hat sie die Haare ihrer nicht betroffenen Kopfhaut über die gut angewachsenen Hautläppchen gekämmt und sah damit ganz normal aus.

Welch einen Gegensatz dazu stellte nun der neue Operationsraum dar. Die großen Fenster mit Glas und Fliegendraht, der Fußboden zementiert und mit abwaschbarem polierten Kalk bedeckt wie auch die Wände bis auf halbe Höhe, die obere Hälfte und die Decke waren zartgrün getüncht, um die Augen weniger zu ermüden. Eine Veranda hielt das grelle Licht und die Hitze ab. Bei Tage brauchte ich keine künstliche Beleuchtung, und nachts reichten zwei Preßluftlampen. Dieser neue OP war wirklich besonders gut gelungen. Die Arbeit ging hier schneller voran und war halb so anstrengend.

Den Operations- und Sterilisationsraum übergab ich zur Pflege dem alten Salim Abed, meiner treuesten Hilfe. Mit den Jahren hatte er gelernt, die Instrumente mit Sorgfalt zu behandeln, weil er wußte, daß sie mir wertvoll waren. Für die Operationstücher und unsere Kittel war nun Karamer als Wäscher eingestellt, für die Reinigung der Böden und das Verbrennen verbrauchter Watte und Gaze der Feger Abed. Eine Stunde nach Ende einer Operation war der OP wieder fertig und im Bereitschaftszustand.

Pflege und Nachbehandlung der Operierten wurden im neuen Hospital leichter. Wir konnten vier große helle Zimmer in drei getrennten Bauten mit zunächst 14 Betten einrichten. Zwölf davon hatte der Schibamer Kaufmann Omr Baobeid dem Hospital geschenkt. Weitere Patienten lagen nach wie vor am Boden auf der Matte, wie sie es seit jeher gewohnt waren.

Am Ende des Geländes war außer den vier Lagerräumen die Küche eingerichtet, vor der sich ein Hadramauter Backofen für die flachen Brote befand.

Ich hatte reichlich Milchpulver anschaffen können, so daß wir jeden Morgen damit beginnen konnten, allen stationären Patienten einen Becher Milch zu bringen – ein absoluter Luxus.

Den Alten Hussen gab ich aber nicht auf. Der Qadi (Richter) war inzwischen aus seinen Amtsräumen ausgezogen, weil er Angst vor dem Alten Hussen hatte, denn die obersten Stockwerke neigten sich bedenklich. Der tragende Pfeiler vom Erdgeschoß bis zum Dach, um den auch das Treppenhaus, Hochzeitspfeiler genannt, verlief, bekam so breite Risse, daß man hindurchsehen konnte. Der Boden des mehr als 200jährigen Gebäudes hatte allmählich unter dessen Gewicht nachgegeben.

Der Hussen war eines der großartigsten und schönsten Bauwerke im reinen Hadramauter Stil. Weithin sichtbar erhob er sich am Ostrand der Stadt. Es war ein Jammer, daß er so baufällig war. Jeden Tag konnte es geschehen, daß die oberen Stockwerke auseinanderbrachen. Ich war daher gezwungen, selber die treibende Kraft zu sein, die den Sultan in Mukalla dazu brachte, die drei oberen Stockwerke abtragen zu lassen. Restaurieren konnte man die Obergeschosse leider nicht mehr. Es blieben nur noch vier übrig, unter denen es aber zwei bewohnbare Stockwerke gab, denn unten lagen wie üblich nur fensterlose Kammern und Speicher. Die verbliebenen fünf großen, hellen Zimmer standen nun ungeteilt dem Hospital zur Verfügung – für meine Lungen-Patienten in dem einen und für leicht kranke Beduinen als Herberge in dem anderen Stockwerk.

Neben den neuen Räumlichkeiten verfügte ich jetzt auch über mehr und bessere Hilfsmittel. Während meines Europaurlaubs war es mir gelungen, ein komplettes chirurgisches Armeebesteck in einer gut schließenden, staubsicheren eisernen Kassette zu erwerben. Als Überbleibsel aus dem Zweiten Weltkrieg war es bisher unbenützt geblieben und nun genau das Richtige für Schibam.

Anfang April 1955 hielten wir im Hospital einen Tag der offenen Tür ab. Auf der Terrasse waren Teppiche ausgebreitet. Dort versammelten sich unsere Gäste aus der Stadt und der Provinz. Die Schibamer wollten alles sehen und genaueste Auskunft haben. Schließlich ging sie ja das Hospital am meisten an.

Unter den Besuchern war auch ein Duani. Er interessierte sich vor allem für den Operationsraum. Ich führte ihn selber hinein und ließ ihn alles eingehend betrachten. Mit ernstem Kopfnicken schaute er auf die Pinzetten und Haken, Skalpelle und Scheren, während ich ihm erklärte, welche Art von Operationen ich in Schibam ausführen konnte. Als wir wieder hinausgingen, sagte er: „Nun kann ich im Duan berichten, daß es Wirklichkeit ist mit dem Operieren in Schibam."

Zwei Tage später saß ich mittags eine Weile auf der Bank der Hospital-Veranda und schaute zwischen den weißen Säulen über die Terrassenmauer hinweg auf die Dattelpalmen der tiefer gelegenen Gärten vor der Stadt. Die Palmen trugen orangegelbe Rispen mit reifen Datteln, leise raschelte der Wind in den starren Blättern, und über allem weitete sich der lichtdurchflutete Himmel. Es war ein schöner Anblick. Ich lehnte mich an die Mauer, ein wenig müde, aber unendlich glücklich. Ich hätte mit niemandem auf der Welt getauscht.

Improvisation war und ist Trumpf. Vom ersten Tag an in Taiz wie in Schibam hatte ich improvisieren müssen. Dabei lernte ich sehr viel: nicht nur, daß man Einrichtungen aus Lehm, Zweigen und Kalk machen konnte; daß Astgabeln, mit Watte gepolstert, ausgezeichnete Beinstützen bei Operationen ergaben und daß sich Kochtöpfe sehr gut als Verbandtrommeln gebrauchen ließen. Wesentliche Erfahrungen machte ich in Anbetracht des Mangels an allen Dingen auch auf rein medizinischem Gebiet. Ich mußte mit den wenigen Medikamenten, die wir hatten, sparsam umgehen. Dadurch war ich gezwungen abzuwägen, ob und wieviel für diesen und jenen Fall notwendig sei und ob die Heilung auch auf anderem Wege zu erreichen wäre. In der Behandlung verschmutzter Wunden und Geschwüre zum Beispiel hatte ich sehr viel mit gewöhnlichen Salzwasserverbänden erreicht und gleichzeitig Antibiotika gespart. Manchmal wurde ich auch gezwungen, die Behandlung mit wenig Medikamenten gut sein zu lassen, wie bei einer Frau im Wadi bin Ali. Sie lag hochschwanger mit einer schweren Lungenentzündung darnieder. Ich gab ihr eine Penizillin-Injektion und sagte, am nächsten Tag müsse sie nochmals eine haben. Dazu kam es aber nicht. Ein Bote des Ehemannes richtete mir aus, ich brauche nicht mehr zu kommen, seiner Frau ginge es besser. Kurze Zeit später traf ich sie wohl und munter bei einer Nachbarin: keine Spur mehr von Lungenentzündung, und das Baby war inzwischen ohne Komplikationen zur Welt gekommen. – Manchmal ist weniger mehr.

Es war bestimmt nicht von Schaden, über jede Ampulle, jede Tablette nachzudenken: Ist sie in diesem Fall wirklich notwendig? Diese Art von Überlegungen erklärte ich meinen Helfern, damit sie nicht unbedenklich in unsere Vorräte griffen, wenn sie in meiner Abwesenheit die Behandlung fortführen mußten.

Von Seiten der Patienten ließ die Verständnislosigkeit allmählich nach, denn mehr und mehr wirkte sich unsere Arbeit auf die Bevölkerung aus. Die Mühe unermüdlicher Aufklärung zur Vermeidung von Krankheiten hatte sich gelohnt.

Unser Fahrer war Arafan, ein gebildeter Mann mittleren Alters. Während unserer langen Fahrten brachte er mir die gebräuchlichen Redewendungen für den Umgang mit Gastgebern bei, so zum Beispiel, daß man diesem nicht direkt dankt, sondern Allah dankt für den guten Gastgeber und Allah ihn dafür segnen möge. Wenn ich aber etwas von irgend jemandem wollte, sollte ich nach Sitte des Landes einen Dritten einschalten, der meinen Wunsch vorbrachte, so daß der Angesprochene sich nicht durch direkte Fragen gedrängt fühlte, sondern dem Dritten gegenüber frei und ohne Hemmungen entscheiden konnte.

Ich war froh, wenn mehrtägige Fahrten in den Schibam-Monat fielen. In dem „weißen Elefanten" konnte ich mehr Ausrüstung und einen meiner Helfer mitnehmen, wie beispielsweise auf der Reise in das Wadi Amd. Stürmischer Wind fegte durch unser Tal. Der feine Staub strich in hellen Streifen über den Boden, wirbelte auf in Wolken und rauchte über die Dünen. Die Sonne wurde immer größer und bleicher. Schließlich verschwand sie hinter Dunst- und Sandwolken. Der Sturm nahm immer mehr zu. Im Sandmeer hinter Qatn wütete er wie toll. Sand füllte die Luft und wirbelte um uns. Es war schwer, mit dem gewichtigen Auto einen Weg zu finden, und sehr leicht, dabei die Richtung zu verlieren. Die alten

Autospuren waren verweht und versperrt von flachen Dünen. Vereinzelte niedrige Krüppelbäume und verdorrtes Dornengestrüpp tauchten auf und verschwanden wieder wie Gespenster. Sand drang überall ein. Jeder von uns hüllte sich fest in seine Tücher. Der Motor heulte im niedrigen Gang auf höchsten Touren. Arafan hatte den „Elefanten" gut gepflegt und fuhr ausgezeichnet. Angespannt saß er am Steuer – nur jetzt nicht steckenbleiben! „Dort ist die Brunnenoase! Erkennst du die Tamarisken? Wenn wir bis dahin kommen, ist die schreckliche Strecke überwunden." Der Motor sackte bedenklich ab, doch Arafan schaffte es. Wir hielten bei dem einsamen Brunnen, um den kochenden Motor abkühlen zu lassen. Plötzlich bemerkte ich, daß Kühlwasser auslief. Am Boden war ein kleines Loch durchgerostet. Im Hadramaut flickte man solche Löcher mit Zement. Aber in der Einsamkeit gab es keinen Zement. Watte mit Mehlkleister und Holzasche hielt nur eine Viertelstunde bis zum nächsten kleinen Ort. Inzwischen war es dunkel geworden, der Sandsturm hatte sich plötzlich gelegt. Im Schein einer Laterne hockte Arafan, umgeben von halb angeleuchteten, neugierigen Gesichtern, und fertigte ein neues Abdichtgemisch aus Holzasche und Zucker aus unserem Proviant an. Diesmal hielt es. Wir fuhren damit noch nach einem Jahr!

Da wir viel Zeit verloren hatten, blieben wir über Nacht dort. Am Morgen mußten wir erst noch einen dringenden Krankenbesuch abseits unserer Reiseroute, im Hussen Ba-Sahil weit oben im Duan, machen. Als wir dort eintrafen, rief der Bote, der mich eilig geholt hatte, zum Haus hinüber, aber es kam niemand entgegen. Erst als wir vor dem Tor des Hauses standen, erschien der Hausherr, hieß uns willkommen und führte uns hinein. Wir wurden mit einem Trunk frischen Wassers bewirtet und dann allein gelassen. Erst nach einer Weile kam der Älteste der Familie herein, setzte sich würdevoll zu uns und teilte uns mit, daß die Kranke vor drei Tagen gestorben sei.

Nach einer Erfrischung mit Ingwer-Kaffee und Datteln wollte ich aufbrechen. Wir wurden aber nicht vor dem Mittagessen fortgelassen, da wir doch um der Verstorbenen willen die weite Fahrt gemacht hatten.

Der Nachmittag war schon fortgeschritten, als wir uns wieder auf den Weg machen konnten; wir kamen aber noch immer nicht in das Wadi Amd und übernachteten daher im Freien am Rande einer Palmenanpflanzung. Ein Kollege von Arafan, der im nahen Dorf wohnte, ließ es sich nicht nehmen, uns alle mit einem reichlichen Abendessen zu bewirten. Am Morgen behandelte ich dann in seinem Haus die ganze Familie, während mein Helfer Al Hadar an einige Dorfbewohner Medizin aus unserer Apothekenkiste austeilte.

Trotz allem kamen wir noch am Morgen durch Mesch'hed Ali. Nur drei Häuser waren noch bewohnt. Wie in Qabr Hood füllte diesen Ort einmal im Jahr reges Leben. Wallfahrt und Markt waren auch hier vereint und wurden von Beduinen der Provinz Duan besucht. Ihr Handel mit Kamelen und Rindern wurde durch die Zunahme der Autos und der Motorpumpen jährlich immer geringer.

Als ich in einem früheren Jahr den Markt von Mesch'hed Ali besucht hatte und zwischen den Ständen umhergegangen war, hatte ich dabei ganz stark empfunden, wie vertraut ich mit der Art dieses Landes war, wenngleich ich auch immer noch vieles nicht kannte und wußte. Beim Silberhändler hatte ich vor seiner Ware gehockt. Neben mir war eine blauschwarz maskierte Duani-Frau am Boden gesessen, um eine Kette aus großen Silberkugeln feilschend. Mich hatte ein Reifen mit Glöckchen interessiert. „Sie handelt wie eine Hadrami!" hatten sich dabei die Zuschauer über mich geäußert.

Am Ausgang des Ortes kamen wir wieder an dem Felsenhang vorbei, wo ich während der Markttage die Leprakranken hatte sitzen sehen, denen jeder, der an ihnen vorbei zum Markt gezogen war, eine Spende gegeben hatte. Sie waren auf Eseln aus dem Wadi Duan gekommen, denn es war Sitte und ihr Recht, auf diese Weise ihren Teil am Wallfahrtsfest zu erhalten. Es gab noch weiter westlich zwei andere Täler, in denen auch Lepra vorkam. Der übrige Hadramaut war aber frei davon.

Im Alten Hussen hatte ich über ein Jahr lang einen nur leicht an Lepra erkrankten Beduinen untergebracht, der auf die Therapie gut ansprach. Tagsüber hütete er die Ziegen der Schibamer. Nach der Abheilung der Lepraknötchen auf seiner Haut ging er zu seinem Stamm zurück. Daraufhin kamen andere. Aber nun wehrte sich die Stadtbevölkerung gegen die Leprösen. Beim einzigen Stadttor von Schabam wurden sie von der Wache nicht eingelassen, sondern verjagt.

Ich machte den Vorschlag, eine größere Oase im Wadi Hadramaut, die zu der Zeit unbewohnt war, für die Leprösen – schätzungsweise nicht mehr als zusammen 500 aus drei Seitentälern – einzurichten und sie dort intensiv zu behandeln. Das wurde sowohl von der Sultanats-Regierung abgelehnt wie auch vom Vertreter der

WHO (Weltgesundheitsorganisation), als dieser das Schibamer Hospital besuchte. Genauer, mein Vorschlag wurde erst gar nicht diskutiert. Die Anzahl der Leprösen sei zu gering für den Aufwand, entschied der WHO-Vertreter.

Hinter Mesch'hed Ali erreichten wir endlich die Mündung des Wadi Amd, und die Fahrt talaufwärts begann.

Zunächst ging es einige Meilen über öde Fläche. Dort trafen wir auf regelmäßige Steinhaufen und Sandhügel sowie auf unzählige irdene Scherben, die davon zeugten, daß hier einstmals eine Stadt gestanden hatte. Ihre Ruinen waren im Laufe der Zeit vom Wind mit Sand überdeckt worden, unter dem manches liegen mochte, das Auskunft hätte geben können über das Volk, das einst hier lebte.

Die Archäologin Gertrud Caton-Thomson hatte neben den Grundmauern eines Tempels auch Steine mit himjartischen Inschriften gefunden, die besagten, daß der Tempel dem Mondgott Sin geweiht war. Scherben irdenen Geschirrs und aus Stein geschnittene Gefäße, in denen Weihrauch verbrannt wurde, gehörten ebenfalls zu den Funden.

Als ich mich dort aufhielt, war der Sockel des Gebäudes noch sichtbar. Zwei Treppen auf der Westseite müssen zu einer Säulenhalle hinaufgeführt haben, denn die Grundsteine der Säulen im Boden waren noch zu sehen. Hier führte einst die Weihrauchstraße entlang, auf der Kamelkarawanen auch Kulturgüter aus dem Fernen Osten transportierten.

Unsere Fahrt ging weiter. Mit Einbruch der Nacht erreichten wir endlich unser Ziel: Scherqi-Ba-Täs im obersten Teil des Wadi Amd, zugleich das Ende des befahrbaren Weges.

Salin Batäs war einige Wochen in Schibam unser Patient gewesen. Er hatte eine Maduramykose, eine Pilzerkrankung, die den ganzen Fuß durchsetzt hatte. Sie war nicht durch Medikamente heilbar. Notwendigerweise durfte ich den Fuß amputieren. Ein Schibamer Zimmermann fertigte Salim dann ein Holzbein an, eine Stelze, in der er kniete. Ihr oberes Ende wurde im Gürtel verhakt. Ich habe Hadramauter Beduinen mit solch einer Prothese auch neben ihren Kamelen wandern sehen! Sie fürchteten nicht, als Amputierte im Paradies für Verbrecher gehalten zu werden.

Nachdem sich Salim Ba Täs an das Gehen mit der Stelze gewöhnt hatte, entschloß ich mich, ihn auf unserem „Elefanten" nach Hause zu fahren und gleichzeitig die längst fällige Reise in das Wadii Amd anzutreten.

Als wir am Rande der Felder von Scherqi-Ba-Täs anhielten, waren im Nu Männer und Jungen um das Auto versammelt, alles wohlgebildete Gestalten, nur mit einer Futa bekleidet, mit nacktem Oberkörper, und begrüßten unseren Patienten mit sichtlicher Freude. Ein Esel wurde gebracht, der ihn zu seinem Haus trug.

Etwas später zogen wir bei Laternenschein auf einem Damm und dann in einem trockenen Flutgraben hinterher. Nach zehn Minuten tauchten im Dunkel schlanke hohe Häuser auf. Zwischen ihnen stiegen wir zu dem höchstgelegenen Hussen hinauf. Treppenhaus wie Räume waren eng und niedrig. Ich trat auf die Dachterrasse hinaus und sah von dort oben, mehrere Stockwerke tiefer, unseren Patienten Salim Ba Täs bei Laternenschein im engen Kreis von Familie und Freunden sitzen und mit lebhaften Gesten erzählen. Nach dem Festmahl lagerte ich für die Nacht auf dem Dach. Es war kalt, und ich mußte mich warm einhüllen. Wenige Schritte vor mir entfernt befand sich ein kleiner Bienenstand. Anstelle eines Baumstammes bestand er aus einer liegenden Tonröhre mit einem Deckel, in dem ein kleines Loch als Ein- und Ausflug diente. Die Bienen hielten noch Winterschlaf, das heißt, sie warteten, bis nach dem Regen die Ilb-Bäume blühen würden. Jetzt hatte ich nichts von ihnen zu befürchten.

Frühmorgens hielt ich, da es an einem passenden Raum mangelte, unter einem großen Ilb-Baum Sprechstunde im Freien ab. Ich setzte mich auf eine Matte, während mein Helfer al Hadar daneben die Apothekenkiste aufbaute und eine weitere Kiste als Mikroskopiertisch. Das ganze Dorf stand im Kreis um uns herum, Kranke wie Zuschauer. Der Stammesführer, ein intelligenter älterer Mann, stand bei mir, um Ordnung zu wahren.

Die Ba Täs waren Beduinen, teils lebten sie im Wadi Amd, teils oben auf dem Djoll. Eine Agaba, ein Aufstieg am Kliff, verband die Brüder. Vor allem besuchten die Buben gerne die Vettern auf dem Djoll. Dort gab es einen Teich, der fast das ganze Jahr über Wasser enthielt, in dem es sich herrlich baden ließ. Den Erfolg sah ich jetzt unter dem Mikroskop: Bilharzia, diese scheußliche Wurmerkrankung.

Nachdem ich 40 Patienten behandelt hatte und die Sonne, die durch das dürftige Laub des Ilb-Baumes schien, allmählich zu heiß wurde, begab ich mich in das auf der anderen Wadi-Seite gelegene Dorf zu einem jungen Mann, der aus dem Ausland zurückgekommen war.

Auf der Weiterfahrt, das Wadi Amd wieder hinunter, wurden wir wiederholt angehalten, denn die Leute hatten am Vortag unseren „Elefanten" gesehen. Das führte zu weiteren Sprechstunden im Freien. Als ich meinen 76. Patienten an diesem Tag, einen alten Mann mit Herzschwäche, behandelt hatte, war auch mir leicht schwach.

Ich war froh, als wir am Abend in die kleine Stadt Amd kamen und dort in einem Haus der Regierung Unterkunft fanden, so daß ich für eine Weile ungestört war.

In der Nacht gab es ein heftiges Gewitter. Bis ich am Morgen mit den Patienten in Amd fertig war, war das meiste Wasser der Regenflut schon wieder versickert. Trotzdem mußten wir auf halsbrecherischen Umwegen fahren und mehrmals über Deiche und steile Feldränder den Übergang erzwingen.

So kamen wir nicht weit und fanden gastfreundliche Aufnahme in Huraidah, nicht weit von der Ruine des Mondtempels. In diesem Ort wohnte die zehnjährige Patientin Aischa, die wegen einer Lungenerkrankung ein halbes Jahr in Schibam in meiner Behandlung gewesen war. Da sie jetzt gesund und munter wieder zu Hause war, bestand sie darauf, daß ihre Familie mir eine Asuma gab. Meine Begleiter Arafan und Al Hadar waren natürlich mit dazu geladen. Nach den anstrengenden Tagen genossen wir das festliche Essen.

Noch einmal mußten wir im Freien übernachten, bevor wir nach Hause kamen.

Der Wert einer Fahrt wie dieser ins Wadi Amd lag nicht alleine in der Behandlung von bis zu 80 Leuten am Tag und dem Transport von Kranken nach Schibam. Wir konnten den Bewohnern dieser entfernten Gegenden bewußt machen, daß ärztliche Hilfe für sie erreichbar war. Egal, ob reich, ob arm, sie mußten nur selber wollen. Daß sie das begriffen, zeigte der wachsende Andrang im Hospital. Anfangs waren die Frauen sehr zurückhaltend, auch was ihre Kinder anging. Unter 100 Patienten waren nur 30 Frauen und Kinder. Das änderte sich aber, besonders nach solchen Reisen wie ins Wadi Amd, wenn die Frauen die Tabiba selbst gesehen und gesprochen hatten.

Ein großer Fortschritt, der sich auch auf Schibam auswirkte, war Luigis langersehnter Erfolg. Er hatte endlich durchsetzen können, daß die Alkaffs für das Tarimer Hospital einen Röntgenapparat anschafften. Sie ließen Luigi zu Siemens nach Deutschland reisen, um dort das passende Gerät auszusuchen und mit allem

Zubehör zu kaufen. Der erste Anlaß zu dieser Anschaffung war eine Patientin der Alkaff-Familie gewesen, die auf meinen Rat hin wegen einer Nierenerkrankung nach Kairo ins Krankenhaus gebracht wurde. Da sie in Begleitung ihrer Mutter und noch einer anderen Frau gereist war, die zusammen wiederum zwei Männer als Beschützer gebraucht hatten, war die Reise allein ein sehr kostspieliges Unternehmen geworden.

Luigi war zu der Zeit noch nicht in Tarim. Als er später von dieser Angelegenheit erfuhr, versuchte er sofort den Alkaffs klarzumachen, daß für solche Fälle ein eigenes Röntgengerät im Tarimer Hospital weitaus billiger sei und nicht nur einem Patienten dienen würde, sondern vielen.

Für das Schibamer Hospital hatte ich nun Gelegenheit, meine Lungenpatienten auf den „Elefanten" zu laden und mit ihnen nach Tarim zu fahren, um gemeinsam mit Luigi Durchleuchtungen und Aufnahmen zu machen. Um die Kosten der Haltung und Benutzung des Röntgenapparates zu bestreiten, zu dem notgedrungen ein mit Dieselöl betriebener Generator gehörte, galt auch hier das Prinzip: der Wohlhabende zahlt mit für den Armen. Das Entwickeln der Filme und sonstige Dunkelkammerarbeiten erledigte Luigi selber, woran er obendrein als leidenschaftlicher Fotograf Freude hatte.

Der Sandsturm am Anfang und das heftige Gewitter am Ende der Reise ins Wadi Amd hatten die Zeit des Sommermonsuns angekündigt. Bald darauf gab es eine große Flut, wie sie höchstens alle drei Jahre eintrat. Ungeheure Wassermengen strömten durch die Nebentäler und besonders durch Wadi Duan in das Wadi Hadramaut hinein. Sie erreichten Schibam, Seiyun und auch Tarim.

Schibam war für eine Woche nun wirklich eine Insel in einem breiten, wirbelnden, rauschenden Strom, der alles fortriß, was ihm im Weg lag, selbst gemauerte Brunneneinfassungen vor der Stadt. Laute Rufe, die in der trockenen Höhenluft weithin schallten, hatten das Nahen der Flut angekündigt. Salah stand schon wartend vor dem Statdttor, übernahm von Salim Abed meine Arzttasche und eilte mit mir vor der heranrauschenden Flutwelle hinüber nach Sehel.

Mein Haus lag im Trockenen. Vom Dach überschaute ich das Tal weithin. Immer wieder war es für mich wie für die Bevölkerung ein tief erregendes Ereignis, wenn eine Flut kam und sich wie eine gierige Zunge über das Tal streckte. Dieses erste, durch den Widerstand des Sandes und der Steine schäumend vorwärts stürzende Wasser hatte etwas Gefährliches und Bedrohliches in seinem unaufhaltsamen Vordringen. Im Nu war dann ein rauschender, schnell ansteigender Strom (bis zu etwa zwei Metern Höhe) da. Immer wieder wurden einige Menschen von der Flut überrascht und ertranken. Im Duan wurden dieses Mal durch die reißenden, wirbelnden Ströme Wasserdämme durchbrochen, Häuser zerstört und Hunderte der kostbaren Dattelpalmen viele Kilometer weit bis ins Wadi Hadramaut hinein fortgerissen. Als allmählich das Wasser zu sinken begann und am Rande zwischen den Palmen nur noch langsam floß, bin ich dort geschwommen, auch die Frauen aus Sehel. Sie badeten fröhlich im Flutwasser, mit Kleidern und Tüchern um die Köpfe, was die Städterinnen nie taten. Dafür besaßen einige von deren Familien ein Sommerhaus mit Wasserbecken zur Bewässerung der Gärten, in denen auch Frauen baden durften.

Nach so einer Flut war für einige Zeit das Autofahren höchst schwierig. Die Trecks waren aufgeweichter Lehm, und die Zuflüsse der Nebentäler schnitten tief ein. Die Mitfahrer schrägten dann mit den Händen die Abbruchkanten ab, räumten Steine und wateten im lehmigen Wasser, um den besten Übergang für unser schweres Auto zu ertasten. Für eine Strecke von normalerweise zwei Stunden brauchten wir acht. Es war eine Selbstverständlichkeit, daß wir in den Ortschaften gastfreundlich aufgenommen wurden, unverzüglich frisches Wasser zu trinken bekamen und dann – wie auf der Reise ins Wadi Amd – auch noch mit Essen bewirtet wurden.

Diese große Flut hatte auch die Felder der Schibami reichlich bewässert. Gleich nach Absinken der Flutwasser (in denen erstaunlicherweise Frösche gequakt hatten) trieb eine Gruppe von Männern und Frauen 30 Rinder in den großen Hof, an dem mein Haus in Sehel lag. Sie kamen, um die Felder der Schibamer zu pflügen und auch für sie zu säen.

Gleich bei Tagesanbruch wurde ein Kamel mit den Pflügen beladen: kräftige Baumgabeln, deren langer Arm die Deichsel war und deren kurzer, mit einer eisernen Spitze versehen, die Pflugschar bildete.

Mit Sonnenuntergang wurden die Rinder und das Kamel in den Hof zurückgebracht. Es bildeten sich Gruppen von Menschen und Vieh, denn die Tiere wurden von den Männern Bissen um Bissen mit der Hand gefüttert: je drei Strohhalme und drei Kleestengel zusammengebunden, damit kein kostbarer Halm verlorenging und der Bissen fest zum Kauen war.

Währenddessen füllten die Frauen ihre ledernen Wassersäcke und ihre rußgeschwärzten Kochtöpfe am Brunnen im Palmengarten. Aus dem großen Wasserbecken klangen Stimmen und das Plätschern der badenden Männer.

Von meinem Fenster aus sah ich interessiert hinunter auf die Lagerfeuer, um die herum sich Männer und Frauen gruppierten: kochen, essen, das Vieh füttern; Reden, Lachen, ab und zu auch Schimpfen klang bis nach Mitternacht zu mir hinauf. Nach wenigen Stunden Schlaf neben der Glut der Lagerfeuer saßen die Männer und Frauen schon um vier Uhr früh wieder vor den Rindern und dem Kamel und fütterten sie vor der Tagesarbeit.

Nach einer Woche wurde es wieder still im Hof. Nur am frühen Morgen sang nach wie vor meine Nachbarin, die Frau des Gärtners, mit rauher Stimme, während sie auf ihrer Dachterrasse Hirse für das Fladenbrot in einer Steinmulde quetschte. Der Gesang wechselte, wenn sie im Untergeschoß ihres Hauses bei offener Tür Weizen zwischen zwei Mühlsteinen für mich mahlte.

Als im Tal das Korn reif wurde, kam eine andere, sehr große Gesellschaft und schwirrte am Abend, von meinem Licht angezogen, sogar in meinem Zimmer herum. Es waren unzählige Heuschrecken eines großen Schwarms, der die Felder des Wadi leer fraß; gelbgrüne schlanke Leiber und zwei hauchdünne Flügelpaare. Sie sahen hübsch aus, aber sie fraßen den Menschen alles weg und hinterließen Mangel und Hungersnöte. „Sie fressen uns alles weg, dafür essen wir sie", sagten die Leute, und wirklich schmorten die Einheimischen die Heuschrecken. Schon in der Bibel wurde davon berichtet, daß sich die Propheten in der Wüste von Heuschrecken ernährt hatten. Daran mußte ich denken.

Es war die Zeit des reifen Korns, als ich mir mit meinem Neffen Jens einen gemütlichen Tag machen wollte. Ich hatte Jens nach Bestehen seines Abiturs für ein halbes Jahr zu mir eingeladen, damit er sich angesichts meiner und auch Luigis Arbeit darüber klar werden konnte, ob er auch Medizin studieren wollte und sich überhaupt für den Beruf eignete.

Noch bevor wir den Hauptweg verlassen konnten, kam uns ein Jeep entgegen. Der Fahrer sprang heraus: „Tabib Tarim hat sich in den Fuß geschossen. Du mußt schnell kommen." Also zurück nach Schibam, Instrumente und sonst Notwendiges eingepackt und mit Jens nach Tarim. Luigi war in aller Frühe losgezogen, um in den Kornfeldern Tauben zu schießen. Frauen waren ebenfalls hinausgegangen, um die Tauben zu verjagen. Als Luigi auf eine Taube zielte, erblickte er die Frauen, senkte sein Gewehr und brach in italienisches Fluchen aus. Er hatte den Finger immer noch am Abzug, ein ärgerliches Zucken, es knallte, und eine Zehe am linken Fuß war abgeschossen. (Sein Hund Buschma, ein Seluki von den Beduinen, suchte sie diensteifrig und – schnapp – fraß sie auf.) In Tarim angekommen, brachten wir den deprimierten Luigi ins Hospital. Jens assistierte mir bei der Entfernung des restlichen Knochens. Am Abend trösteten wir Luigi mit einem guten Essen. Es gab zwar keine gebratenen Tauben, dafür aber eine verbotene Flasche Wein. Seine bedrückte Stimmung und die Wut über sich selbst wichen langsam, er kam ins Philosophieren, was Jens später zu der Frage veranlaßte: „Was macht dieser Ästhet in der Wüste?"

Ein paar Monate später saß ich abends mit meiner Freundin Paula (Ulrichs Mutter), die aus der Schweiz zu Besuch gekommen war, in einem reizenden kleinen Schibamer Sommerhaus, wo Colonel Boustead und seine schottischen Mitarbeiter bei einer Tour durchs Wadi Quartier genommen hatten. Alle entspannten sich im heiteren Gespräch von den Anstrengungen das Tages. Ein Soldat der Beduinenlegion, der Boustead begleitete, unterbrach uns. „Für die Tabiba ist ein Bote aus Tarim gekommen." Als ich zu ihm ging, zog er aus seinem Gürtel einen Brief und sagte: „Tabib Tarim hat mich geschickt. Ich bin in fünf Stunden hierher gelaufen. Auf der ganzen Strecke war heute kein Auto unterwegs." Luigi schrieb: „ Bitte komm! Ein Gärtner ist heute morgen in den Brunnen gefallen. Sein Rückgrat ist gebrochen, aber er hat keine Lähmung und keine Schmerzen. Bring unbedingt deine chirurgische Ausrüstung mit." Ich ging zu den anderen zurück. „Ich muß nach Tarim, es handelt sich um einen Unfall. Bei Tagesanbruch muß ich abfahren." Arafan hatte bis um acht Uhr früh Urlaub, trotzdem war er nach zwei Stunden zur Stelle.

„Du mußt das Auto fertigmachen und vorher noch Awed wecken. Er soll dir zwei Kanister mit Gips aus dem Hospitalmagazin geben. Hier ist die Anweisung für ihn." Paula fragte ich, ob sie mitkommen wolle. Wir könnten Hilfe gebrauchen. Sie sagte gerne zu.

Kaum wurde der Tag sichtbar, als wir mit dem „Elefanten" starteten. Wir fuhren, ohne zu halten. Während der Fahrt überlegte ich mir die Behandlungsmöglichkeiten, denn einen Bruch der Wirbelsäule hatten weder Luigi noch ich bisher behandeln müssen. Auf meinen Knien lag ein dickes Buch: „Technik der Knochenbruchbehandlung" von Prof. Lorenz Böhler aus Wien.

Im Tarimer Hospital sah ich mir mit Luigi als erstes den Patienten an und dazu die Röntgenbilder. Die Wirbelsäule war nicht nur gebrochen, sondern an der Bruchstelle waren die Wirbel auch noch gegeneinander verschoben.

In wohlausgerüsteten Krankenhäusern stehen allerlei besondere Tische, Bügel, Gurte und Flaschenzüge zur Verfügung, um den Patienten in die richtige Lage zu bringen, die es ermöglicht, das Rückgrat wieder einzurichten. Wir hatten aber nichts dergleichen. So mußte wieder einmal improvisiert werden. Der Brotherr des verunglückten Gärtners kam und fragte, ob er etwas tun könne.

Wir brauchten vom Markt den billigsten und dünnsten weißen Stoff. Aus den Angaben über Breite, Länge und Zahl der notwendigen Gipsbinden in dem Buch von Böhler hatte ich 15 Meter Stoff errechnet. Der Arbeitgeber sandte einen Diener auf den Markt, der bald mit dem Gewünschten wiederkam. Die Freunde des Gärtners rissen lange Streifen. Paula und ich bestreuten sie mit Gipspulver. Dann waren wir soweit. Luigi und ich drehten den Mann auf den Bauch. Unterkörper und Beine lagen auf einer niedrigen Bank. Seinen Oberkörper mußten zwei Gärtnerkameraden stützen. Jeder stemmte sich unter eine seiner Schultern, denn es kam drauf an, das Kreuz weitgehend durchzubiegen, um die Einrenkung und Aufrichtung der gebrochenen Wirbel zu ermöglichen. Je zwei andere Gesellen zogen an seinen Beinen und Armen nach unseren Anweisungen. Wir selber drückten kräftig, aber mit Vorsicht gegen Hüfte und Brustkorb, um auch die seitliche Verschiebung zu beheben. Der Patient empfand keine Schmerzen, da ich die Bruchstelle betäubt hatte.

Plötzlich gab es einen spürbaren Ruck. Die Rückenfurche, vorher eine S-Kurve, verlief nun wieder fast gerade. Da wir neben dem Röntgenapparat arbeiteten, konnte Luigi jetzt eine zweite Aufnahme machen. Das Ergebnis war aber noch nicht befriedigend. Die Gärtnerkameraden zogen und hielten mit aller Kraft. Besonders die beiden, die den Oberkörper stützten, hatten eine anstrengende Stellung. Der Schweiß tropfte ihnen von der Stirn, aber sie hielten durch. Endlich verlief die Rückenfurche ganz gerade. Wir legten nun die Gipsbinden an und hüllten den ganzen Rumpf in einen weißen Panzer. Als dieser erstarrt war, trugen die Kameraden den Patienten auf sein Lager.

Es war später Abend geworden. Wir schlossen den Röntgenraum ab, und Paula und ich gingen mit zu Luigi. Jeden bewegte die Frage: „Wie wird es werden?" Am nächsten Morgen war der Panzer vollständig getrocknet. So konnten wir eine neue Röntgenaufnahme machen. Es läßt sich unschwer vorstellen, mit welcher Spannung wir das Entwickeln der Aufnahme abwarteten. Endlich war es soweit, daß wir das Bild betrachten konnten. Welch eine Erleichterung! Besser konnten wir uns die Stellung des Rückgrates nicht wünschen. Nun kam aber noch die Probe, ob es hielt. Professor Böhler schrieb in seinem Buch, daß der Patient, sobald der Gips trocken ist, aufstehen und umhergehen solle wie ein gesunder Mensch. Das erklärte ich dem Gärtner. Der Mann sah mich zweifelnd, ja fassungslos an. Er hatte noch kaum gewagt, Arme und Beine zu bewegen, und da sollte er nun aufstehen. Wir halfen ihm, mit seinem steifen und schweren Panzer hochzukommen. Er hatte keine Schmerzen, und ich sagte: „Geh jetzt ein wenig im Zimmer auf und ab."

Der Mann ging. Mit jedem Schritt fühlte er sich sicherer. Sein Staunen wich großer Freude, die sich in den Gesichtern der anderen widerspiegelte. Ich dankte im stillen Professor Böhler in Wien – was ich ihm zusammen mit der ganzen Schilderung der Operation schrieb. Ohne sein Buch hätten wir das Rückgrat nie so schön zurechtgerückt. Wie gut, daß ich es besaß. Vier Monate später befreiten wir den Mann von seinem Gipspanzer. Er nahm seine alte Arbeit wieder auf.

Jeder chirurgische Eingriff brachte nicht nur Anspannung während der Operation mit sich, sondern darüber hinaus auch die wiederkehrende Frage, ob sie mit Erfolg belohnt werden würde. Bei Notoperationen stellte sich die Frage: Wird der Patient überleben? Und wie wird ein Patient mit der Amputation eines Fußes nach Maduramykose fertig oder mit den Folgen eines Schlangenbisses, wenn der Arm durch viel zu langes Abschnüren des Oberarms abgestorben und in Fäulnis übergegangen war? Und wie wurde ich, wurde Luigi damit fertig, wenn der Patient oder seine Familie den notwendigen Eingriff verweigerte? Ich sehe und höre noch lebhaft, wie Luigi dann in sehr temperamentvolle Wutausbrüche geriet. Auch ich regte mich mehr als einmal auf und rang um Fassung bei solchen Begebenheiten.

Die Dringlichkeit einer lebensrettenden Operation erklärte ich den Betroffenen auf die einfachste Art und Weise: „Nicht operieren – gleich tot. Operieren – 50 Prozent Lebenschance!"

Auch die Frauen verstanden das sehr gut, da sie ausgezeichnet rechnen konnten. Nach solch einer Beurteilung ließ ich den Patienten mit seinen Angehörigen allein, damit man untereinander beraten konnte. Nie versuchte ich, sie zu überreden. Fiel die Entscheidung für die Operation aus, dann standen Patient und Angehörige dafür und gaben mir ihr Vertrauen, daß ich nach bestem Wissen und Gewissen handeln würde. Konnte der Patient nicht gerettet oder nicht geheilt werden, erhielt ich keine Vorwürfe, weder direkt noch indirekt.

„Alhamdulillah, Gott sei gepriesen", flüsterte Abd-al-Kerim, als sein vierjähriger Sohn starb und ich mich mit den Worten zu ihm wandte: „Es ist vorbei." Der kleine Feisal war beim Herumspielen in den Brunnen gefallen. Er hatte eine schwere Kopfwunde. Die konnte ich nähen, aber nicht die inneren Blutungen stillen. „Alhamdulillah", sagte Abd-al-Kerim noch einmal in aufrichtiger Ergebenheit und schlug sein großes Tuch sorgsam um den toten kleinen Körper. Es war Allahs Wille, daß die Tabiba das Kind nicht retten konnte. Abd-al-Kerim ging und trug seinen Sohn zur letzten Ruhe. Jeder in der Stadt und in der Umgebung kannte am nächsten Morgen die unglückliche Geschichte des kleinen Feisal, sprach: „Alhamdulillah." Meine Helfer und ich wurden vielfach nach Einzelheiten gefragt. Das Interesse an dem, was im Hospital vor sich ging – ein Gemisch aus Neugier und Teilnahme – bestand nach wie vor. Der kleine Feisal war nicht der einzige Patient, den eine Operation nicht retten konnte. Aber es gab glücklicherweise viele andere, bei denen es gelang; zum Beispiel bei einem gleich alten Mädchen, das ebenfalls in einen ca. acht Meter tiefen Brunnen gefallen war.

Ich gab jedesmal allen Fragern bereitwillig Auskunft, soweit es im Hinblick auf die ärztliche Schweigepflicht zulässig und dem Laien verständlich war. Sollte die Bevölkerung Vertrauen zu mir, überhaupt Vertrauen zu ärztlichem Können und Handeln haben, mußten ihr die Möglichkeiten, aber auch die Grenzen vor Augen geführt werden. Ich nutzte dazu jede Gelegenheit, ob es sich nun um einen Erfolg oder Mißerfolg gehandelt hatte. Daß ich in vielen Fällen mit Luigi zusammen operieren konnte, war eine direkte Hilfe und auch eine Entlastung für mich. Gemeinsam ließen sich die Probleme viel besser in den Griff bekommen.

Nach fünf Jahren entschloß sich Luigi leider, den Hadramaut zu verlassen, um nach Saudi-Arabien zu gehen. Dort bot sich ihm endlich die Chance, eine eigene Praxis zu gründen. Nach seiner Abreise schrieb ich in mein Tagebuch: „Zwischen

Luigi und mir herrschte Vertrauen und tiefe Zuneigung, trotz zeitweiliger innerer Spannungen, wenn er mir zu düster und so unfroh war, ich mich dagegen auflehnte, er sich gar nicht aufhellen ließ, sich nicht aufschwingen wollte. Seit unserer ersten Begegnung in Taiz kenne ich seine todernsten Augen. Aber ich habe diese Augen auch ganz jung und froh gesehen, gelöst von allem, und darum tut es doppelt weh, daß diese Lebensfreude in ihnen wieder erloschen ist. Ich mache mir Vorwürfe, daß es nicht möglich war, dieses Licht, das ich ausgelöst hatte, zu erhalten. Luigi erscheint mir wieder wie in Taiz, ausgebrannt und innerlich vollkommen erschöpft. Helles und Dunkles, Leichtes und Schweres, unsere gemeinsamen Jahre haben mein Leben bereichert, und ich bin froh, ihm begegnet zu sein. Im Alter könnten wir vielleicht wieder zusammenfinden, aber jetzt bin ich noch viel zu lebendig und neugierig auf das, was das Leben für mich bereithält."

Anders als Luigi, der wohl auch meinetwegen gekommen war, fühlte ich mich im Hadramaut wohl, besonders in Schibam. Wenn ich morgens zur Stadt hinüberging, saß mein alter Salim Abed, sein Tuch fest um die Knie geschlungen, vor dem Stadttor. Salah stellte meine Arzttasche neben ihm ab und eilte weiter zum Markt, um beim täglichen Einkauf die neuesten Geschichten und Nachrichten zu hören. Der Alte erhob sich, wenn ich das Stadttor erreichte und einen Augenblick neben ihm stehenblieb. Er faltete sein großes Tuch zusammen, warf es über die Schulter und nahm dann meine Tasche. Während wir durch das Tor schritten, berichtete er mir einiges über meine Patienten in der Stadt.

Als ich nach Schibam gekommen war, wurden die großen Torflügel mit den langen, spitzen Nägeln daran noch jede Nacht geschlossen. Nach einigen Jahren blieben sie aber Tag und Nacht geöffnet, denn alle kriegerischen und räuberischen Gefahren schienen endgültig gebannt zu sein. Trotzdem verwahrte Hussein Lajim immer noch sein blitzblankes Gewehr im Haus: Man weiß nicht – vielleicht brauchen wir es doch noch einmal!

Am wöchentlichen Posttag reichte mir Iber, durch ein feuerrotes Tuch als Postbote gekennzeichnet, ein Bündel Briefe. Während der Krise 1956 am Suez-Kanal war meine Post über einen längeren Zeitraum hinweg nicht zu mir gelangt. Ägypten nationalisierte 1956 die Suez-Kanal-Gesellschaft, woraufhin England, Frankreich und Israel zu den Waffen griffen. Die UN, die Vereinten Nationen, konnten schlichtend eingreifen. Während dieser Zeit der kritischen Ereignisse um den Suez-

Kanal hatte ich jeden Morgen als erstes die Schibami nach den neuesten Radionachrichten gefragt. Es gab derzeit nur zwei Apparate in Schibam. Sorgfältig hörten die Schibami alle Sender, welche die Nachrichten in arabischer Sprache brachten, um sich aus den verschiedenen Angaben eine bessere Vorstellung der Geschehnisse in Ägypten machen zu können. Sie wiederholten mir diese Berichte ohne eigenen Kommentar oder persönliche Färbung. Nur in einer Formulierung kam ihre Meinung zum Ausdruck, als sie von „unserem Kanal" sprachen, wenn sie den Suez-Kanal meinten. Still und ohne sichtliche Spannung wartete jeder die Ereignisse ab. Die Schibamer wußten, daß durch Auseinandersetzungen am Suez-Kanal für mich die Verbindung mit der Heimat unterbrochen war. Sie freuten sich mit mir, als dann endlich wieder Post aus Deutschland kam.

Auch der junge Mohammed fragte danach, und er war sichtlich erfreut, als ich es bejahte. Dann führte er mich über den Platz zu seinem Vater, der an diesem kühlen Dezembermorgen am Brunnenrand der kleinen Moschee in der Sonne saß. Der Sohn neigte sich eherbietig vor seinem Vater und küßte ihm die Hand. Als der alte Mann mich sah, erhob er sich etwas steifbeinig, kam zu mir herüber und zog mich einige Schritte beiseite. „Jah, Tabiba! Meine Knie sind heute sehr schmerzhaft. Die letzte Nacht verbrachte ich im anderen Haus bei meiner jüngeren Frau. Meinst du, daß sie meine Knie vergiftet haben könnte?" – „Deine Knie haben dich schon öfters geschmerzt. Deine kleine Frau hat keine Schuld daran", antwortete ich, und er ging beruhigt zurück zu seinem Platz in der Sonne.

Eines Morgens kamen zwei englische Besucher, die sich für das Hospital interessierten. Allmählich rückten sie damit heraus, daß sie Journalisten seien, und erzählten mir, sie hätten in Kairo von mir gehört und auch in Aden erfahren, daß ich auf Journalisten nicht gut zu sprechen sei. Das stimmte insofern, als einige sehr aufdringlich gewesen waren und nachher in ihren Artikeln reichlich phantasiert hatten, was mich ärgerte.

Brian Brake und Nigel Cameron hatten sich darum zunächst sehr vorsichtig bei mir eingeführt, Kamera und Notizbuch im Jeep gelassen. Da die beiden mir in ihrer sachlichen und humorvollen Art gefielen, verabredete ich mit ihnen, daß sie mich während eines Arbeitstages begleiten dürften.

Am nächsten Morgen standen sie um sechs Uhr vor meinem Haus in Sehel und folgten mir auf Schritt und Tritt: ins Hospital und zu den Patienten im Alten Hussen.

Während der Besuchsrunde in der Stadt (natürlich nur bei den Männern) wurde ich zu einem Unfall gerufen. Ein fünfjähriges Kind hatte eine Splitterfraktur in der Mitte der Stirn und mußte operiert werden. Als wir danach auch noch die Hausbesuche in der Umgebung hinter uns hatten, waren wir alle drei ziemlich erschöpft. Brian war ständig am Fotografieren gewesen, Nigel hatte viel geschrieben. Wir erholten uns bei einem Abendspaziergang, während die Sonne im Westen unterging und im Osten der Vollmond aufstieg. Es war der besondere Augenblick, in dem jeder zwei Schatten auf den Sand warf, was diejenigen, die es erlebten, faszinierte.

Erst beim Abendessen erfuhr ich, daß Brian Mitglied von Magnum Photos, Paris war und Nigel Schriftsteller, der für einige Zeit mit Brian in der Welt herumreiste und Texte und Artikel zu dessen Fotos schrieb.

Magnum Photos verbreitete die Bilder und Artikel rund um die Welt, und Brian bekam im UNO-Jahr des Kindes eine Auszeichnung für die Aufnahmen von dem Kind, die er gemacht hatte, während ich operierte.

In der Folge bekam ich Post aus allen Gegenden der Welt. Frauen und Männer boten ihre Hilfe im Hospital an, wie sie es auch bei Albert Schweitzer taten. Den Briefen entnahm ich, daß die Menschen hofften, in der Arbeit bei mir ihren Lebensinhalt zu finden. Männer machten wiederholt Heiratsanträge. Aber auch Spenden für das Hospital gingen mir auf diese Weise zu, die mich freuten und für die ich mich gerne bei den Absendern bedankte.

Leider kostete die Beantwortung der Briefe und der Mitarbeitsangebote viel Zeit, denn was bei Dr. Schweitzer in Afrika möglich war, war in Arabien nicht angebracht. Schweitzer hatte ein christliches Missionshospital und konnte die Mitarbeit von Europäerinnen und Amerikanerinnen, die auf eigene Kosten kamen, annehmen. Ich arbeitete in einem rein islamischen Land und hatte einen anderen Ansatz. Mir ging es in Schibam um die Notwendigkeit, Einheimische auszubilden und das Gesundheitsbewußtsein der Bevölkerung zu wecken. Alleinstehende Frauen hätten in Schibam schwerlich arbeiten und leben können. Ich hätte sie nicht, wie meine „Beduinentöchter", unter meine Obhut nehmen können. Überall mußte ich absagen, was bestimmt von einigen, die wirklich helfen wollten, nicht verstanden wurde. Ärztinnen waren unter denen, die sich anboten, leider keine.

Ich denke, daß Improvisieren und für die wenigen freien Stunden allein die Unendlichkeit der Wüste zur Verfügung zu haben, nicht jeden Menschen begeistert.

Die morgendliche Stadtrunde machte Salim Abed mit mir. Im Laufe der Jahre war ich in jedem Haus gewesen; ich kannte sie alle. Jedes hatte für mich ein Gesicht bekommen durch die Begegnung mit seinen Menschen und deren Schicksalen.

Dort in dem gepflegten Haus lebte Salim Omr, in dessen Garten auf der anderen Talseite ich auf der weißen Terrasse unter den hohen Palmen am Brunnen schöne Abende verbrachte. Seine Mutter war eine liebe Frau, die langsam erblindete.

Ein paar Häuser weiter wohnte Mnsu'ffer, der im Erdgeschoß mit seinen Söhnen einen Laden betrieb. Es war recht eng zwischen den hohen und breiten Pfeilern, die die oberen Stockwerke stützten. Salim Abed hockte sich auf die Schwelle, während ich drinnen auf einer Kiste saß und mir einen Stoff oder ein Tuch aussuchte.

Wir trafen auf unserer Besuchsrunde in der frühen Morgenstunde auch Mahfud, Aminas Vater. Er hockte vor der Werkstatt des Zimmermanns und unterhielt sich mit Vater und Sohn, die gemeinsam mit einer großen Handsäge einen Ilb-Stamm in fingerdicke Bretter zersägten, alles nach Augenmaß. Eine Ecke weiter saß Ahmed Baobeid vor der Moschee gegenüber seinem Haus im Gespräch mit einem Nachbarn und einem Mann aus einem der nächsten Orte. Um diese Stunde kam ich überall in der Stadt an solchen Gruppen von Männern vorbei; am Stadttor, auf dem Platz vor dem Hussen, vor Werkstätten und Läden, auf den Bänken und Stufen der Moscheen und auf dem Markt. Es sah aus, als ob sie alle nichts zu tun hätten. Aber im Laufe dieser Gespräche wurden, vermischt mit neuesten Nachrichten aus Stadt und Land und über politische Vorgänge, Geschäfte besprochen und abgemacht. Sie alle grüßten, wenn wir vorbeikamen, und wechselten einige freundliche Worte mit uns.

Am Ende unserer Runde stiegen Salim Abed und ich eine enge, dunkle Treppe zu einem niedrigen, kleinen Haus hinauf. Hier wohnte Birka. Sie verdiente früher ihren Lebensunterhalt als Wasserträgerin, machte Botengänge für die Frauen einiger Familien, half bei Festlichkeiten und bewachte im Sommer die reifenden Datteln im Palmengarten eines Schibamers. Birka schob mir drei kleine Schalen voll Ingwerkaffee zu. Auch Salim Abed reichte sie ein Schälchen unter dem Vorhang hindurch, der das Zimmer unterteilte. Die Frau war arm, aber für Gastlichkeit war immer etwas übrig.

„Jah, Birka, Dank für dein Kaffeegetränk. Gib jemandem diesen Zettel. Er bekommt dafür im Hospital deine Medizin."

„Gib mir den Zettel", sagte Salim Abed hinter dem Vorhang, „ich bringe ihr die Tabletten." Ich wußte, daß der Alte dann noch einmal für Birka meine Verordnung wiederholen würde.

Wieder auf der Straße, lief uns Said, der Schneider, über den Weg. „Jah, Said! Gerade dich brauche ich." – „Salim, gib ihm den neuen Stoff. Im Hospital brauchen wir alle neue weiße Kittelschürzen und jeder eine Kofiah." – „Inschallah!" sagte Said grüßend und entschwand mit meinem Stoff in seinem Haus. Im Vorbeigehen wünschte ich dem Silberschmied, der an der offenen Tür seiner kleinen Werkstatt saß, einen guten Morgen. Der zierliche Hadramauter Silbergürtel, den ich täglich trug, war von ihm gearbeitet. In einigen kleinen Eisentruhen verwahrte er den fertigen Schmuck für die Jahrmärkte; die schmalen Gürtel für die Städterinnen, die breiten für die Beduinenfrauen; verzierte Halbmonde und flache Amulettdöschen, Ketten, Armreifen, Fußschellen mit Glöckchen für die Hochzeiten. Als ich ihn einmal nach dem Preis fragte, nahm er eine Waage in die Hand, wog jedes Stück mit silbernen Maria-Theresia-Talern ab. Nach ihrem Kurswert bestimmte er den Preis, denn der Silberschmied kaufte die Taler (den jemenitischen Rial) von den Karawanen, die aus dem Jemen kamen, dem damaligen Königreich Jemen, um daraus, wie ehemals die Juden in Taiz, den Schmuck zu fertigen. Neben der Werkstatt des Silberschmiedes lag die des Nickelschmiedes, der Buchari (Samoware) fertigte, die auch im ärmsten Haushalt nicht fehlten. Auch die Patienten brachten ihren eigenen mit ins Hospital, um keinen Tag ohne den beliebten Tee zu sein.

Der letzte in der Reihe war der Blechschmied. Aus alten Dosen und Kanistern, in denen Petroleum für die Lampen und Laternen und Benzin für die Autos gebracht wurden, schnitt und lötete er Schöpfbecher, Holzkohlenbrenner, Dosen für Honigwaben im Duan und anderes mehr. Es gab auch noch einen Eisenschmied. Er hatte seine Arbeitsstätte neben dem Postamt am großen Platz vor dem Hussen, über den ich mit Salim Abed zum Hospital zurückging.

An diesem Morgen aber spielte der Eisenschmied den Zahnarzt. Ein Kamel lag mit gefesselten Beinen vor seiner Tür. Mehrere kräftige Männer halfen dem Beduinen, den Kopf seines Kamels mit einem Strick festzuhalten, dessen Maul mittels Holzklotz offenstand. So konnte der Eisenschmied mit einem glühenden Eisen hineinfahren, um einen Zahn zu kürzen. Der war zu weit herausgewachsen und hatte das Tier am Kauen gehindert und die Lippe wundgebissen. Wir blieben stehen und schauten der Prozedur zu. Dabei fiel mein Blick auf eine Tür. Der Stein, der mich besonders interessierte, war nicht mehr da. Weinranken, Vögel und kleine Tiere hatten ihn verziert. Es hatte einen gleicher Art östlich von Tarim gegeben. Es müssen Steine für Tore oder Torumrahmungen aus der Zeit der Himjariten gewesen sein. Wir gingen weiter, über den Platz des ehemaligen Gefängnisses. Es war infolge seines Alters in ein leerstehendes Haus verlegt worden. Selten waren mehr als zwei Häftlinge darin, die von sechs Soldaten bewacht wurden. Harte Strafmaßnahmen, wie im Nordjemen praktiziert, waren im Hadramaut nicht notwendig. Während der großen Feste hörte ich von meinem Haus aus die Wachen auf diesem ehemaligen Kerkerplatz singen und mit rhythmischem Händeklatschen die ganze Nacht durch ihre Tänze begleiten.

Vor dem Eingang des Hospitals, der den Frauen vorbehalten war, hockten einige Kinder auf den Stufen. Ismail lehnte an der offenen Tür des Warteraumes der Männerseite. „Ich habe alles getan und vorbereitet, was ich ohne dich machen konnte", meldete er, während Salim Abed meine bauchige Arzttasche ins Labor trug und auf ihren Platz stellte. Ich hatte darin eine Miniambulanz mit dem Notwendigsten für die Hausbesuche in den umliegenden Orten und Ansiedlungen. Es waren nicht nur Medikamente und Spritzen darin, sondern auch Instrumente, um einen Abszeß zu öffnen, Zangen zum Zähneziehen, Nasenspiegel und Pinzetten, um bei Kindern zu hoch in die Nase geschobene Dattelkerne herauszuholen, Ohrenspiegel und Ohrenspritzen. Man kann sich nicht vorstellen, wieviel zerdrückte Fliegen in ein entzündetes Kinderohr passen! Mit dieser Ausrüstung ersparte ich meinen Patienten Wartezeit und mir doppelte Wege. Die Tasche wurde überall mit Vorsicht und Respekt behandelt. Niemals hat jemand den Versuch unternommen, etwas aus ihr zu entwenden.

Ibrahim wie Mariam und Sood schrieben alle Namen der Patienten auf. Nach dem Alter fragten wir seit langem nicht mehr. Als ich anfänglich danach gefragt hatte, bekam ich meist die Antwort: „Tabiba, du mußt es wissen, du bist zur Schule gegangen!" Ein Geburtstag wurde nicht notiert, also auch nicht gefeiert, ebensowenig ein Todestag – aus der Ewigkeit durch die gleichmäßig dahinfließende

Zeit zurück in die Ewigkeit. Mich hatte auch schon das Zeitlosigkeitsgefühl in dem immer warmen Wüstenland gestreift. Nur die Tatsache, daß in der Heimat inzwischen aus Kindern Erwachsene geworden waren, ließ mich mit einem gewissen Staunen das Fortschreiten der Jahre registrieren. Wenn ich von „früher im Hussen" und jetzt vom „Hospital" sprach, fühlte ich Dankbarkeit, daß diese Jahre voller Erleben und befriedigendem Schaffen waren. Das Ziel, das ich mir selbst gesteckt hatte, war nun erreicht. Das Hospital stand und war der Bevölkerung in Stadt und Land ein Begriff. Der Grundstein des Gesundheitsdienstes war gelegt. Die weitere Aufgabe bestand nun im Erhalten, Fortführen und Ausbauen des Geschaffenen.

Ich mußte mir eingestehen, daß ich mich in diesen Jahren stark verausgabt hatte, und sah die Notwendigkeit ein, eine Pause zu machen, um meine Kräfte wieder zu stärken. Außerdem wollte ich in Europa keine Fremde werden. Deshalb entschloß ich mich, nach einer Ärztin zu suchen, die meine Arbeit übernehmen und fortsetzen könnte.

Ich schrieb als erstes an meine Studienfreundin Helene Duhm. Während meiner Europa-Aufenthalte hatte ich ihr ja schon viel von meiner Arbeit in Arabien und den besonderen Umständen erzählt. Sie war jedesmal sehr interessiert. Außerdem hatten wir beide die gleiche Auffassung von unserem Beruf. Es mangelte Helene nicht an Unternehmungsgeist und Einsatzfreude.

Die Korrespondenz ging hin und her. Schließlich sagte Helene zu. Ich mußte nun auch der Qaiti-Regierung meinen Entschluß mitteilen, die Arbeit weiterzugeben und sie für Helene als meine Nachfolgerin gewinnen. Schließlich waren die Minister des Sultans damit einverstanden, und mir blieb nur noch, den Vertrag für sie auszuhandeln. Als beide Vertragspartner sich zufriedengaben, war ich froh, hatte aber noch kein Gefühl dafür, daß ich dann ja Arabien endgültig verlassen würde, wo ich so viele Jahre intensiv gelebt hatte und glücklich und zufrieden gewesen war.

Noch bevor Helene kam, stand ich am Weihnachtstag vor der Notwendigkeit einer letzten komplizierten Operation, bei der es um Leben und Tod ging. Mein Festtagsbesuch, Günter Schäfer, ein deutscher Kollege aus dem Nachbarsultanat Oman, war mit seiner Frau und Tochter bei mir. Er ging mit mir zum Hospital. Unten am Hoftor warteten schon zwei Männer: Es gäbe einen Kranken in Ja'aima.

Schwellung in der Leiste und seit dem Abend mit großen Schmerzen. Er sei zwar kein Chirurg, meinte er, erklärte sich aber gerne einverstanden, mir zu assistieren, wenn eine Operation notwendig sei.

Der Naib gab uns sein Auto (der „Elefant" war in Seiyun), damit wir den Patienten schnellstens ins Hospital holen konnten. Es wurde eine fünfstündige Operation. Im Bruchsack befanden sich zwei Drittel der aufsteigenden Dickdarmpartie, bereits blau verfärbt und in übelriechender Flüssigkeit. Außerdem fand ich in der Bauchhöhle, direkt an der Bruchpforte, eine 60 Zentimeter lange, dunkelblauviolette Dünndarmschlinge eingeklemmt. Die Entfernung beider absterbender Darmteile war notwendig sowie die Verschließung und Rücklagerung des Dickdarmstumpfes in die Bauchhöhle. Das Dünndarmende nähte ich in den oberen Winkel der Bauchdecke als Anus praeter (künstlicher Darmausgang) ein. Als Verschluß für diesen benutzte ich eine gespaltene Palmenrispe, die ich mit Pflaster umwickelte. Der Kollege war verblüfft über diese Improvisation. Die zweite Operation, die Dünndarm und Dickdarm wieder miteinander verbinden sollte, bedurfte einer tieferen Narkose, als sie mir in Schibam möglich war. Drei Tage später ging das wöchentliche Flugzeug nach Aden. Der Patient hatte überlebt und sich soweit erholt, daß er transportfähig war.

Inzwischen hatte ich den „Elefanten" aus Seiyun zurückbekommen, so daß der Patient liegend von Arafan und mir vorsichtig zum Landeplatz gefahren werden konnte. Schäfer und Familie flogen mit. Mein Kollege kümmerte sich um den Patienten. In Aden fuhr er mit ihm in der Ambulanz, die der Pilot mittels Funk angefordert hatte, ins Krankenhaus und übergab ihn persönlich dem Chirurgen. Der Patient überstand auch die zweite Operation. Der Chirurg in Aden machte mir schriftlich das größte Kompliment mit dem Hinweis, daß solche komplizierten Fälle selten zu retten seien. Das freute mich, zumal er früher nur gelächelt hatte, wenn ich um Nahtmaterial für meine Schibamer Patienten bat und er es verweigerte.

Nach diesem komplizierten Eingriff fuhr ich ein paar Tage später nach Mukalla, um Helene abzuholen. Arafan chauffierte uns im „Elefanten" über den Djoll nach Schibam. Es war ein gemeinsames Erlebnis und die beste Einführung in dieses Land. Helene arbeitete sich im Verlauf von zwei Monaten gut ein und lernte die nötigsten arabischen Worte. Ich hielt mich sowohl im Hospital als auch bei

Hausbesuchen nur noch im Hintergrund und machte ein letztes Mal mit Awed die Jahresbestellung.

Während dieser Zeit wurde mir meine Loslösung von Schibam immer bewußter. Als meine Abreise nahte, konnte ich in Hussein Lajims großem Haus den Schibamern zum Abschied eine Asuma geben.

Am letzten Abend lud mich der gesamte Stadtrat zusammen mit Helene und einer größeren Anzahl von Bürgern ein. Über unserem Zusammensein lag eine angenehme, freundschaftliche Atmosphäre, die durch die vielen persönlichen Kontakte in den Jahren meines Aufenthaltes entstanden war. Während der Abschiedstage kam noch die Ordensverleihung durch die Königin von England. Ich war so beschäftigt, daß ich es kaum registrierte und eigentlich erst bei meinem Aufenthalt in Afrika begriff.

Es wurde mir sehr schwer, von Schibam zu scheiden, wo ich wirken konnte, wie es einem Arzt sonst kaum mehr möglich ist. Es war gewiß nicht an allen Tagen leicht gewesen. Ich hatte im Laufe der Jahre einige Tropenkrankheiten durchgemacht. Es hatte Zeiten der Ermüdung gegeben, doch dann war ich in den Abendstunden hinaus ins Wadi gegangen, über den weiten, hellen Sand gewandert und hatte wieder Kraft geschöpft, während die Sonne versank und die Nacht aufstieg. Mit jedem Schritt wurde mir wohler und freier, bis ich wieder ruhig und froh zu meinem Haus zurückgekehrt war.

Noch bevor ich Schibam verließ, ergriff mich schon die Sehnsucht nach dem Tal, den steilen Kliffen, der Sonne und den Farben!

Ein letztes Mal reiste ich über den Djoll zur Küste. Ich liebe seine Weite, bei Tag das Licht und das Flimmern über dem Boden, bei Nacht den klaren, gestirnten Himmel und nach dem brausenden Wind die wunderbare Stille.

Wo würde ich Entsprechendes entdecken, das mich ebenfalls zehn Jahre oder länger festhalten würde, dem Gesetz der Notwendigkeit gehorchend, nach dem ich angetreten bin und das mich tief im Inneren erfüllte? Noch wußte ich es nicht!

Dritter Teil
„Danach"

Lalibela

Kurz bevor ich den Hadramaut verließ, kam Irmgard Bidder angereist, um mich kennenzulernen. Ihr Mann war Botschafter der Bundesrepublik Deutschland in Addis Abeba, der Hauptstadt Äthiopiens, über das nach kurzer italienischer Herrschaft (1936-1941) jetzt wieder Kaiser Haile Selassie regierte. Frau Bidder interessierte sich für die Beziehungen und kulturellen Einflüsse zwischen Äthiopien und dem Jemen bzw. Arabien, über die wir intensiv diskutierten. Schließlich lud sie mich ein, sie auf ihrer geplanten Expedition ins nordäthiopische Amaren-Hochland zu begleiten, in das noch nie eine europäische Frau vorgedrungen war. Expeditionsziel war Lalibela mit den dortigen Felsenkirchen. Diese wollte Frau Bidder kennenlernen und kunsthistorisch erfassen. In ihrem 1959 erschienenen Buch „Lalibela" finden sich Hinweise, daß die Monolithkirchen schon vor christlicher Zeit als Kultstätten entstanden sein mußten, da viele Anzeichen früherer Kulturen zu finden waren, wie ich später auch erkennen konnte. Die Expedition schien mir verlockend, und ich sagte kurz entschlossen zu.

Bis zum Start waren es aber noch einige Wochen; so entschloß ich mich dazu, vorher noch alleine in Ostafrika herumzureisen. Per Flugzeug, zum Teil aber auch recht abenteuerliche Transportmöglichkeiten wie klapprige Überlandbusse nutzend, besuchte ich Kenia, Tanganyika (heute Tansania), die stark arabisch beeinflußte Gewürznelken-Insel Sansibar, Belgisch Kongo (heute Zaire) und Uganda. Ich erlebte grandiose Landschaften, sah Steppen, Urwald, steil aufragende Gebirge, Vulkane, die wildlebende Tierwelt, abgelegene Rundhütten-Siedlungen der Einheimischen, aber auch ihre erbärmlichen Wellblechhütten am Rande der Städte. Oft empfand ich das Leben der afrikanischen Menschen als wesentlich fremdbestimmt durch den europäischen Kolonialismus. Immer wieder mußte ich registrieren, daß die schwarzen Einheimischen nur untergeordnete Arbeiten ausführen durften.

Die Erscheinungsformen der Rassentrennung machten mich traurig. Überall ergaben sich Gespräche mit Europäern, über ihr Tun und Lassen in den Kolonien und Protektoraten. Mein Fazit: Ich konnte mich des Eindrucks nicht erwehren, daß Afrika einen seltsamen Tummelplatz bot zum Austoben von europäischen Aktivitäten, Pionier- und Missionsgefühlen. Dabei wurde vielfach der Vorwand der „Aufopferung" bemüht. Schon immer hat mir das Wort Aufopferung Unbehagen bereitet, besonders wenn es von Menschen beschlagnahmt wurde, die sich damit etwas erklären wollten, das sie selbst nicht verstanden, wie meine Arbeit im Hadramaut. In Addis Abeba war ich Gast des Botschafterehepaars Bidder. Ich hatte mich letztlich beeilt, rechtzeitig zur Expedition zu kommen. Doch der Start verschob sich, weil der Gouverneur der Waag-Lasta-Provinz (in der Lalibela liegt), mit dem wir reisen sollten, noch nicht abkömmlich war.

In die Wartezeit auf den Gouverneur fiel die Feier des Jahrestages der Rückkehr Kaiser Haile Selassies 1941 nach Abzug der Italiener aus Äthiopien. Ich war zum Bankett im kaiserlichen Palast eingeladen worden. Das Defilée der Minister und des diplomatischen Korps zog sich lange hin, bis die Reihe an mir war, dem Kaiser vorgestellt zu werden. Ein drahtiger, zierlicher Mann, der mir kaum bis zur Schulter reichte, seiner Würde und Ziele bewußt, stand er vor dem Thronsessel. Er war persönlich an der Expedition nach Lalibela interessiert, da er alles förderte, was die koptisch-christliche Kirche Äthiopiens und die vorangegangenen Kulturepochen bis weit in die vorchristliche Zeit betraf. Er wußte bestens über die Einmaligkeit von Lalibela Bescheid.

Als wir im Mai 1957 endlich die Expedition starteten, ging die erste Etappe per Auto bis Dessie, wo wir im Gästehaus des Kronprinzen untergebracht wurden.

Wer hätte ahnen können, daß wir dort eine ganze Woche verbringen sollten, denn am anderen Morgen kam die Nachricht, daß der Prinz von Harrar, der zweite Sohn des Kaisers, tödlich mit seinem Auto verunglückt war.

So reiste der Gouverneur zu den Trauerfeierlichkeiten zurück nach Addis Abeba, und wir mußten auf ihn warten. Währenddessen machten wir Ausflüge in die nähere Umgebung. In einem Dorf sahen wir Weber der Schamma, des großen weißen Tuchs, das alle Äthiopier trugen, Männer wie Frauen, auch der Kaiser über seiner Uniform. Der Webstuhl war aus kräftigen Ästen in den Erdboden gerammt. Der Weber saß auf dem Boden, mit beiden Beinen in einem kleinen Graben. Einfacher kann man sich das Weben nicht vorstellen; was dabei herauskam, war das leichte, schöne Gewebe der Schamma, wie es heute wohl kaum mehr hergestellt wird. Schließlich kam die telefonische Mitteilung von Herrn Bidder, daß wir uns auf den Weg machen sollten. Der Gouverneur würde uns einholen. Im Ort Waldija standen auf kronprinzliche Anordnung zehn Maultiere mit Reit- und Packsätteln bereit, dazu fünf Treiber und drei Milizsoldaten. Zusätzlich hatten Irmgard Bidder und ich zwei Polizisten zur Verfügung, um uns auf einsamen Pfaden in die Berge zu geleiten. Sie sollten uns auch unterwegs in den Dörfern und Ansiedlungen behilflich sein (zum Beispiel Wasser und Brennholz besorgen), denn es geschah sehr selten, daß Ausländer abseits von der großen Straße reisen durften.

Es gab keinerlei befahrbare Wege in diesem Gebiet, sondern nur die alten Fußpfade. Vor Hunderten von Jahren, ja schon vor 2000 und 3000 Jahren, mußte auf diesen Wegen, wie auch auf der arabischen Seite des Roten Meeres, ein reger Karawanenverkehr geherrscht haben. Äthiopien ist ein altes Reich, dessen Geschichte weit in vorchristliche Zeit zurückreicht. In Europa wußten das nur wenige Menschen, weil Äthiopien jahrhundertelang wie abgeschnitten von der Welt war. Schon früh nahm das Land den christlichen Glauben an und bewahrte ihn in der koptischen Kirche trotz des von allen Seiten andrängenden Islams. Durch die Islamisierung der arabischen Länder, auch Ägyptens, wurden die regen Verbindungen Äthiopiens mit diesen Ländern und den damaligen christlichen Zentren Rom und Byzanz unterbrochen.

Erst im 19. Jahrhundert wurden die Beziehungen zwischen Europa und Äthiopien wiederbelebt.

Es war Nachmittag geworden, als sich unser Zug in Bewegung, setzte. Der würdige alte Äthiopier, der uns die Maultiere und Treiber besorgt hatte, begleitete Frau Bidder und mich aus dem Ort hinaus, um uns bei den Schwierigkeiten, die es beim Start jeder Expedition gibt, zu helfen. Ein Maultier war nicht richtig bepackt, beim anderen mußte der Gurt nachgezogen werden, ein Treiber versuchte im letzten Moment, noch höheren Lohn zu erzwingen, und die Soldaten erklärten plötzlich, sie seien gar nicht für solch eine Reise ausgerüstet. Es war unglaublich, was alles noch in letzter Minute geschlichtet werden mußte! Sowie aber der Ort und die Landstraße hinter den ersten Anhöhen verschwanden, fielen alle Eile und Unruhe ab, und wir begannen uns dem Tempo der Maultiere anzupassen. Drei Wochen sollten wir durch die Berge reisen, manchen Tag acht bis zehn Stunden über die heißen, waldlosen Höhen reitend, durch trockene Täler, auf steinigen

Pfaden, an Steilhängen, an unwegsamen Stellen zu Fuß gehend; abends am Lagerfeuer sitzend, nachts im Zelt schlafend, oftmals von Hyänen umschlichen, deren Geheul unseren Maultieren galt. Unsere Treiber wachten abwechselnd und hielten das Feuer hell brennend. Je weiter wir hinaufkamen, um so grüner und fruchtbarer war der Boden zwischen den steilen Felswänden durch den nächtlichen Tau. Auf den saftigen Wiesen weideten fette Kühe, und unsere Mulis, kaum zu halten, weideten mit. In der Höhe blühten Löwenzahn und enzianblaue Vergißmeinnicht.

Nachdem wir einen 3000 Meter hohen Paß überquert hatten, kamen wir in das Tal des Takazze, der wie die meisten Flüsse Äthiopiens in den Blauen Nil mündet. Hier sollten wir in einem kleinen Orte den Gouverneur treffen. Er besaß hier ein Haus, denn seine Familie war in dieser Gegend seit Jahrhunderten ansässig. Er war noch nicht da. So wurden wir in der Schule untergebracht. Aber unsere Zelte wären eine bessere Unterkunft gewesen, denn am Morgen drückten die Jungen und Mädchen ihre Nasen an den Fensterscheiben platt. Schwierig für uns, eine Ecke zu finden, in der wir uns unbeobachtet waschen und anziehen konnten.

Mit Sonnenuntergang des nächsten Tages zog eine lange Karawane über den Berg heran. Vor dem Haus des Gouverneurs versammelten sich Leute und Priester aus dem Ort. Andere zogen ihm entgegen.

Voran ritt die Frau des Gouverneurs auf einem dunkelbraunen Maultier mit einer roten Satteldecke. Es wurde von einem Diener geführt; eine Dienerin in weißem äthiopischem Gewand ging nebenher, umgeben von bewaffneten Männern.

In der zweiten Gruppe bewaffneter Männer ritt der Gouverneur auf einem weißen Maultier mit bestickter Satteldecke und einem klimpernden Halsband aus breiten vergoldeten Silberplatten mit einem Relief kleiner Engel heran. Einige Männer des Ortes gingen ihm entgegen, neigten sich zum Fuße des Gouverneurs; er richtete sie auf und küßte sie zur Begrüßung auf die Wangen. Unsere Spannung des Wartens löste sich in Freude darüber auf, daß die Expedition nun weitergehen konnte. Am Abend lud uns seine warmherzige Frau zur Feier der gemeinsamen weiteren Reise in ihr Haus ein. Unser Troß und der des Gouverneurs war schon vielköpfig. Aber der Zug wurde zu einer mittelalterlichen Heerschar, als aus den Gemeinden die Männer kamen – mit Gewehren und Patronengurt als Zeichen des freien Mannes – und dem Gouverneur das Geleit bis zur nächsten Gemeinde gaben. Oftmals waren es mehrere Hundert Personen, die mit uns auf den schmalen

Gebirgspfaden dahinzogen. Manch ein Einheimischer kam mit einem Anliegen zum Gouverneur, dessen Pflicht es unter anderem war, Recht zu sprechen. Der Fragende oder Klagende ging, sich am Sattelknauf des weißen Maultieres festhaltend, nebenher, während der Gouverneur dem Mann die Hand leicht auf die Schulter legte. So wurden Angelegenheiten schon während des Reitens geordnet. Wo immer wir rasteten oder abends unsere Zelte aufschlugen, kamen Männer und Frauen aus den Dörfern, mit Körben voller Brotfladen und Tonkrügen mit Tetsch, Talla-Honigwein und Gerstenbier oder auch kühler saurer Milch in Kürbisflaschen.

Zum Essen reichten sie Wott, eine scharfe Sauce mit Fleisch. Sie stellten alles im Halbkreis vor uns hin. Oft wurde eine Ziege geschlachtet und im Lagerfeuer gebraten. Ich lernte, daß dieses Fleisch, auch roh gegessen, eine Delikatesse ist. Das Wander- und Lagerleben gefiel mir, auch wenn uns mancher Regenschauer durchnäßte.

Noch bevor wir Lalibela erreichten, sahen wir eines Morgens die einsam gelegene Felsenkirche „Geneta Mariam". Ihr Dach war schon aus einiger Entfernung zu erkennen, da es den roten Fels, der die Kirche umgab, um einen Meter überragte.

Wir sind daran gewöhnt, daß unsere religiösen Bauten wie Tempel, Moscheen, Dome und Kathedralen weithin sichtbar erbaut sind. Hier aber lag nun eine Kirche quasi im Berg versenkt vor mir, nur von einem Schacht umgeben, der nicht viel mehr Raum gab, als wohl nötig gewesen war, die Kirche als eine Skulptur aus dem rötlichen Felsen herausmeißeln zu können. Jedes Ornament auf dem Dach, jeder Wasserspeier, jeder Vorsprung, jede Säule, außen wie innen, waren vorausberechnet und dann aus einem Stein, aus einem Fels, der keine Risse haben durfte, ausgehauen. Später zeigte mir Frau Bidder eine Kirche, die nicht fertig ausgehauen war wegen der tiefen Risse, die durch das Felsmassiv hindurchgingen. Es war interessant zu sehen, wie beim Dach der Kirche begonnen wurde, entgegengesetzt zum Bauen der üblichen Art.

Die Priester von „Geneta Mariam" brachten uns eine alte Pergament-Bibel in der äthiopischen Kirchensprache Ge'ez mit Miniaturmalerei und zeigten ihre schönen, ornamentreichen großen Silberkreuze, die sie beim Gebet und bei Prozessionen in der Hand oder auf einem Stab trugen. Auf dem Weiterritt war ich froh, Zeit zu haben, diese ersten Eindrücke zu verarbeiten, um wieder aufnahmebereit für Lalibela zu sein.

Als wir dort gegen Abend ankamen, wurde die Expedition von zahlreichen Priestern in goldbestickten Gewändern mit feierlichem monotonen Baß-Gesang und dumpfen Trommelschlägen empfangen. Während des Gebets und des Segens schwangen sie Weihrauchgefäße; dann reichte der älteste Priester sein Kreuz zum Kuß. Von Lalibelas elf Kirchen hatte ich noch nichts entdecken können. Wir ritten weiter, um unseren Lagerplatz zu erreichen. Plötzlich rief der Gouverneur mir zu: „Halt! Nicht weiterreiten." Ich hielt und stand nur wenige Schritte vom Rand eines Schachtes entfernt. Unter mir sah ich Dach und Giebelfassade der größten Monolithkirche „Medame Aelem", 33 Meter lang, 22 Meter breit und elf Meter hoch! Ich war überwältigt. In den nächsten Tagen hielt ich mich wiederholt in dieser fünfschiffigen Kirche auf, um deren Raum auf mich wirken zu lassen und Einzelheiten zu fotografieren.

Mein Staunen nahm beim Besuchen der weiteren Kirchen in Lalibela kein Ende. Eine Besonderheit unter ihnen war etwas abseits von den anderen gelegen, „Beit Georgis". Von oben gesehen, ausgehauen in einem gleicharmigen Kreuz, zwölf mal zwölf Meter hoch beziehungsweise zwölf Meter tief im Schacht. Auch hier, wie bei den anderen Heiligtümern, war der Schacht nur durch einen unterirdischen Gang zu erreichen.

Von Lalibela aus suchten wir noch einige andere Felsenkirchen auf sowie die in einem Zedernwald verborgene Grottenkirche „Imrahana Christos", bei der es sich nicht um einen Monolithen, sondern um ein Bauwerk aus Holz und Stein im Inneren einer Basalthöhle handelte. Es war die gleiche Bauweise wie die der Paläste, die vor 3000 Jahren in der alten äthiopischen Königsstadt Aksum gebaut worden waren und engste kulturelle und wirtschaftliche Verbindungen mit Südwest-Arabien, dem Jemen und Hadramaut aufwiesen.

Kunst und Kultur dieses Landes waren schon aufregend. Überall, wo wir hinkamen, wurden wir von Priestern mit Psalmengesang, Gebet und Segen empfangen. Viele von ihnen hatten während der trockenen Jahreszeit Schüler, Bauernsöhne, die diese Zeit nutzten, die Bibel in der altäthiopischen Sprache Ge'ez zu studieren und auswendig zu lernen.

Einer dieser Schüler hielt unserer Expedition in dieser Sprache aus dem Stegreif eine Rede, deren blütenreichen religiösen Inhalt der Gouverneur Frau Bidder und mir übersetzte.

Ich war beeindruckt von der tiefen Frömmigkeit all dieser Priester und ihrer Schüler. Allein in Lalibela lebten 1000 Priesterfamilien.

Daß uns zwei ausländischen Frauen der Zutritt zu den Kirchen von den Priestern nicht verwehrt wurde und wir sogar fotografieren durften, verdankten wir den Briefen, die uns Kaiser Haile Selassie und der Abuna, der höchste Priester der koptischen Kirche, mitgegeben hatten. Nicht zuletzt war es auch der Anwesenheit des Gouverneurs zuzuschreiben, der sowohl bei den Priestern als auch in seiner Provinz in hohem Ansehen stand.

Je mehr ich sah und je mehr ich abends am Lagerfeuer äthiopische Geschichten und Legenden, die sich um die vorchristliche wie die christliche Entstehung der Kirchen und um den Namen Lalibela gewoben hatten, hörte, um so offener wurden meine Augen. Immer mehr begriff ich die Einmaligkeit dieser Kirchen und der traditionsreichen Priestergemeinden, aber auch die Zusammenhänge des alten Äthiopiens mit den anderen Ländern am Roten Meer und ihren Kulturen, mit Fernost wie auch mit den antiken und christlichen Kulturen der Mittelmeerländer vor der Abriegelung durch den Islam.

Auf dem Rückweg stiegen wir über einen 4000 Meter hohen Paß. Dort oben war es kühl und feucht. Auch hier bedeckten saftige Wiesen die Berghänge mit Blumen, wie wir sie in den europäischen Alpen kennen.

Ein letztes Mal führten uns verschlungene Pfade in einen Zedernwald zu einer versteckten Grottenkirche. Sie wurde von einer weltabgeschiedenen Klostergemeinde gehütet. Hier nahmen wir Abschied vom immer hilfsbereiten Gouverneur und seiner liebenswürdigen Frau. Statt von deren Troß nun von bewaffneten Klosterknechten begleitet, zogen wir zwei Frauen mit unseren Leuten aus dem Hochgebirge hinab in die Raja-Ebene.

Aus der morgendlichen Kühle der Höhe in die sengende Hitze des Steppenlandes, dessen Bewohner als kämpferisch gefürchtet waren. Als wir ihnen begegneten, reichten sie uns beiden Frauen lachend eine ihrer Kürbisflaschen mit Milch und freuten sich, daß wir keinerlei Angst vor ihnen hatten, denn bei den anderen Expeditionsteilnehmern konnten sie diese sehr wohl spüren.

Irgendwo an der Straße Asmara-Addis Abeba wartete unser Auto auf uns. Als wir abfuhren, sah ich im Rückspiegel unsere Treiber mit ihren Maultieren kleiner und kleiner werden.

Den Eindruck einer mehr als 3000jährigen Kultur bewahre ich aber bis heute in mir.

Wieder in Addis Abeba angekommen, suchten mich sofort drei Schibami auf, die inzwischen gehört hatten, daß mich Königin Elizabeth II. zum Mitglied des Ordens des Britischen Empire – MBE – ernannt hatte. Das mußte mit einer großen Asuma im Hause von Salim Bagersch nachgefeiert werden. Dazu waren nicht nur die Schibami und Botschafter eingeladen, sondern auch Äthiopier. Nach dem Essen führte mich Salim Bagersch zu seiner Frau, die alles wunderschön ausgerichtet hatte. Sie überreichte mir zum Abschied ein goldenes Armband mit Rubinen, Saphiren und Smaragden. „Ein weiterer Orden", meinte Herr Bidder zu diesem Geschenk. Ich schaute auf meinen Rubinring, den die Tochter des jemenitischen Zöllners vom Finger gezogen und mir geschenkt hatte. Es war für meine erste ärztliche Tätigkeit vor einem Jahrzehnt auf der Fahrt nach Taiz gewesen. Der Ring verlieh mir all die Jahre das Gefühl, angenommen worden zu sein. Und nun zum Abschied noch einmal diese bezaubernde Geste!

Nachdem die entwickelten Fotos der Expedition und unsere Aufzeichnungen von Frau Bidder und mir durchgesehen waren, machte ich mich auf die Weiterreise. Der geplante Aufenthalt bei Luigi in Djidah, in seiner neuen Umgebung mit eigener Praxis, fiel flach, denn wegen Pockengefahr wurden für Saudi-Arabien keine Visa ausgegeben. Selbst eine Zwischenlandung, bei der wir uns immerhin eine Stunde auf dem Flughafen hätten treffen können, war den Fluglinien untersagt. Wir waren beide sehr enttäuscht, aber während seiner Europa-Ferien trafen wir uns dann später in Rom, in der Schweiz und in Deutschland. So reiste ich über Khartum nach Beirut im Libanon. Ich hatte es nicht eilig, nach Europa zu kommen. Aus der Luft konnte ich bei klarstem Wetter den Verlauf des Nils mit seinem grünen Saum von Feldern verfolgen; überblickte ganz Kairo, dahinter die Pyramiden am Rande des hellen, gelben Wüstensandes, der sich im blauen Dunst verlor.

Sah das Nildelta, von Flußarmen, Kanälen und Gräben durchzogen, dazwischen Feld an Feld. Es löste sich auf in Lagunen, zwischen denen das Nilwasser, noch weithin sichtbar, ins Mittelmeer floß.

Beirut: eine lebendige Stadt zwischen Orient und Okzident in einem Mittelmeerland mit vielen sichtbaren Spuren vergangener Zeiten, wie den Ruinen römischer Tempel in Baalbek, der Kreuzritterfestung in Biblos. Dazwischen wanderten wie eh und je Beduinen mit ihren Herden.

Für mich waren der Anblick der Wüste hinter Kairo und den Pyramiden, das Durchstreifen von Beirut, dann Athen mit seiner herrlichen Akropolis und das pulsierende Rom ein fließender Übergang von Arabien nach Europa. Die Weite und die Stille der Wüste sind aber ein Teil von mir geblieben.

Dazwischen

Meine Mutter kam mir nach Südtirol entgegen. Nach drei gemeinsamen Wochen wollte ich nicht gleich nach Hamburg fahren. es ging mir alles zu schnell, und der Spätsommer war viel zu schön. So reiste ich in die Schweiz, nach Kastanienbaum zu Paula. Aus dem Briefwechsel zwischen Ulrich und mir wußte ich, daß er in Kanada gut vorwärtskam, was mir seine Mutter bestätigte. Während der ersten Tage in Kastanienbaum fuhr ich nach Luzern. Nach ein paar Besorgungen war noch Zeit für einen Spaziergang. Dabei geriet ich auf den Golfplatz, wo ein einziger Spieler lässig seinen Ball vor sich her schlug. Er grüßte und begann auf Englisch ein Gespräch mit mir, das immer lebhafter wurde. Plötzlich sagte er: „Erzählen Sie Ihre Geschichte, und ich schreibe ein Buch über Sie." Es stellte sich heraus, daß er der bekannte englische Schriftsteller Cronin war. Vor dem Zweiten Weltkrieg war er in Deutschland mit seinem Arztroman „Die Zitadelle", den ich mit großem Interesse gelesen hatte, bekannt geworden.

Wir haben uns dann noch öfter getroffen. Aber es kam nicht zu dem Buch, weil er mir unbedingt missionarisches Sendungsbewußtsein unterschieben wollte, was mir gegen den Strich ging. Ich war außerdem gerade dabei, selber zu schreiben, denn im letzten Jahr in Schibam erhielt ich überraschend einen Brief von Dr. Peter Keckeis vom Benzinger Verlag in Zürich mit der Anfrage, ob ich für seine Jugendreihe über meine Erlebnisse im Jemen und Hadramaut schreiben wolle. Da sein besonderes Interesse Südwest-Arabien gelte, sei er durch die Presse auf mich aufmerksam geworden. Ich sagte ihm zu.

Nach mehrwöchigen Fahrten mit einer Lambretta (Motorroller) kreuz und quer durch Deutschland in Hamburg angekommen, wollte ich mich gleich an die Ausarbeitung des Manuskripts machen. Doch erst mußte ich den Presserummel über mich ergehen lassen, denn das britische Generalkonsulat in Hamburg hatte bei meiner Ankunft die Verleihung des MBE-Ordens bekanntgegeben. Ein Rundfunkkabel des NDR wurde von dem Aufnahmewagen auf der Straße umständlich ins Haus gelegt. Schlagartig folgten Interviews mit Hamburger und auswärtigen Zeitungsreportern. Meine Bedingung war, die Artikel vor der Veröffentlichung durchlesen zu können, denn eine belustigte oder herabsetzende Bemerkung über den Imam vom Jemen oder eine Benennung des Hadramaut als britische Kolonie statt als Protektorat konnte zu einem Politikum werden, das es mir erschweren würde, wieder in ein Land am Roten Meer zu gehen. Ich hatte in Äthiopien bereits Verbindungen aufgenommen, um in die Arbeit mit Leprakranken einzusteigen.

Nach der Veröffentlichung der diversen Artikel in Zeitungen und Zeitschriften erhielt ich Briefe aus allen Teilen Deutschlands und Blumen von mir völlig unbekannten Menschen. Sie empfanden einen britischen Orden nach dem Zweiten Weltkrieg an eine Deutsche wie eine Rehabilitation. Auch aus dem Ausland erreichte mich reichlich Post, oft nur adressiert an: Eva Hoeck, Hamburg, wie schon in Arabien, wo nur mein Name oder auch nur „die deutsche Ärztin" und die Landesbezeichnung für die findige Post genügte.

Was mich, entgegengesetzt zu dem Zeitungs- und Zeitschriftenrummel, freute, war die Aufforderung, in den Zonta-Club einzutreten, eine weltweite Vereinigung berufstätiger Frauen mit dem Ziel: gegenseitige Kontakte, Austausch von Erfahrungen und Unterstützung gemeinsamer Interessen sowie auch sozialer Programme.

Ich kam dadurch in einen Kreis interessierter und interessanter Frauen, deren Berufsverlauf zumeist ungewöhnlich und faszinierend war. Hier traf ich auf viel Verständnis für mich und meinen Weg, statt bestaunt und bewundert zu werden. Letzteres wirkte sich nicht selten enttäuschend und isolierend auf mich aus.

Eine unangenehme Überraschung ergab die Untersuchung im Tropenkrankenhaus. Meine Lunge war angegriffen. Dr. Hoffmann meinte: „In der Wüste wäre dieser leichte Befund von selber ausgeheilt, aber der Wechsel nach Europa macht eine medikamentöse Liegekur notwendig." In Deutschland beziehungsweise Hamburg wollte ich nur einige Monate bleiben, um dann in ein äthiopisches Leprazentrum zu gehen oder zwischendurch Vertretung in einer Landpraxis zu machen. Nun kam alles anders. Ich mußte in eine Heilstätte in der Lüneburger Heide. Wie sollte ich das bezahlen? Ich war durch die zehn Jahre im Jemen nicht versichert. Die Fürsorgerin der Heilstätte suchte mich auf und erklärte mir, die Hamburger Gesundheitsbehörde übernähme meine stationären Behandlungskosten. Ein Stein fiel mir vom Herzen, denn meine finanziellen Mittel waren ja nicht üppig. Weder in Taiz und erst recht nicht im Hadramaut hatte ich die Gelegenheit gehabt, Geld zu sparen. Aber nun konnte ich ohne finanzielle Sorgen kuren und die Ruhe der Heide und Waldlandschaft genießen.

Außerdem war ich ungestört, um mein Buch fertigzuschreiben. Die ganze Bearbeitung konnte ich dann rechtzeitig für die Drucklegung nach Zürich senden, so daß das Taschenbuch schon im Herbst 1958 auf der Frankfurter Buchmesse erschien. Dort entdeckte es eine englische Buchagentin, die mich fragte, ob ich Lust hätte, es ausführlicher für erwachsene Leser in Großbritannien zu überarbeiten. Ich tat es gern, und nach der Übersetzung durch den Verlag ins Englische und Korrektur des Skriptums erschien dieses Buch 1962 im Verlag von Robert Hale in London. Es fand ebenso großes Interesse wie das deutsche Taschenbuch, so daß beide hohe Auflagenzahlen erreichten. Das Taschenbuch kam 1963 außerdem in französischer Übersetzung heraus, im Verlag Gérard & Co. in Belgien und Frankreich, in der französischen Schweiz und Südamerika. Ich war vollkommen überrascht, als mir Luigi das Buch in arabischer Schrift aus Saudi-Arabien schickte, mit den Worten: „Du wirst es nicht wissen. Dein englisches Buch ist ins Arabische übersetzt worden von einem Verlag in Beirut."

Der Verlag hatte weder den Robert-Hale-Verlag in London noch mich um Erlaubnis gefragt. Mich störte das nicht, vielmehr freute ich mich am Interesse der Araber.

Die Kur in der Heide dauerte glücklicherweise nur fünf Monate. Während dieser Zeit sammelte ich Erfahrungen aus der Perspektive des Patienten, die mir später sehr nützlich werden sollten. Der Chefarzt riet mir trotz der Abheilung des Befundes, nicht gleich wieder beruflich tätig zu werden, besonders nicht wieder im Orient. Gegen einen Winter in der Schweiz hatte er nichts einzuwenden. Ebensowenig lehnte er es ab, daß ich den Sommer über nach Schweden ging, um bei Prof. Moberg, dem damaligen internationalen Meister der Handchirurgie, in Göteborg zu hospitieren. Meine Idee war dabei, das Gelernte so bald wie möglich in Äthiopien anzuwenden, um die verstümmelten Hände abgeheilter Leprapatienten wieder brauchbar zu machen.

Es kam wieder alles anders. Zurück in Hamburg, wurde ich dringend gebeten, einige Wochen die Kollegin Frau von Stackelberg in ihrer Landpraxis bei Singen, in der Nähe des Bodensees, zu vertreten. Aus den Wochen wurden Monate. Mich freute die Arbeit, die schöne Gegend und die Nähe der Schweiz, wo ich an Wochenenden Paula besuchen konnte. Die Abende in dem völlig einsam gelegenen Haus wurden mir nicht lang, denn dank der Gesellschaft des alten von Stackelberg war es nie langweilig. Er war während des Ersten Weltkrieges als baltischer Mediziner von der russischen Regierung nach Sibirien verbannt worden, wo er eine völlig isolierte Siedlung ehemaliger russischer politischer und strafrechtlicher Häftlinge ärztlich versorgen mußte. Er schrieb das wunderschöne Buch „Geliebtes Sibirien" und war ein ausgezeichneter Erzähler dieser Zeit.

Den häufigen Nebel in dieser Gegend mochte aber meine Lunge nicht. Eine Untersuchung zeigte, daß der alte Prozeß reaktiviert war. Das war ein harter Schlag für mich.

Ich fragte bei Dr. Hoffmann in Hamburg an, was am besten zu tun sei. Sein Rat war: „Gehen Sie in die Schweiz, als Halbtagsassistentin in ein Lungensanatorium." Wenn schon Sanatorium, dann in der französischen Schweiz, dachte ich; so konnte ich gleichzeitig die französische Sprache erlernen. Ich entschied mich für Montana im Wallis. Arabien, Äthiopien – ade! Es fiel mir nicht leicht, Anfang November 1960 ins Sanatorium zu gehen.

Montana

Es war ein kristallklarer Tag: blauer Himmel, weiße Alpengipfel, im Tal noch grüne Hänge, spiegelnde Seen. Ich hatte trotz der wundervollen Bergwelt das Gefühl, von einem unsichtbaren Gitter umgeben zu sein – stahlhart, aus der Buchstabenfolge TB geschmiedet.

Von Sierre im Rhônetal im Wallis fuhr ich mit der Funiculaire (Zahnradbahn) hinauf nach Montana-Station, 1500 Meter über dem Meeresspiegel gelegen. Das eigentliche Bergdorf lag abseits, einige hundert Meter tiefer. Der Ort hier oben lag zwischen den verschiedenen Sanatorien und Hotels auf einer Sonnenterrasse, die inzwischen auch zu einer Skistation geworden war. Als ich ausstieg, empfing mich ein türkischer Kollege. Er brachte mich ins Sanatorium Bellevue zum Chefarzt, einem kleinen, urigen Mann, und zur Oberärztin, die froh war, in dem sonst rein männlichen Kollegium weibliche Unterstützung zu bekommen. Beide waren Schweizer, wie auch der alte Kugelkopf mit den buschigen, schwarzen Augenbrauen, der noch eine Abteilung betreute. Die anderen Kollegen waren im Laufe meines Aufenthaltes ein schnell wechselndes internationales Gemisch aus Ungarn, Rumänen, Tschechoslowaken, Spaniern, Polen, Bulgaren, Österreichern, Jugoslawen. Sie kamen als Flüchtlinge oder, wie ich, aus gesundheitlichen Gründen. Die meisten hatten TB, die sie im KZ oder in Gefangenschaft befallen hatte, waren durch ihr Schicksal unruhig und mißtrauisch geworden und suchten einen neuen Lebensraum.

Die Hausdame zeigte mir als erstes mein Zimmer. Auf der Loggia davor sollte ich nun täglich einige Stunden Liegekur machen, mit einem herrlichen Blick auf die Alpenkette vom Matterhorn bis zum Mont-Blanc-Massiv.

Am nächsten Tag wurde mir eine Abteilung im vierten Stock zugeteilt sowie ein Sprechzimmer im Service Médical, wo alle Arztzimmer und auch das Büro der Oberschwester lagen. Die Zusammenarbeit mit ihr sollte in der kommenden Zeit sehr wichtig für mich werden.

Im Dezember 1960 wurde von der Schweizerischen Multiple Sklerose Gesellschaft (SMSG) angefragt, ob im leerstehenden fünften Stockwerk MS-Patienten für einen vierwöchigen Erholungsaufenthalt aufgenommen werden könnten. Ich meldete mich sofort, ihre Betreuung zu übernehmen.

Von dieser tückischen, unheilbaren Krankheit wußte ich nur, was man während des Studiums gehört hatte. Aus neurologischen Fachbüchern und medizinischen Lexika versuchte ich mir den aktuellen Stand des Wissens anzulesen. Es handelt sich um eine Erkrankung im Zentralnervensystem, die vielfache Verhärtungen (winzige Narben) hinterläßt, welche die Nervenbahnen stören oder einzelne ganz lahmlegen. Dieses Geschehen kann einen unterschiedlichen Verlauf nehmen: Es kann zum Stillstand kommen, langsam fortschreiten, auch in Krankheitsschüben mit teilweiser Rückbildung zu einer Besserung führen oder mit bleibenden Schäden verlaufen bis zur totalen Lähmung! Das Krankheitsbild und der Verlauf der MS sind bei jedem Patienten unterschiedlich. Es gab keine spezifische medikamentöse Therapie. Für den Umgang mit diesen Patienten galt: Sie dürfen körperlich nicht angestrengt und seelisch nicht aufgeregt werden. Die Patienten erkrankten meist zwischen dem 18. und 40. Lebensjahr, galten als depressiv oder euphorisch und lebten nach Ausbruch des Leidens höchstens noch 15 Jahre.

Im Januar kamen die ersten Behinderten. Ihre Probleme interessierten mich täglich mehr. Ich bemerkte, daß die immer noch geltenden Hinweise – den MS-Patienten nicht anstrengen und nicht aufregen – viel zu weit ausgelegt würden. Das machte die Patienten noch hilfloser. Sie versanken in Isolation, die nach meiner Meinung nicht zur Krankheit gehörte.

Ich sah sehr schnell die Notwendigkeit, physiotherapeutisch vorzugehen. Zusammen mit der einzigen Krankengymnastin des Hauses begann ich damit zunächst mit den leicht an MS erkrankten Patienten. Wir stellten fest, daß durch angepaßtes Üben die Inaktivitätslähmungen zurückgingen und somit eine gewisse Selbständigkeit zurückgewonnen werden konnte. So behandelten wir auch bald Schwerstbehinderte. Ich lernte, die Ermüdungsgrenzen der Patienten zu erkennen, und warnte Patienten sowie Therapeuten davor, einzelne Übungen oder das Gesamtprogramm zu übertreiben.

Im Sanatorium gab es weder einen Gymnastikraum noch Geräte, sondern nur einen 100 Meter langen Flur, auf der einen Seite von Zimmern und auf der anderen Seite von Fenstern begrenzt und unter diesen Heizungsröhren, die aber nicht heiß wurden. Daran hielten sich die Patienten beim Gehen fest. Am äußersten Ende ließ ich einen etwa zwei Meter hohen Spiegel anbringen. Wenn die Patienten darauf zugingen, konnten sie sich selber durch ihr Spiegelbild korrigieren, was den Gehfähigen die Möglichkeit gab, auch ohne Therapeutin alleine zu üben.

Ich nutzte alle – spärlichen – Gegebenheiten, die mir für die Rehabilitation sinnvoll erschienen. Im Gemeinschaftsraum des fünften Stockes zum Beispiel kneteten die Patienten mit Ton, bis ihre Hände und Finger soweit gekräftigt waren, daß mit einer Kunstgewerblerin auch geformt werden konnte. Etwas schwieriger war für die Patienten das Matten- und Körbeflechten. Und eine noch ganz andere Beanspruchung von Händen, Fingern, Armen, Schultergürtel und Rumpf ergab sich schließlich beim Weben.

Meine Schweizer Kollegin kam öfters mit mir zur Visite. Ihr Interesse galt jedoch einzig der Diagnose und nicht der Therapie. Über erstere diskutierte sie stundenlang mit dem Neurologen, der von der SMSG als Konsiliarius öfters geschickt wurde. Für mich dagegen war grundlegend wichtig, den Kräfte- und Bewegungszustand der MS-Behinderten festzustellen, um vorhandene Möglichkeiten für den Einsatz der physiotherapeutischen Maßnahmen zu nutzen. Mein Ziel war, den unheilbar Kranken das Leben zu erleichtern, ihnen durch Rehabilitationsmaßnahmen neue Möglichkeiten ihres Lebens zu eröffnen. Das Wichtigste, sie durften sich nicht selbst aufgeben. Hier war mein Platz für die nächsten Jahre. Mein in Arabien erlernter langer Atem würde mir helfen! Das unsichtbare Gitter aus den Buchstaben TB, das mich umgeben hatte, war weg, Leprastation und Handchirurgie in Afrika aus meinem Kopf verschwunden. Ich war wieder frei für einen vollen Einsatz.

Bislang blieben die Patienten nur vier Wochen auf Station.

Nach und nach konnte ich beweisen, daß eine zehntägige Ruhekur vor der aktiven Rehabilitationstherapie sinnvoll war, und erreichte, daß die Patienten durchschnittlich drei Monate blieben und zur Wiederholungskur für sechs Wochen kamen. Schon bald waren die für MS-Patienten vorgesehenen 50 Betten zuwenig. Da eine Vollbelegung des Sanatoriums ganz im Sinn der Direktion war, erfüllte sie zunehmend meine Wünsche: Die MS-Station wurde vergrößert, neu eingestellte Physio- und Ergotherapeutinnen bildeten ein einheitliches Team. Fürsorgerinnen kümmerten sich um die Beschaffung von Gehhilfen und endlich wirklich passender Rollstühle, um die amtlichen Angelegenheiten der Patienten und um ihre Nachsorge. Die Patienten spürten, daß ihnen die „Gymnastik des täglichen Lebens" allmählich immer mehr Selbständigkeit brachte.

Das Entsetzen vor den Auswirkungen ihrer Lähmungen verringerte sich, und sie gaben Tricks weiter, die ihnen halfen, etwas auf andere oder gar außergewöhnliche Weise zu meistern. Damals, Anfang der sechziger Jahre, waren die Überlegungen, wie die Patienten ins tägliche Leben zu integrieren seien, noch absolut neu. Sie wurden zum Teil belächelt und erst sehr viel später international von MS-Stationen und Kliniken übernommen.

Die psychische Verfassung der an MS Erkrankten wurde gängigerweise noch nach der alten Lehrbuchmeinung „depressiv" oder „euphorisch" beurteilt. Ich hingegen beobachtete die Patienten wochen- oder auch monatelang, kam dabei zu ganz anderen Ergebnissen – und wurde wieder zur Außenseiterin.

Die Kollegen der anderen Abteilungen interessierten meine Arbeit und deren Ergebnisse nicht sonderlich. Die meisten taten sich unendlich schwer, mit den Betroffenen über die Diagnose zu sprechen. Sie hatten die schweren Krankheitsverläufe der Multiplen Sklerose vor Augen und das Wort „unheilbar" im Kopf. Hinzu kam, daß die Behinderten zur damaligen Zeit nach Möglichkeit aus der Öffentlichkeit ferngehalten wurden oder sich selber gemindert fühlten und sich deshalb zurückzogen.

Nach etwa einem Jahr schrieb ich meinen ersten Bericht für die SMSG und die Direktion und fügte ihm eine Statistik hinzu, deren Ergebnis zeigte, daß 46 von 52 Patienten irgendwelche Fähigkeiten zurückgewonnen hatten.

Für einen gelähmten Menschen bedeutet „wenig" sehr viel, sei es beim Essen, Ankleiden oder ähnlichen alltäglichen Verrichtungen.

Der Chefarzt war daran interessiert, daß die Station weiter florierte, und unterstützte meine Forderungen für sie. Trotzdem konnte er sich nicht vorstellen, warum ich meine ganze Zeit auf der Station verbrachte, statt – wie die anderen Kollegen – im Service Médical. „Was machen Sie so lange da oben?" fragte er mich. „Ich lebe mit den Patienten", antwortete ich.

Die SMSG bat mich nach der positiven Statistik, in Schweizer Tageszeitungen Artikel zu veröffentlichen, um die Bevölkerung über das Bestehen einer MS-Rehabilitations-Station und über mögliche Behandlungsweisen zu informieren.

Der erste kleinere wissenschaftliche Durchbruch erfolgte dann durch einen Kongreß der Schweizerischen Neurologischen Gesellschaft im Juni 1962 im Wallis. Die Professoren Georgi aus Basel und Jequier aus Lausanne hatten sich dafür eingesetzt, daß ein Extra-Kongreßtag in Montana stattfinden sollte, und mich aufgefordert, einen Vortrag über Rehabilitation zu halten. Bei allen Teilnehmern war ein lebendiges Interesse geweckt worden. Unter ihnen war auch ein junger Kollege, der, als ich ans Pult trat, gesagt hatte: „Ach, eine Frau." Ihm beantwortete ich seine Fragen besonders gern und überließ ihn bei der Stationsvorstellung vergnügt einer Gruppe von MS-Frauen, die ihr Selbstwertgefühl und einige Fähigkeiten in Montana wiedergewonnen hatten. Nach diesem Kongreß wurden immer mehr Patienten angemeldet. In einer weiteren Abteilung im zweiten Stock konnten nun MS-Schwerstbehinderte mit vierwöchentlichen Ferienaktionen aufgenommen werden. Bald wurde im fünften Stockwerk die Mauer zwischen zwei Zimmern eingerissen, um einen großen Gymnastiksaal zu gewinnen. Auf dem langen Flur hingen jetzt Webrahmen in individuell geeigneten Höhen an Sprossenwänden. So wurden 60 Meter des 100-Meter-Flures noch intensiver zu Übungszwecken genutzt. Bänke dazwischen ermöglichten das Ausruhen und Zusammensitzen für Gespräche miteinander und mit mir.

Nach wie vor war mein Hauptanliegen die Zustandsbesserung der Patienten, wozu medikamentöse Unterstützung gehörte. B-Vitamine waren wichtig, dann spasmenlösende Mittel. Bei Schüben und langsamer Verschlechterung gab ich, auf Vorschlag von Prof. Georgi, ACTH, ein adrenocorticotropes Hormon. Über Valium als Spasmolytikum, das mir von Hoffmann La Roche noch unter einer Versuchsnummer ohne Namen zur Verfügung gestellt wurde, sammelte ich immer mehr Erkenntnisse und wertete sie – wie auch die über ACTH – in einer Statistik aus.

Wer hatte derzeit schon so viele MS-Patienten über längere Zeit zur Beobachtung und Behandlung wie ich? Ich saß sozusagen an der Quelle; das ermöglichte mir, für andere Wissenschaftler eher ungewöhnliche Erhebungen zu machen. Ich suchte vergebens nach der „Euphorie" und der Lebenserwartung der Kranken von nur 15 Jahren. Die Patienten, die nach Montana kamen, waren teilweise schon sehr viel länger krank.

Ihre Denkfähigkeit war normal oder, durch die eingeschränkte Mobilität, sogar geschärft. Selbst die für typisch gehaltenen Depressionen waren meiner Meinung nach exogener Natur, da sie bei zunehmendem Lernen des Umgangs mit der Krankheit verschwanden. So führten meine Ergebnisse dazu, daß man zwar einerseits überall in Europa anfing, den MS-Patienten mehr Aufmerksamkeit zu widmen, aber in den Neurologien waren andererseits die Aufenthalte der MS-Patienten durchschnittlich zu kurz, um genügend Langzeitaussagen zu sammeln – spezielle Kliniken oder MS-Stationen waren damals erst in der Planung.

Über all diese Erfahrungen schrieb ich Artikel für medizinische Zeitschriften. Auch wurde ich aufgefordert, bei Kongressen und MS-Tagungen, die immer häufiger wurden, vorzutragen. Nicht nur in der Schweiz und in Deutschland, sondern ebenso in Frankreich, Holland, Belgien, Dänemark und Irland wollte man über die in Montana gesammelten Beobachtungen und Erkenntnisse hören.

Im Laufe der Jahre konstituierte sich unter Führung von Prof. H. Bauer (Universität Göttingen) eine internationale MS-Gesellschaft. So kam ich in Verbindung mit britischen und amerikanischen MS-Forschern, von denen ich auch auf dem Gebiet der Ursachenforschung Wesentliches erfuhr.

Die Klagen der Patienten über Schmerzen, Bandagen oder Schnürgefühle, unerträgliche Brandsensationen, Wund- und Quetschempfindungen bei normaler Haut wurden von den Neurologen als psychisch bedingt bezeichnet und nicht als Symptome registriert. Heute werden diese Schmerzen als neurogen bezeichnet. Damals aber, als ich sie mit der MS in Verbindung brachte, wurde das bezweifelt, und ich stand allein mit meinen Beobachtungen und meiner Meinung.

Es war wirklich ein zäher Kampf gegen die Kollegen, die alle Schmerzstörungen durch Haltungsfehler, nicht passende Hilfsmittel, Rheuma usw. zu deuten suchten. Dagegen wurden Ameisenkribbeln, Taubheitsgefühle, Wärme- und Kältesensationen den MS-Patienten als Sensibiltätsstörungen „zugestanden".

In diesen Aufbaujahren fand ich wenig Zeit, das Wallis kennenzulernen. Im ersten Jahr mußte ich ja noch selbst Liegekur machen. Mein Gesundheitszustand hatte sich jedoch zunehmend stabilisiert.

Es war ein unvergeßliches Erlebnis, als ich zum ersten Mal zum Saas-Fee-Gletscher hinaufgefahren bin. Ich folgte einer Trampelspur über das weite Schneefeld, das in einem weiten Bogen von Eiswänden umgeben war. Plötzlich brach in der Ferne ein hoher Eispfeiler aus der Gletscherwand heraus, stürzte um und erzeugte eine große Schneewolke, die sich langsam ausbreitete. Nach langen Sekunden war der Donnerhall zu hören.

Vom Hadramaut kannte ich dieses Geräusch, nur waren es dort Sandsteinpfeiler, die von den hohen Kliffen zu Tal stürzten und Sandstaub wie Schleier über das

Land webten. Ich staunte über diese Parallele so verschiedener Welten und Materialien.

Hans von Meiss-Teufen, ein Schweizer Weltenbummler, nahm mich ab und zu mit hinauf in die Berge, wo er gegenüber von Montana sein Chalet hatte. Hans war ein großer, von Abenteuerreisen geprägter Typ, der den Frauen gefiel. Wenn wir uns von fernen Ländern erzählten, besonders vom Jemen, war zwischen uns eine wohltuende, außergewöhnliche Übereinstimmung. Als Frau war ich für ihn der „Eiffelturm ohne Lift" oder die „Sphinx aus der Wüste", was dem verwöhnten Frauenliebling wohl viel Spaß brachte und unserem Zusammensein eine besondere Note verlieh.

Meine Welt wurde weiter, als ich mir einen VW-Käfer erspart hatte. Dann nahm ich häufig Patienten zu kurzen Ausfahrten mit.

Das Wallis hinauf und hinunter erkundete ich erst intensiv mit Ruth Dünkel, die 1964 als Patientin zu mir kam. Sie lebte mit ihrem Mann in Hamburg und hatte von Montana gehört. Es gab kein Nebental, das wir nicht an Wochenenden für uns entdeckten. Damals war sie noch nicht vom Rollstuhl abhängig. Unsere Mentalitäten waren grundverschieden, aber das mir Wichtigere, die Freude an den Schönheiten der Natur, die Ernsthaftigkeit ihrer Philosophie und das Interesse an den von der MS gequälten Patienten, waren das Gemeinsame, das uns spontan verband.

Nach dreimonatigem Behandlungsaufenthalt zog sie ins Berner Oberland, weil ihr das Klima in den Schweizer Bergen und die Therapie in Montana gut bekommen waren.

Bald begann unsere gemeinsame Arbeit mit den MS-Patienten. Ich hatte festgestellt, daß die Behinderten Ratschläge von einer Patientin, jemandem, der sich in derselben Lage befand wie sie, eher annahmen als von einem Arzt oder Therapeuten mit gesunden Gliedmaßen. Ich versuchte, das extravertierte und kritische Energiebündel zu motivieren, Psychologie zu studieren. Für eine durch das Auftreten von MS gestoppte Bildhauerin war dieser Vorschlag alles andere als verlockend. Doch schließlich konnte ich sie überreden und ihr dazu die Praktika in Montana ermöglichen.

Um die umständlichen Fahrten zwischen Berner Oberland und Wallis zu vermeiden, zog Frau Dünkel in einen Seitenbau des 300 Jahre alten „Chateau d'Anchettes" bei Venthône unterhalb von Montana. Dort überließ mir Ruth – inzwischen duzten wir uns – ein Zimmer, das ich selbst möblierte: ein Refugium, wo ich die Klinik auch einmal hinter mir lassen konnte. Selber wollte ich keine Wohnung haben, sondern leichten Fußes bleiben.

Nach ihrem Umzug bekam Ruth von ihrem Mann ein kleines Auto geschenkt, das ihren Behinderungen angepaßt war. Inzwischen benötigte sie außerhalb ihrer Wohnung einen Rollstuhl. Das Studium war sehr anstrengend für sie, was ich damals nicht richtig realisierte.

Es brauchte schon Jahre der Beobachtung, um fundierte Aussagen über die schnelle Ermüdbarkeit bei Multiple-Sklerose-Patienten und die individuelle Verarbeitung der Krankheit und Verläufe zu machen, da jeder MS-Patient sich in Symptomatik und Krankheitsverlauf deutlich vom anderen unterscheidet. Auch psychisch gab es keine Parallelen, da die prämorbide Persönlichkeit (Charakterstruktur) meiner Meinung nach ausschlaggebend ist, wie mit der Krankheit und ihren Behinderungen umgegangen wird.

Ruth kam mit ihrem Auto oft nach Montana hinauf, was unsere Zusammenarbeit intensivierte. Ich lernte so auch durch Ruth mehr und mehr über die Gesamtproblematik der Krankheit der betroffenen Angehörigen und die oft gleichgültige Umwelt.

Mit Ruths engerem Freundeskreis, der aus Deutschland anreiste, verbrachte ich viele schöne Stunden. Sie hatten mich voll integriert. Zu den Luzerner Musikfestwochen und nach Kastanienbaum nahm ich Ruth mit. Paula und sie verstanden sich auf Anhieb, ebenso war es mit Frau Bidder und anderen Freunden, die mich in Montana besuchten, im Gegensatz zu meiner Schwester und Mutter. Letztere meinte: „Auch noch in der Freizeit mit einem kranken Menschen – das geht doch nicht! Du kannst ja nicht mit ihr wandern und reisen", waren ihre Argumente. Und wie ich konnte! Wir fuhren in irgendein Tal oder auf eine Alm. Ruth blieb im Auto mit Buch und Studienheften, ich wanderte los – vier, fünf, sechs Stunden. Als ich nach Irland zu einer MS-Tagung reiste, schickte ich ihr ein Telegramm: Komm her – habe Zigeunerwagen und Pferd gemietet. Zwei Tage später holte ich sie vom Dubliner Flugplatz ab. Wir haben gemeinsam mehr unternommen, als ich es jemals mit der Familie gekonnt hätte.

1968 war es soweit, die leitenden Ärzte der in europäischen Ländern entstandenen MS-Zentren zusammenzubringen und ins Wallis einzuladen.

Neurologen und Fachärzte für pysikalische Therapie kamen zu diesem Treffen nach Montana – aus Belgien, Dänemark, Deutschland, Frankreich, Österreich, Schweden. Jeder der Kollegen sprach über den Schwerpunkt seiner Arbeit. Von mir wollten sie alles über die Physiotherapie hören und sehen. Als Besonderheit konnte ich den Kollegen auf der Wiese des Montana-Reit-Clubs meine Therapie für MS-Behinderte auf dem Pferd vorführen. Krankengymnastin und Reitlehrer hoben einen Patienten, der in seinem Leben noch nie auf einem Pferd gesessen hatte, auf den Pferderücken. Wir praktizierten das ohne Sattel, nur mit Decke und einem Gurt mit zwei Haltegriffen.

Als das Pferd auf den Reitplatz geführt wurde und die Therapeutin nebenherging, wurde nach erheblichem Schwanken des Patienten deutlich, wie er durch den langsamen Schritt des Pferdes in eine gelockerte, rhytmische Bewegung kam, die spastisch hochgezogenen Beine nachgaben und lang herabhingen. Der Rücken richtete sich auf, und das Gleichgewicht pendelte sich ein. Als er nach 20 Minuten wieder auf dem Boden stand, ging er glücklich und nicht mehr spastisch zum Transportbus zurück. (Damit eine langanhaltende Besserung erzielt werden kann, muß die Therapie jedoch regelmäßig wiederholt werden.) Diese Demonstration überzeugte auch die anfänglich skeptischen Kollegen.

Um die spasmenlösende und stabilisierende Wirkung des Reitsitzes täglich auch zu Hause zu nutzen, probierten wir den Reitsitz auf Stühlen mit Rücklehne zwischen den Beinen aus, so daß der Rücken frei war und die Muskulatur arbeiten und sich kräftigen konnte.

Außerdem hatte ich vom Zeughaus Bern Sättel aus Beständen der Schweizer Armee bekommen. Ich ließ sie vom Schreiner auf vier Beine in Sitzhöhe montieren, so daß sie bei der Gymnastik und Ergotherapie benutzt werden konnten. Ein weiterer Sattel wurde auf ein Gestell aus Metallrohren mit Kufen, wie bei einem Schaukelpferd, so hoch montiert, daß die Beine lang herunterhängen konnten. Die Patienten mußten aus dem Rücken beziehungsweise Becken heraus damit rhytmisch schaukeln. Das stärkte die Rückenmuskulatur und den Gleichgewichtssinn.

Diese Möglichkeiten des Reitsitzes hatte ich ebenfalls den Kollegen demonstriert und damit den Durchbruch für die Reittherapie mit MS-Patienten – später in Hippotherapie umbenannt – erreicht.

Nach dem Schweizer Neurologen-Kongreß im Wallis wurde aus dem „Sanatorium Bellevue" die „Bernische Höhenklinik Montana". Prof. Jequier kam aus Lausanne öfters zu uns herauf und führte Wochenendseminare für Medizinstudenten durch. Er und zwei andere Univeritäts-Professoren plädierten schließlich dafür, daß ich als Mitglied in die „Schweizerische Neurologische Gesellschaft" aufgenommen wurde, was mich freute. Mit Freunden und kostbarstem Walliser Wein feierte ich dies. Sternenklarer Himmel, die Silhouetten der Berge und das Rauschen der Rhône umgaben mich, als ich in die reine Luft hinausging, ein Glas Wein in der Hand, um auf das Wohl meiner Patienten zu trinken.

Diesen Menschen mit einem nicht nachzuvollziehenden Schicksal galt mein Dank! Im Laufe der Zusammenarbeit mit Ruth hatte sich eine starke Freundschaft entwickelt, wie ich sie nur mit meiner Mutter und Paula erlebt hatte.

Wenn wir abends den köstlichen Weinen zugesprochen hatten, fuhr ich erst am frühen Morgen von Anchettes nach Montana hinauf. Dabei erlebte ich herrliche Sonnenaufgänge. Unten im Rhônetal war es noch dunkel. Über die schattigen Talwände ragten im Süden die hellen Spitzen von Weißhorn und Rothorn heraus. Anchettes und Venthône mit ihren alten Türmen und Häusern erreichten die ersten Sonnenstrahlen. Manchmal blieben die Wolken auch unten im Tal und verzauberten es in einen endlos langen See. Bis ich Montana erreichte, durchfluteten die Sonnenstrahlen alles mit dem darübergespannten blauen Himmel.

Der Umgang mit den Patienten gab mir innere Zufriedenheit und Erfüllung. Ich war glücklich mit ihnen. Ich habe viel von ihnen gelernt und manches theoretische Studiumwissen durch die Erfahrungen mit ihnen revidieren müssen.

Inzwischen war Luigi aus Saudi-Arabien nun endlich nach Rom zurückgekehrt. Er hatte mich schon in der Schweiz besucht. Ich selbst fuhr dann auch nach Rom und freute mich über seine Praxisgründung in einem Armenviertel. Das war wieder der Luigi, der mir gefiel. Ich besuchte ihn mehrere Male auch mit Ruth. Er zeigte ihr Rom, wie es wohl nur ein echter Römer vermag.

An einem Urlaubstag standen wir am Comersee vor meinem Kindheitstraum, der Villa Serbeloni, wo ich nach dem Tod meiner Großmutter als zwölfjähriges Mädchen wohnen wollte. Ruth reagierte wie üblich sofort. Ein Reisetag wurde gestrichen, das Geld gezählt und die größte Suite mit allem drum und dran gemietet.

Vielleicht brachte mich das Wiedersehen mit Luigi dazu, mir dort die Frage zu stellen, ob ich weiterhin all meine Jugendträume realisieren würde wie bisher. Wenn ich wollte, war es an der Zeit, denn inzwischen war ich 53 Jahre alt.

Schließlich faßte ich den Entschluß, einen Nachfolger für Montana zu suchen und wieder weiterzuziehen, um endlich meine Landpraxis zu haben, die ich schon als Studentin geplant hatte.

Im Laufe der Jahre in Montana hatte ich mehrere Angebote von Rehabilitationskliniken und MS-Kliniken in Deutschland bekommen. Aber die bürokratischen Beschränkungen ließen mich davon Abstand nehmen. Auch die Idee, eine eigene MS-Klinik aufzubauen, ließ ich fallen. Die Schweizer waren enttäuscht, daß ich nicht ihre Staatsbürgerschaft annehmen wollte, obwohl ich doch schon zehn Jahre im Lande war. In Montana hatte man damit gerechnet, daß ich bis zum Rentenalter bleiben würde. Doch mein Entschluß war unumstößlich, auch wenn mir Patienten und Mitarbeiter den Abschied nicht leicht machten. Ende des Jahres 1970 verließ ich Montana. Das Wetter war hinreißend schön. Der Schnee glitzerte auf beiden sonnenbestrahlten Viertausendern, und das Matterhorn schien nähergerückt zu sein, um mir zu zeigen, daß es seinesgleichen in Deutschland nicht gibt.

Ich wollte mich im Schwarzwald niederlassen, den ich während meiner Studienzeit in Tübingen kennengelernt hatte.

Schwarzwald

Schon von Montana aus war ich kreuz und quer durch den Südschwarzwald gefahren. Oberharmersbach hatte mir auf den ersten Blick gefallen, ein sehr schönes Dorf inmitten des Hügellandes, abseits der großen Landstraße und umgeben von Wald. Nur ein kurviger Paß führte in ein anderes Tal hinüber. Die Frauen trugen selbst an Wochentagen oft noch eine Variante der Schwarzwälder Tracht, „Peter" genannt.

Bereits in der Schweiz hatte ich Ruth gefragt, ob sie mit mir kommen wolle, und ich war froh, als ihr dieser Plan gefiel und sie zusagte. Als wir in Oberharmersbach ankamen, empfing mich der junge Bürgermeister. Er sagte: „Bevor wir Entschlüsse fassen, möchte ich dem Gemeinderat Ihr Angebot, hierher zu kommen, vorlegen. Die Bevölkerung ist streng katholisch und der Tradition anhängend. Ich kann nicht mit Sicherheit voraussagen, ob die Gemeinde eine Frau akzeptieren wird, die evangelisch ist und aus Norddeutschland stammt."

Als ich zwei Wochen später wiederkam, hieß es, der Gemeinderat sei einverstanden: „Eine Ärztin würde den Frauen und Kindern sicher gefallen."

Ich wunderte mich über diese Haltung; sie erinnerte mich an Arabien. Vermutlich lag sie in der Geschichte dieses Landstrichs begründet, denn das Harmersbachtal war jahrhundertelang ein freies Reichstal gewesen, dem Kaiser des Heiligen Römischen Reiches Deutscher Nation in Wien unmittelbar unterstellt. Der Reichsvogt bestimmte über die eigene Gerichtsbarkeit, auch die Todesstrafe. Er wurde von den Bauern aus ihrer Mitte gewählt. Jeder Bürger hier kennt den kleinen Hügel, wo einstmals der Galgen stand. Noch immer sind die Harmersbacher auf ihre vergangene Reichsunmittelbarkeit stolz, obwohl sie im vorigen Jahrhundert aufgehoben und das Harmersbachtal dem Markgrafen von Baden als Landgemeinde zugeeignet wurde.

In Oberharmersbach gab es weder eine Wohnung noch geeignete Praxisräume. So fragte ich Ruth – ihr Mann war Bauingenieur –, was es eigentlich koste, ein Haus zu bauen. Der Gedanke, in dieser Gemeinde eine Praxis zu gründen, die auch noch Bestand hätte, wenn ich in den Ruhestand gehen würde, reizte mich. Der Bürgermeister zeigte mir ein Wiesengrundstück. Es hatte kleine Quellen, die sich in einem Bach sammelten. Hoch oben, auf dem felsigen Rand, lag ein Berghof, etwas tiefer ein zweiter. Der Entschluß, unterhalb dieser Anwesen zu bauen, war schnell gefaßt und abgesprochen.

Eckbert, Ruths Mann, der Großstädter, faßte es kaum, daß in dem Dorf noch ein Handschlag genügte, um einen Grundstückskauf zu besiegeln.

Mit den Oberharmersbacher Handwerkern war das Haus in einem knappen Dreivierteljahr bezugsfertig. Diese Zeit nutzte ich für die Vorbereitung der Praxis und zum Reisen. Ich erfüllte mir Reisewünsche, die in Montana zeitlich nicht möglich gewesen waren.

Anfang September 1971 zog ich vom Wallis über Berg und Tal, vor dem Möbelwagen herfahrend, in den Schwarzwald. Gleichzeitig kamen Eckbert und die Sprechstundenhilfe, Schwester Elke, um Ruth beim Einrichten zu helfen.

Das Wartezimmer war voll. Großmütter mit Enkelkindern waren als Vorhut gekommen, um herauszufinden, wie die Ärztin wohl sei. Schon bald kamen Anfragen und Bitten um Krankenbesuche. Auf und ab durch das Harmersbachtal ging es und in traumhaft schöne Nebentäler, auf gewundenen Wegen durch die Wälder hinauf zu den einsamen Berghöfen. Im Winter holten mich auch nachts die Bergbauern mit ihren schneepflugbestückten Treckern dort hinauf. Dieses Leben gefiel mir wie auch meinem Hund Cliff, einem großen schwarzen Dobermann, den Ruths Mann aus Hamburg mitgebracht hatte. Cliff begleitete mich auf allen Wegen.

Meine Tätigkeit war vielseitig, und es begannen so wunderschöne Jahre, wie ich sie erhofft hatte. Niemand griff in meine Arbeit ein; es gab kein königliches Haus wie in Taiz, keine Sultanatsregierung wie im Hadramaut und keine Direktion wie in Montana, vor allem aber keine Improvisationen mehr.

Bewußt hielt ich die Praxis auf den Gemeindebereich beschränkt, um mich den einzelnen Patienten ausführlich widmen zu können. Ich brauchte ja keine Familie zu ernähren; das Haus abzuzahlen belastete mich deshalb nicht sonderlich.

Es dauerte nicht lange, bis hilfesuchende MS-Patienten kamen. Durch Ruths Artikel, die seit Jahren im Mitteilungsblatt der Deutschen Multiple Sklerose Gesellschaft erschienen, erhielten wir telefonische und briefliche Anfragen aus allen Teilen Deutschlands sowie aus dem Ausland. Die näher wohnenden MS-Patienten kamen persönlich zu uns. Wir konzentrierten uns ausschließlich auf die Beratung; die medizinische Behandlung blieb den Hausärzten oder Neurologen, die mit mir Kontakt aufnahmen.

Leider gab es in Oberharmersbach jede Menge Patienten, die dringend Psychotherapie oder Beratung brauchten, unter ihnen besonders viele Jugendliche und Kinder, deren Eltern auch mit einbezogen werden mußten. Ruths Mitarbeit bedeutete für mich eine große Hilfe. Manche medizinischen Maßnahmen konnten erst nach Gesprächen zwischen ihr und den Patienten wirkungsvoll werden.

In Oberharmersbach konnte ich mir Urlaubswünsche erfüllen. Während mich in der Praxis junge Ärzte vertraten, reiste ich mit Ruth und unserem Begleiter Cliff im rollstuhlgerechten Kombi quer durch Europa.

Das Harmersbachtal brachte aber ebenfalls viel Neues und Fremdes für mich. Die Frauen in Tracht, die so selbstbewußt erschienen, erweckten den Eindruck einer heilen Welt. Diese heile Welt, von den Feriengästen blind angenommen, war aber nur vordergründig. In ihren Gesprächen untereinander berührte keine der Frauen eigene Probleme oder die ihrer Familie. Sie machten sich alle etwas vor.

Auf den Höfen mußte jeder mitarbeiten. Bei allen, also auch bei den Jugendlichen, zeigten sich Schäden durch die übermäßige körperliche Arbeit. Seelische Belastungen lösten Depressionen aus, die auffällig oft zum Suizidversuch oder auch Suizid führten. Nirgends habe ich, prozentual gesehen, so viele Selbstmordversuche erlebt. Trotz tiefsitzender Frömmigkeit herrschte jede Menge Aberglaube vor; Geister ängstigten viele bei Nacht. In einem Haus, hieß es, wohne eine Hexe, die das siebte Buch Moses besäße; groß und klein eilten ängstlich daran vorbei.

Die Harmersbacher sahen es im Laufe der Jahre zunehmend als positiv an, daß Ruth und ich nicht aus ihrer Gegend stammten. Größte Beruhigung schaffte die Tatsache, daß unsere Praxisgespräche an die Schweigepflicht gebunden waren. So konnten sie ohne Hemmungen über alles reden und Dinge erzählen, die mir manchmal geradezu absurd erschienen.

Ruth durfte mir nur die Patienten mit leichten Angstneurosen zur Behandlung abnehmen, die anderen mußte ich an Psychiater überweisen. Zähneknirschend würgte ich oft ihre Berichte hinunter, die von Schlägen, Ausnutzung, Betrug bis hin zum Inzest und Vergewaltigungen handelten.

Von den Harmersbacher Frauen lernte ich aber auch vieles. Sie machten zum Beispiel immer noch Johanniskrautöl zur Behandlung wunder Haut, das in der Babypflege viel wirkungsvoller war als alle anderen angepriesenen Salben. Und

Öl oder Alkohol mit verschiedenen Kräuterzusätzen hatten bei einigen Krankheiten eine verblüffende Heilwirkung, wie ich feststellen konnte.

Der Mensch in seinem Können oder Versagen, in seinem Wissen oder Nichtwissen, in seiner Natürlichkeit oder Arroganz, der Mensch mit seinem Helfersyndrom oder Vernichtungstrieb in immer wieder anderen Erscheinungsformen seiner Kultur wird nie aufhören, mich zu fesseln, und der Kernpunkt aller Diskussionen, allen Nachdenkens bleiben.

Der Schwarzwald ist ein Urlaubsland, und Besuch von Freunden und Verwandten, die ihre Ferien oder Festtage in Oberharmersbach verbrachten, erfreute mich. Alle waren von dem Tal begeistert, nicht zuletzt Luigi, der „den schwarzen Wald so erfrischend grün" fand. Abdullah Johar aus Schibam, der mich mit seiner Frau aufsuchte, entzückten die kleinen Bäche und winzigen Wasserfälle, die überall plätscherten: „Paradiesisch und tausendmal schöner im schattigen Wald als die Niagarafälle in den USA!" war ihre Meinung.

Auch meine Mutter kam 1972 für einige Sommerwochen nach Oberharmersbach. Wie in Schibam erlebte sie meinen Alltag und fuhr mit mir zu den Kranken auf den Berghöfen.

Bei ihrem ersten Besuch im Schwarzwald hatte sie noch einen gewissen Widerstand gegen Ruth zu erkennen gegeben. Erst allmählich wurde ihr im Zusammenleben bewußt, daß der Mensch zählt und nicht die gelähmten Glieder. Während ihres zweiten Besuches im folgenden Sommer ergriff sie eines Tages ihre Hand und sagte zu ihr: „Ich bin froh, daß Eva Sie hat." Daß meine Mutter Ruth nun akzeptierte und mit meinem Leben zufrieden war, freute mich. Ein Dreivierteljahr später starb sie mit 90 Jahren. Auch wenn mein Lebensgang nicht immer ihren Wünschen entsprach, hatte sie ihn doch immer respektiert und in ihrer flexiblen Haltung begleitet. Selbst im hohen Alter war sie in der Lage gewesen, einen Menschen, den sie als Behinderung für mich empfand, anzuerkennen.

Inzwischen war auch in Deutschland für die MS-Patienten therapeutisches Reiten eingeführt worden. Ich gehörte mit zum Kuratorium und fuhr jedes Jahr nach Bad Wildbad zu Kursen der Rommelklinik. Ich hielt Referate und demonstrierte mit MS-Patienten.

Es war im zehnten Praxisjahr, als am Ende des Sprechstundentages der 79. Patient hereinkam, eine alte Frau. Sie berichtete mir eindringlich von ihrem Husten. Mein Magen knurrte vor Verlangen nach dem Abendessen, als ich ihr ein Medikament empfahl und dann das Rezept schwungvoll mit „Dr. Husten" unterschrieb.

So belustigend dieser Zwischenfall auch war, so sehr ließ er mich nachdenken. Ein paar Tage später erklärte ich dann, daß es Zeit sei, abzutreten und einen Nachfolger zu suchen.

Ich liebte mein Haus, meine Praxis. Niemandem mußte ich erst durch Improvisation etwas Notwendiges beweisen. Einrichtung, Organisation, Arbeitsweise waren nach meinen Erfahrungen und Vorstellungen verwirklicht. Ich hatte meine Landpraxis, wie tausend andere Ärzte auch, aufgebaut ohne spektakuläres Aufsehen, ohne Neuerungen einzuführen, und war genauso glücklich wie in den Jahren davor. Was wollte ich mehr? Ich hatte mir alle meine Wünsche der Jugendzeit erfüllt. Warum also zögern? In meinem 63. Lebensjahr ging ich nun in den „Ruhestand".

Es folgten Wochenenden, an denen ich nach einem neuen Domizil suchte und wieder kreuz und quer durch den südlichen Schwarzwald fuhr. Es war mir bewußt, daß ich gar nicht so weit fort sein, sondern erreichbar bleiben wollte für Schwarzwaldfreunde und die jungen Menschen, die das Gespräch suchten.

Das neue Domizil war der Vögele-Hof am Hang eines kleinen Tales, dort wo der Emmersbach in die Kinzig übergeht. Von der Terrasse im Erdgeschoß konnten wir mit dem Blick weit hinauswandern bis hinüber zu den nördlichen, von Tannenwald bedeckten Bergrücken und deren höchster Erhebung, dem Brandkopf.

Mein Leben erwies sich freilich nicht als das, was man Ruhestand nennt. Ich hatte privat viel im Kopf, doch es fiel mir schwer, mich – außer Ruth gegenüber – mitzuteilen.

Ruth war von der medizinischen Hochschule in Lübeck zu Vorträgen gebeten worden. Natürlich reisten wir über Hamburg, um unsere Familien und Freunde zu sehen.

Wir machten weiterhin viele Reisen zu nationalen und internationalen MS-Kongressen, so auch 1985 nach Hamburg, wo Ruth als betroffene Vortragende über Schmerzen sprach und wohl alle im Saal nachdenken ließ. Jetzt wurden die Schmerzen als neurogen anerkannt! In Montana stand ich 1964 noch allein mit meinen Beobachtungen. Endlich, nach 21 Jahren, waren die Patienten gewissermaßen rehabilitiert.

Bei einer Tagung in Stuttgart stürzte Ruth. Im Krankenhaus zeigte sich, daß sie einen Oberschenkelhalsbruch erlitten hatte, der sofort operiert werden mußte. Ich blieb bei ihr und sah zu, wie in einem sehr modernen, wohlausgerüsteten Operationsraum mit Bildschirmübertragung gearbeitet wurde. Meine Gedanken gingen nach Schibam, zu dem alten Sartlem Abed, der die Fliegen fortwedelte, zu dem Holzkistentisch, zu den Improvisationen, die anfangs nötig waren, um die vielen Operationen auszuführen. Sie machten uns aber alle glücklich, und es herrschte ein unbeschreiblich gutes Arbeitsklima, an dem die Bevölkerung teilnahm und dadurch mithalf, den Bau eines neuen Spitales zu fordern. Ich dachte an den feinen Wüstensand, meine ungelernten Helfer, die so schnell begriffen und bestens gearbeitet haben. An die geheilten Patienten und die vielen Momente der Freude, die ich dabei erfahren durfte. Vor allem, daß ich nach zehn Jahren in Arabien einen für die damalige Zeit modernen Operationsraum in dem neuen Spital für die Schibamer zurücklassen konnte.

Während der ganzen Operation war ich gedanklich in zwei Welten, die eines aber gemeinsam hatten: die Notwendigkeit, einem Mitmenschen zu helfen.

1984 hatte Ruth ihr Buch „Multiple Sklerose – Patient, Arzt und Umfeld" veröffentlicht. Es behandelte die psychische Seite dieser Krankheit und stellte das Ergebnis unserer 30jährigen gemeinsamen MS-Arbeit dar, in der ich Hunderte von Betroffenen als Arzt begleitete.

1986 gründeten wir mit verschieden Behinderten und der kompetenten Hilfe einer Betriebswirtin die „Schwerstbehinderten-Selbsthilfe e.V." in Lahr, mit dem Ziel, die Betroffenen mitreden zu lassen.

Abgesehen von Tagungszielen konnten wir unsere Reisen einrichten, wie wir wollten. Mit den Jahren drängte es mich aber nicht mehr so in die Ferne. Frankreich, die Vogesen, die Schweiz lagen in nächster Nähe und boten viele reizvolle Ziele. Ich wanderte tagelang durch die Wälder, traf meinen Freund oder machte mit Renate, einer Freundin, die aus Hamburg kam, gemeinsame Touren.

Außerdem hielt ich mich an drei Tagen in der Woche in meiner Dachwohnung in Lahr auf. Ruth und ich waren uns einig, daß es wunderbar sei, wenn an Tagen, an denen ein Zivildienstleistender bei ihr war, ich mich ganz meinen eigenen Belangen widmen könnte. Noch während meiner Praxiszeit in Oberharmersbach, doch schon im sechsten Lebensjahrzehnt stehend, hatte ich das Glück erfahren, mich noch einmal zu verlieben. Ruth wußte von dem jungen Kollegen und sorgte mit großer Geschicklichkeit dafür, daß niemand etwas von dieser Beziehung erfuhr. Diese Liebe war natürlicherweise ohne Zukunft. Sie erfüllte mich aber über ein Jahrzehnt und brachte staunende Stunden im Abenteuer des Menschseins.

Die außergewöhnliche, tiefgehende Partnerschaft mit dem viele Jahre jüngeren Mann beendete ich, nachdem ich Anfang 1991 einen Unfall hatte. Ich weiß, daß die gemeinsame Zeit uns aber gleichermaßen bereichert hat und wohl eine der schönsten Erinnerungen bleiben wird.

Ruth zog nach meinem Kellersturz in ein umgebautes ehemaliges Bauernhaus am Rande der Altstadt von Lahr, mit vielen Bäumen und Büschen, die das ganze Jahr über grünen. Im Sommer umgeben viele Rosen die Terrasse. Der Garten ist ein kleines Paradies, das ich sehr genieße, da meine Wanderlust des Unfalls wegen so radikal gestoppt wurde.

Auch in Lahr haben wir die ehrenamtliche MS-Patienten-Beratung wieder aufgenommen. Nur zu den Referaten und Diskussionen in der nahe gelegenen Zivildienstschule fährt Ruth ohne mich.

Jetzt liest sie in meinem Manuskript und erinnert mich an die Interviews vom Fernsehen und Rundfunk. Arabien hatte mich ständig wieder eingeholt. Obwohl, für mich gesehen, das Gesetz, nach dem ich angetreten, immer dasselbe war.

Es ist Herbst geworden. Tage- und Notizbücher liegen wieder am alten Platz. Vergangenheit und Gegenwart sagen mir, daß zu jeder Zeit mein Leben, seit ich es selbst in die Hand genommen habe, angefüllt war mit Arbeit, Freude, Liebe und Zufriedenheit. Es gibt nichts, was ich anders gemacht hätte oder bereue, und ich bin dankbar, ja glücklich über mein reiches, erfülltes Leben.

Nachwort

Es gibt Menschen, denen man nie persönlich begegnet, und doch begleiten sie uns eine Strecke des Lebensweges. Eva Hoeck war für mich so eine Weggenossin. Mit ihrem Jugendbuch „Als Ärztin unter Beduinen" begann meine Bekanntschaft. Als ich den Bericht über ihre Arbeit in Taiz und Schibam erstmals vor 15 Jahren las, arbeitete ich im Nordjemen. Ich besuchte die Stadt Taiz mehrere Male und versuchte mir Eva Hoecks Leben dort am Ende der vierziger Jahre vorzustellen, als sie ihr medizinisches und menschliches Abenteuer begann. In den achtziger Jahren war die Stadt, wo sie als Haremsärztin 1948 gewirkt hatte, weit über die Grenzen der Stadtmauer hinausgewachsen.

Nach der Wiedervereinigung beider Jemen im Jahre 1990 war es mein großer Wunsch, endlich in den Hadramaut zu reisen, um all das zu sehen, was ich bislang nur aus Büchern kannte. Eva Hoecks Stadt Schibam war dabei. Ich streifte durch die Gassen, sprachlos angesichts der Großartigkeit der Architektur. Hier also hatte Eva Hoeck gewirkt! Wäre sie je wieder nach Schibam zurückgekehrt, sie hätte erstaunt festgestellt, daß sich die Stadt gar nicht so sehr verändert hatte. Schibam – wegen seiner vielstöckigen Lehm-Hochhäuser auch „das Chicago der Wüste" genannt und inzwischen unter den Schutz der UNESCO gestellt – hat seinen Charme behalten. Eva Hoecks Schibam, das wir aus ihrem Jugendbuch und nun aus ihrer Biographie kennen – es ist nicht vergangen; es lebt, und gerade das macht ihr Buch so spannend.

Im Jahre 1996 war ich ein zweites Mal in Schibam. Und diesmal hörte ich aus dem Munde eines Einwohners den Namen Eva Hoeck! Unvermutet für mich kam die Frage auf der Straße:

„Warum kommt die deutsche Ärztin nicht mehr nach Schibam?" Ich verstand nicht gleich; welche Ärztin? „Na, Eva Hoeck, sie soll zurückkommen!" 40 Jahre nach ihrem Weggang dieser dringende Wunsch, sie möge zurückkehren! Wenig später betrat ich eine Apotheke, und hier – von einem etwa 20jährigen jungen Mann – die gleiche Bitte: „Sagen Sie Eva Hoeck, sie soll wiederkommen. Wir möchten unsere Ärztin wiedersehen." Stolz stellte er sich vor: „Ich bin der Enkel von Salim Abed, der mit Eva Hoeck zusammengearbeitet hat."

Fast 40 Jahre nach ihrem Weggang aus Schibam ist Eva Hoeck in der Erinnerung der alten und auch der jungen Menschen lebhaft präsent. Daß sich Menschen der älteren Generation noch an die Ärztin erinnern, mag nicht verwundern. Doch daß ihr Name auch in der nächsten und übernächsten Generation bekannt ist, zeigt den außergewöhnlichen Eindruck, den sie im Hadramaut hinterlassen hat. „Eva Hoeck soll uns besuchen, warum kommt sie nicht?" Aber – so sehnlich die Bevölkerung von Schibam ihre geliebte Ärztin wiedergesehen hätte – Eva Hoeck hatte sich entschieden, nie wieder an den Ort ihres Wirkens zurückzukehren. Sie wollte den Mythos ihrer eigenen Legende nicht zerstören. So sagte sie in einem Radiointerview im Süddeutschen Rundfunk 1992: „Das macht sich schlecht, wenn man noch mal kommt" Sie wollte die Menschen nicht enttäuschen, welche die Erinnerung an die junge, blonde, großgewachsene und würdevolle Frau stets in ihrem Gedächtnis trugen.

Erreicht hat sie dies, denn so wird die Geschichte von der Ärztin Eva Hoeck von Generation zu Generation weitergegeben, wird ihr Bild in leuchtenden Farben gemalt, vielleicht auch überzeichnet, aber immer lebendig sein.

„Noch bevor ich Schibam verließ, ergriff mich schon die Sehnsucht nach dem Tal, den steilen Kliffen, der Sonne und den Farben!" schreibt Eva Hoeck. Und doch ist sie – bei aller Sehnsucht – nicht mehr in den Jemen zurückgekehrt. Sie wollte sich nicht ihr Jemenbild verfälschen, ihre Erinnerungen sollten rein bleiben. Sie sah nicht, was sich veränderte, sie wollte sich ganz bewußt ihr Schibam-Bild nicht zerstören. Damit verzichtete sie jedoch auch auf eine Antwort auf die Frage: „Was ist aus den Menschen geworden, die mir damals am Herzen lagen?"

Das Gebäude, in dem Eva Hoeck ihr Hospital provisorisch errichtete, der Alte Hussen, steht noch; doch ihr Krankenhaus gibt es dort nicht mehr. Eine kleine Gesundheitsstation befindet sich heute außerhalb der Stadt; wer intensive Pflege braucht, geht nach Sevun, Mukalla oder Aden. Frau Hoecks Nachfolgerin Helene Duhm war nur zwei Jahre in Schibam tätig, dann heiratete sie den Arabienforscher van der Meulen. Ein indischer Arzt trat die Nachfolge im Krankenhaus an, doch war der Gesundheitsfürsorge keine dauerhafte Kontinuität vergönnt, die Frauen brauchten eine Ärztin. So ist es nicht verwunderlich, daß Eva Hoeck mit ihrer Ausdauer die Menschen im Hadramaut bis heute tief beeindruckt.

Angesichts all dessen, was sie für die Bewohner des Hadramaut getan hat, kann nur festgestellt werden, daß sie Großes geleistet hat. Als sie ihre Biographie schrieb, hatte sie vor allem junge Menschen im Blick. Ihnen sollen die Berichte eines bewegten Lebens Mut machen, ungewöhnliche Wege in der Lebensgestaltung zu gehen. Mut aber auch, sich Träume zu erfüllen. Wenn Eva Hoeck vom „Gesetz der Notwendigkeit" spricht, dann gilt es vor allem, in sich hineinzuhorchen und zu ergründen, was denn notwendig sei. Indem sie für andere arbeitete, lebte sie für sich selber. Als Aufopferung empfand sie das nicht, und sie hat sich auch immer dagegen gewehrt, ihre Arbeit in diesem Lichte so zu sehen. Viel zu gern hat sie im Jemen gelebt, viel zu sehr konnte sie ihre eigenen Bedürfnisse dabei verwirklichen. Ja, diese konsequente Form der Selbstverwirklichung erscheint mir so zielstrebig, daß neben Bewunderung auch eine Spur von Neid aufkommen kann. Ein reiches, erfülltes Leben hatte sie nach ihren eigenen Worten. Wie viele Menschen wünschen sich dies, und wie oft geht das Leben im Alltag unter, zerbrechen Träume an mangelnder Durchsetzungsfähigkeit, wird das Leben als fremdbestimmt empfunden. Eva Hoeck hat selber bestimmt, wohin ihr Weg sie führen sollte, sie hatte Ziele, die sie mit einer erstaunlichen Härte verfolgte.

Ihre menschlichen Tugenden, die aus allen Zeilen heraussprechen; ihre Zielstrebigkeit, Widrigkeiten und Widerstände zu überwinden und als persönliche Herausforderung anzunehmen; die Freude, ihre Träume leben zu können ... all das ist begleitet von der Begabung der Genußfähigkeit. Sie wußte genau, was ihr Spaß und Befriedigung geben würde, und sie wußte, wie sie zu einem tiefen Erleben gelangen konnte.

Die Leser ihrer Biographie werden sich der Bewunderung nicht erwehren können angesichts der Unbeirrbarkeit, mit der sie ihren Lebensweg ging. Beeindruckend auch, wieviel Persönliches sie von sich preisgegeben hat. Die Menschen, mit denen sie zusammenkam, mußten sich auf Eva Hoeck einstellen, wenn sie mit ihr gemeinsam ein Stück des Weges gehen wollten. Wer ihr folgen konnte, mußte sich anpassen. Männer blieben dabei immer Partner nur eines Lebensabschnitts. Sie ließ sich nicht von ihren Zielen abbringen, erst recht nicht durch Männer.

Eva Hoeck hatte keine Mission im religiösen Sinne, wohl aber wirkte sie missionarisch durch ihre vorbildliche Lebensführung. Selbstvertrauen und Selbstbewußtsein setzte sie ein, um ihre Pläne zu verwirklichen. Dabei ließ sie sich weder völlig von ihrem Herzen noch völlig von ihrem Verstand regieren. Zu spüren, wann das Herz und wann der Verstand einzusetzen ist, hat ihr geholfen, Entscheidungen zu treffen.

Bewundert wurde Eva Hoeck von vielen Menschen. Auch ich konnte mich dieser Bewunderung nicht entziehen. Es war nicht nur die Unbeirrbarkeit, mit der sie lebte; was mich faszinierte, war ihre Fähigkeit, loslassen zu können. Mit der gleichen Konsequenz, mit der sie ihre Lebensträume verwirklichte, schloß sie auch in einem Rhythmus von etwa zehn Jahren das Erreichte ab und ließ das zurück, wofür sie gekämpft und gelebt hatte. Sie wandte sich Neuem zu, auch wenn die Sehnsucht, die Erinnerung an das Vergangene geblieben ist. Auf die Interview-Frage, was sie von den Menschen im Jemen gelernt habe, antwortete sie: „Das zu akzeptieren, was den anderen wesentlich ist."

Stuttgart, im März 1998
Petra Brixel
Reisebuchautorin und im Beirat der Deutsch-Jemenitischen Gesellschaft

Liebe Leser,

Sie durften in dieser Autobiographie den Spuren des Lebens einer ganz ungewöhnlichen Frau und Ärztin folgen. Ich hatte das Glück, meine Kollegin als Hausarzt bis zu ihrem Tod begleiten zu dürfen. Im Laufe von 13 Jahren ist so über die Kollegen- und Arzt-Patientin-Beziehung hinaus eine „vorsichtige" Freundschaft entstanden. Vorsichtig und mit jeder Achtsamkeit, so wie Eva Hoeck ihre menschlichen Beziehungen gestaltete.

Der Leser, der sich auf Eva Hoecks Geschichte einläßt, spürt die zutiefst humanistische Sichtweise dieser idealistischen Realistin. Selbst voll tiefer innerer Anteilnahme, haßte sie zur Schau getragene Emotionen. Sie war kein Typ für unsere postmoderne Mediengesellschaft, nicht geeignet für Talk- und Personality-Shows. Jeder Kult um ihre Person war ihr verhaßt, Ehrungen waren ihr peinlich. Ob während ihrer Zeit im Jemen, während ihrer Arbeit mit MS-Patienten in der Schweiz oder später dann als Landärztin im Schwarzwald – immer ging es ihr um die Sache. Eva Hoeck verkaufte sich schlecht. Ihr ereignisreiches Leben mag sicher den Stoff für einen Film hergeben, einen leisen. Bei heutzutage üblichen Verfilmungen bekäme ich Bauchschmerzen, und Eva Hoeck würde sich im Grabe umdrehen.

Hinter dem Farbenspiel des Orients ist die wissenschaftliche Arbeit Eva Hoecks verblaßt. Ich denke an eine ihrer ersten Arbeiten, „Physiotherapie und ACTH-Behandlung bei Multipler Sklerose", aus der Zeit an der Bernischen Höhenklinik in Montana/Schweiz 1963. Ich denke an die Beobachtung der Schmerzen bei MS-Patienten, die von ihr schon in diesem Jahrzehnt der Krankheit zugeordnet wurden.

War es doch gerade Eva Hoeck, die auch die aktive Physiotherapie in der Behandlung der Multiplen Sklerose gegen den Widerstand der damaligen Kollegen propagierte. Eva Hoeck setzte MS-Patienten aufs Pferd und führte damit die Hippotherapie in die Behandlung dieses Krankheitsbildes ein. Sie konstruierte selbst ein überdimensionales Schaukelpferd, das der Kräftigung und der Förderung des Gleichgewichtssinnes der Patienten diente. Wesentliche Sätze ihrer damaligen Arbeit haben auch heute noch, nach 35 Jahren, unveränderte Gültigkeit: „So muß in das Programm der ganze Tagesablauf des Patienten mit eingerechnet werden, um dem Patienten nicht zuviel zuzumuten, denn er darf nie seine Ermüdungsgrenze oder gar Erschöpfungsgrenze erreichen, wenn die Kur einige Aussicht auf Zustandsbesserung haben soll. Jede Aktivität, sowohl bei den täglichen Verrichtungen wie bei der Physiotherapie, muß auf die für den Patienten beste Weise von ihm bzw. mit ihm ausgeführt werden; nicht auf die schnellste und nicht auf die bequemste Art, sondern auf die seine Selbständigkeit förderndste Weise."

Ich glaube, dieses Zitat spiegelt gut die ärztliche Einstellung der Eva Hoeck wider. Jeder einzelne Patient zählte für sie in seiner menschlichen Individualität.

Frau Hoeck mußte zu diesem Buch gleichsam überredet werden. Wie schon erwähnt, waren ihr theatralische Selbstdarstellungen verhaßt. Doch schließlich gelang es, sie davon zu überzeugen, daß ihre Lebensgeschichte für die kommende Generation erzählenswert ist. Meine Kollegin war keine Autorin der flüssigen Feder, der die Einfälle nur so zufielen. Nein, sie mußte sich jeden Satz abringen. Immer wieder griff sie zu ihren Aufzeichnungen und korrigierte schon Niedergeschriebenes, denn sie wollte wahrheitsgemäß Bericht geben. Von ihrer schweren tödlichen Krankheit zunehmend gezeichnet, arbeitete sie unermüdlich am Text, und es gelang ihr noch, das Rohmanuskript fertigzustellen. Eva Hoeck wäre glücklich, wenn ihr Buch gerade auch in Arztkreisen weite Verbreitung fände.

Dr. Manfred Gärtner

Verzeichnis der arabischen Wörter

Agaba	Paß
Alhamdulillah	Gott sei gepriesen
Allahu akbar	Allah ist der Größte
Amil	Landvogt
Arrus	Hochzeit
Askari	Soldat
Asuma	Festmahl
Bab	Tor
Bab Musa	Tor des Moses
Beit	Haus
Bin	Sohn des …
Bir	Brunnen
Buchari	Tee-Maschine in Hadramaut
Dar	Haus
Dili bagschisch	Gib ein Almosen
Djoll	Hochplateau
Emir	Prinz
Hadra al moud	Der Tod ist bereit
Hakima	Ärztin
Harim	Harem
Hussen	Festes Haus, Palast
Ibn	Sohn
Imam	Vorbeter, geistliches Oberhaupt
Inschallah	So Gott will
Jabiah	Wasserbecken
Jama	Hauptmoschee
Janbiah	Krummdolch
Kabir	groß
Kofiah	Kappe, Mütze
Magreb	Sonnenuntergang
Magam	Königliches Haus

Mansab	Religiöser Führer, Friedensrichter
Marhabba	Jawohl, gut
Musa	Moses
Naib	Statthalter
Nazarani	Christ
Nur	Das Licht
Qabr	Grab
Qadi	Richter in Zivildingen
Qaim	Amtsperson
Qat	Blätter der Qat-Pflanze, Genußmittel
Qubba	Kuppel, Grabmal
Räl	Quelle
Ramadan	Mohammedanische Fastenzeit
Rar	Höhle
Real	Maria-Theresia-Taler, Zahlungsmittel im Jemen
Reem	Balkon
Ros u sane	Reis und Sauce
Rub al Khali	Das kahle Viertel, großes südarabisches Wüstengebiet
Salam aleikum	Friede sei mit euch
Schahi	Tee
Scheich	Herr
Seiyid	Nachkomme des Propheten Mohammed
Suq	Markt
Tabib	Arzt
Tabiba	Ärztin
Wadi	Tal, Trockental arabischer Wüsten
Zingabil	Ingwer

Karten

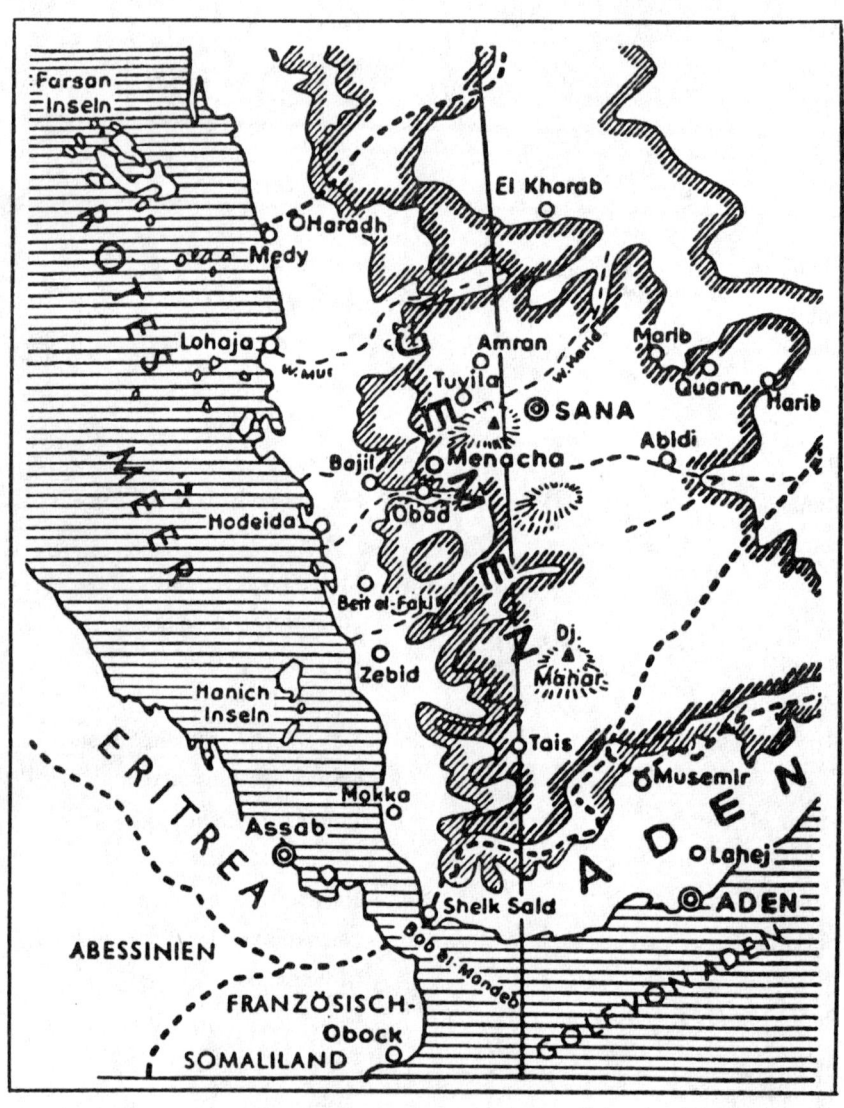

Karte vom Yemen

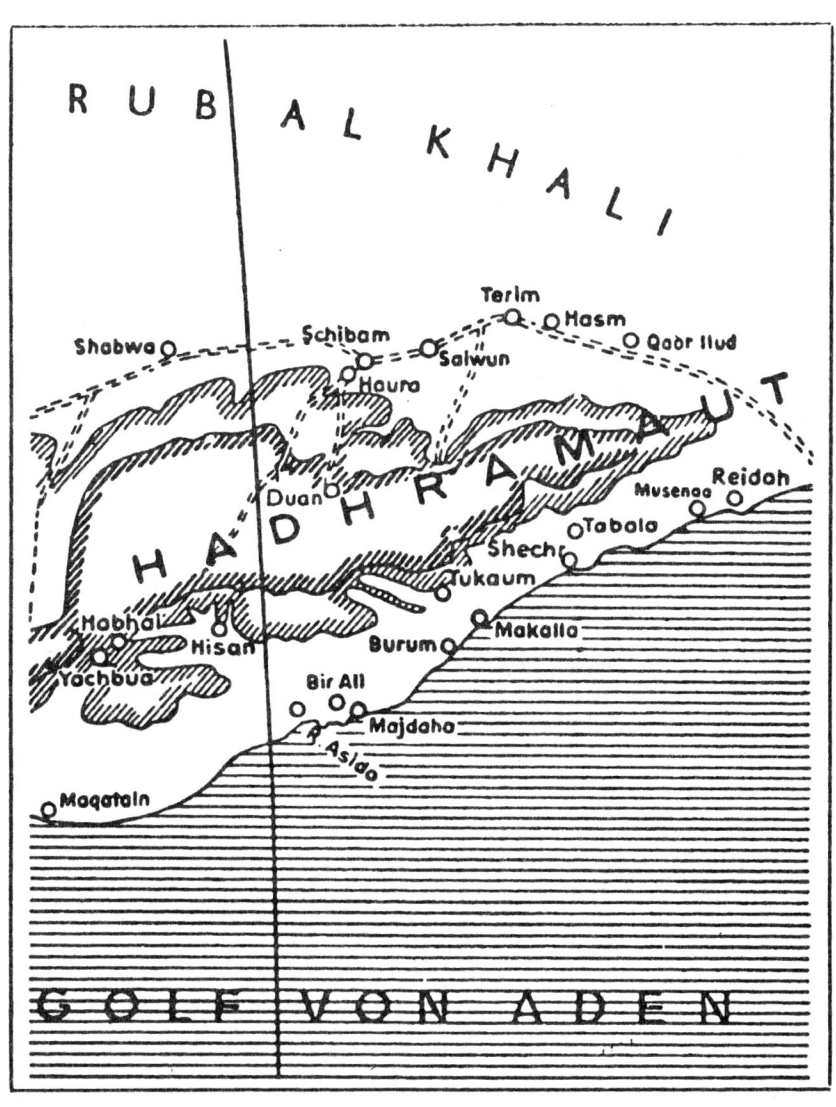

Karte vom Hadramout